Ingo Nommsen
Hilfe, ich bin zu nett!

Ingo Nommsen

Hilfe, ich bin zu nett!

Grenzen setzen, wenn andere
Ihre Freundlichkeit ausnutzen

ARISTON

Bibliografische Information der Deutschen Bibliothek

Die Deutsche Bibliothek verzeichnet diese Publikation in der
Deutschen Nationalbibliografie; detaillierte bibliografische Daten sind im Internet
unter www.dnb.de abrufbar.

Penguin Random House Verlagsgruppe FSC® N001967

© 2021 Ariston Verlag in der
Penguin Random House Verlagsgruppe GmbH,
Neumarkter Straße 28, 81673 München
Alle Rechte vorbehalten

Lektorat & fachliche Beratung: Sabine Jürgens
Redaktion: Evelyn Boos-Körner

Umschlaggestaltung: Hauptmann & Kompanie Werbeagentur, Zürich
unter Verwendung eines Motivs von Jens van Zoest
Satz: Satzwerk Huber, Germering
Druck und Bindung: CPI books GmbH, Leck

Printed in Germany

ISBN: 978-3-424-20241-0

Für meine Familie.

Und all die netten Menschen auf dieser Welt.

Schön, dass es euch gibt.

Inhaltsverzeichnis

»Endlich erwachsen!«

Zu nett? Geht's noch?!

Eine kleine Einführung

»Sie sind zu nett«, sagte einst Frank Elstner zu mir bei Probeaufnahmen für neue Showideen Ende der Neunzigerjahre in Köln. Mit so einer Ansage hatte ich damals nicht gerechnet. Ich war für dieses besondere Casting extra von München an den Rhein eingeladen worden, hatte mich vorbereitet und nach bestem Wissen und Gewissen »abgeliefert«, wie das beim Fernsehen heißt. Auf die Kritik und Meinung des Meisters, der mit *Wetten, dass..?* eine der Lieblingssendungen meiner Kindheit erfunden hat, war ich natürlich besonders gespannt. »Sie sind zu nett.« Sein Satz traf mich wie ein Vorschlaghammer. Obwohl ich das damals, glaube ich, ganz gut überspielt habe. (Was man allerdings auch als Indiz dafür werten könnte, dass er recht hatte. Denn ich widersprach nicht – und natürlich fing ich mit dem großen Showmaster auch keine Diskussion an.)

Innerlich aber brach bei mir die große Unruhe aus: zu nett! Wie bitte?! Kann ein Mensch überhaupt »zu nett« sein? Das »Nett«, von dem Elstner sprach, war rückblickend nicht der viel zitierte kleine Bruder von Scheiße, der *nett* mit uninteressant und langweilig verbindet. Nein, Elstner meinte schlicht: zu freundlich. Ich war eben auch vor der Kamera ein wohlerzogener junger Mann. So fand er, würde eine Karriere als Moderator im Mediengeschäft wohl schwer werden. Was sollte das heißen? Zu nett für was oder wen? Für die Medienbranche, weil dort nur die Härtesten durchkamen? War ich denn umzingelt von Arschlöchern …? Oder zu nett für die Zuschauerinnen und Zuschauer? Mochten die Menschen vor den Fernsehgeräten ungehobelte Raubeine und Großmäuler lieber als nette Kerle? Ist es tatsächlich so, dass wir die Frechen und Unangepassten insgeheim bewundern, weil wir uns selbst nicht trauen, so zu sein wie sie? Weil sie stellvertretend für uns ihren Mund aufmachen und Dinge sagen, die wir nicht wagen? Kommt der Große-Klappe-Typ im Leben weiter als der Liebling aller Schwiegermütter? Ist Freundlichkeit ein Hemmschuh auf dem Karriereweg? Muss man wie eine Dampfwalze durchs Leben gehen und alles und jeden gnaden- und skrupellos niedermähen, um ans Ziel beziehungsweise zum Erfolg zu kommen? Ist es cooler, wenn man den Rebell und Halbstarken gibt? Lieber Mick Jagger statt Paul McCartney, lieber Sido als Mark Forster, lieber Nena als Nicole? Dann wäre das sicher nicht nur in der bunten Glitzerwelt der Unterhaltung so, sondern träfe auch auf Banker, Ärztinnen, Juristen, Lehrerinnen, Politikerinnen und Bauarbeiter zu. »Frech kommt weiter!« Ich bin mir sicher, viele von uns kennen diese Situationen, in denen wir gerne würden, aber nicht können – oder uns eben nicht trauen. Einfach mal den Mund aufmachen, sagen, wie es ist: »Ne, sorry, bin ich anderer Meinung. Tut mir leid, sehe ich nicht so. Nein, mache ich nicht. Und übrigens: Ich finde es nicht in Ordnung, was du da gerade gesagt hast!« Stattdessen lächeln wir und sagen: »Klar, kein Problem! Gerne! Ist doch kein Ding! Mache ich!« Und über den blöden Spruch ärgern wir uns dann später – die ganze Nacht. Tja, so sind wir wohl. Ich habe damals vor über 20 Jahren keine Sekunde darüber nachgedacht, jetzt »härter« oder »unbequemer« zu werden. Und wenn, ja, wie hätte ich das machen sollen? Wie heißt es so schön: Keiner kann aus seiner Haut. Auch ich nicht. Zumindest nicht so einfach. Sie ahnen es vielleicht schon, ich ließ mich von dem Urteil nicht stoppen und machte trotzdem fröhlich weiter. Oder besser gesagt: Ich ging unbeirrt freundlich meiner Wege. Überraschenderweise hat das gut geklappt. Heute bin ich dankbar, was ich trotz (oder gerade wegen?) der etwas unglücklichen Prognose erreicht habe.

Trotzdem holt mich Elstners Satz bis heute immer wieder ein. Das Kompliment des »Nettseins« bekomme ich nach wie vor. Interessanterweise mit den unterschiedlichsten Untertönen, von ausgesprochen positiv bis durchaus auch negativ besetzt. Da haben viele eben ihre ganz eigene Meinung, wenn sie uns von außen beurteilen. Damit bin ich einverstanden, das sollen und können alle machen, wie sie wollen. In meiner Selbstwahrnehmung hingegen fand ich mich überhaupt nicht zu nett. Schließlich konnte ich mich durchaus an Situationen erinnern, in denen ich laut wurde oder aus der sprichwörtlichen Haut fuhr. Übel gelaunt war, beleidigt oder sauer. Hier gab es wohl eine Diskrepanz zwischen Selbst- und Fremdwahrnehmung. Doch irgendetwas musste dran sein an diesem braven Ingo-Bild, das dämmerte auch mir allmählich. Also beschloss ich, mir mein eigenes ehrliches Urteil über mich zu bilden. Über mein Zunettsein.

Was war dran an diesem Etikett, das da angeblich an mir klebte? Denn so war es, es haftete an mir wie ein lästiges Kaugummi unter der Schuhsohle. Mir fiel meine eigene Nettigkeit irgendwann auf die Nerven, sie machte mich mitunter sogar wütend. Ich fing an, mich damit intensiver zu beschäftigen. Erst mal ganz grundsätzlich. Was bedeutet Nettsein eigentlich? Zu allem Ja und Amen sagen? Stets freundlich sein, auch wenn dir gar nicht danach ist? Weil nämlich dein Gegenüber so gar nicht nett ist und eigentlich ein paar deutliche (und vielleicht nicht so angenehme) Worte angebracht wären. Denn genau das kriegst du als netter Mensch eben nicht so leicht hin. Oder bedeutet es, Ärger und Diskussionen vermeiden, damit der liebe Frieden gewahrt bleibt? Heißt Nettsein, lieber die Erwartungen anderer zu erfüllen, statt seine eigenen Interessen durchzusetzen? Ist dauerhaftes Nettsein nicht irgendwie verlogen? Oder gar feige? Sie sehen schon: Fragen über Fragen. Ein weites Feld, das es da zu beackern gilt.

Werden wir nicht alle (mehr oder weniger) erzogen, freundlich zu sein? Ist es nicht sogar ein evolutionärer Vorteil? Bin ich nett zu dir, bist du nett zu mir. Helfe ich dir, hilfst du mir. Zusammen ist man stärker; als egoistisches Arschloch habe ich es doch ungleich schwerer. Oder etwa nicht? Da will doch keiner was mit mir zu tun haben!

Nett ist ein schwammiger Begriff, was soll denn das eigentlich sein? Ich musste diesem Attribut auf den Grund gehen. Und wenn ich es vermeiden wollte, »zu nett« zu sein, wie muss ich denn dann sein? Was ist das Gegenteil? Wo verläuft die Grenze zwischen nett und unfreundlich und rücksichtslos und egoistisch? Kann man nur ein bisschen nett sein? Oder mal nett und dann wieder nicht? Wäre das nicht extrem irritierend für mein Umfeld? Sollte man nicht eine gewisse Persönlichkeitskonstante haben? Eine Art Verhaltensbeständigkeit? Und kann man einfach Teile seiner Persönlichkeit verändern? Ich tauchte also ein in meine persönliche Nettigkeitsforschung! Und mehr und mehr stellte ich fest, dass ich mit diesem »Problem« nicht allein bin. Offenbar haben viele Menschen dieses Etikett – und auch sie finden es häufig lästig. Tatsächlich ist stete Nettigkeit problematisch, es kann sogar schlecht für unser Wohlbefinden sein. Dauerhaftes Nettsein kann gesundheitsschädlich sein. Glauben Sie nicht? Ist aber so. Es gibt einen Zusammenhang, und den werden wir entschlüsseln.

Ich wollte dabei noch einen Schritt weiter gehen und tiefer in mich hineinblicken. Wenn ich wirklich zu nett war, warum war ich so? Woran konnte ich das festmachen? Wie wirkt sich das auf meinen

Alltag und mein Leben aus? Von den Ursachen über die Auswirkungen hin zu den Vor- und auch den Nachteilen von »nett«. All das wollte ich herausfinden.

Ich möchte Sie mit auf diese Reise in meine Welt und durch meine Gedanken nehmen. Für mich ist dieses Buch eine spannende Expedition zu mir selbst geworden. Um die Dinge freizulegen, die mich als ganze Person wirklich ausmachen. Zentral war für mich dabei die Klärung entscheidender Fragen: Wer bin ich? Und: Wie will ich sein? Bin ich tatsächlich der durch und durch nette Ingo? Oder gibt es auch andere Seiten an mir? Warum verhalte ich mich so und nicht anders?

Fragen, die Sie sich vielleicht auch schon gestellt haben:

(A) Wie sind Sie?

Und (B) wie wollen Sie tatsächlich sein?

Selbst wenn wir diese Fragen beantworten können, ist der Weg von A nach B kein Katzensprung. Aber auch kein Quantensprung. Wohl eher irgendetwas dazwischen. Vielleicht können Sie anhand meiner Erfahrungen auch Antworten für sich selbst finden. Möglicherweise erkennen Sie sich in der einen oder anderen Situation wieder. Vielleicht sind wir uns ja ähnlich, Sie und ich, zwei total nette Menschen, die ihrem eigenen Glück dank ihrer Freundlichkeit oft auch im Weg stehen. Weil wir Gefahr laufen, oft an und über unsere Grenzen zu gehen, weil wir diese verdammten Grenzen eben nicht setzen können. Weder für uns, noch für andere. Kein Wunder, dass das auch Menschen ausnutzen. Doch warum fällt uns dieses »bis hierhin und nicht weiter« so schwer? Unsere Persönlichkeit macht uns da einen Strich durch die Rechnung. Auf der Suche nach dem Warum ist es deshalb wichtig, dass wir uns genau diese ganz persönlichen Fragen stellen.

Mich verfolgen sie ein ganzes Leben. Unzählige Male glaubte ich die Antworten zu kennen. Doch die Erkenntnis währte leider nie besonders lang. Rückblickend waren das Antworten, die mich nicht wirklich weitergebracht haben. Dazu musste mehr passieren. Dazu war ein Bruch im Leben notwendig. Ein Wendepunkt, der oft von außen kommt und mit ganzer Kraft zerstört, was uns bis dahin mit durchs Leben trägt.

Begleiten Sie mich auf der Suche nach mir selbst, nach der eigenen Identität und dem Sinn des Lebens aus meiner ganz persönlichen Perspektive! Wie ich jene Gedanken- und Handlungsmuster kennenlernte, die mich lange bremsten. Wie ich sie schließlich überwand und neue Wege ging. Ohne ein Arschloch zu werden. Versprochen.

»Ich bin zu alt, zu dick und zu dumm!«

I. Da braut sich was zusammen ...

oder
Wenn es plötzlich im Leben nicht mehr rundläuft

Kennen Sie das?

Sie machen es gerne allen anderen recht – und kommen selbst immer zu kurz? Sie bleiben freundlich, obwohl Ihnen eigentlich der Kragen schon geplatzt ist? Nicken, lächeln, Ja sagen. Und innerlich kochen. Kenne ich. Das kann man mal machen (muss man wohl auch), aber wenn man das Jahrzehnte praktiziert oder gar sein ganzes Leben lang, dann fliegt einem irgendwann das verdammte Nettsein um die Ohren. Vertrackte Situation. Man möchte ja gerne beliebt sein, will gemocht werden und nicht als egoistisch und unfreundlich gelten. Aber wie bekommt man diesen Spagat hin? Als ich anfing, mich mit diesem »Problem« zu beschäftigen, war ich erstaunt, wie viele Leidensgenossinnen und -genossen da draußen rumlaufen. Männer und Frauen, junge und alte, die sich nicht trauen, Nein zu sagen oder immer die Bedürfnisse der anderen vor ihre eigenen stellen. Na und, könnte man sagen, das ist doch kein gravierendes Problem! Ist es aber doch. Denn wenn man immer nur die Bedürfnisse anderer befriedigt und seine eigenen vernachlässigt, dann kann einen das auf Dauer sogar krank machen. Natürlich hat jeder Mensch seine individuelle Nettigkeitsbiografie, und auch die Auswirkungen sind unterschiedlich, aber am Ende führt es mindestens zu Unzufriedenheit und Frust. Im schlimmsten Fall kann die Psyche sogar ernsthaften Schaden nehmen.

Laut Deutsche Gesellschaft für Psychiatrie und Psychotherapie, Psychosomatik und Nervenheilkunde (DGPPN) zählen zu den häufigsten psychischen Erkrankungen Angststörungen und affektive Störungen wie zum Beispiel die unipolare Depression.[1]

Kleiner Ausflug in die Diagnostik: Unter affektiven Störungen verstehen wir eine bedeutsame Veränderung der Stimmungslage, bei der die Stimmung entweder gedrückt oder gesteigert ist. Bei der unipolaren Depression ist die Stimmung dauerhaft gedrückt, bei der bipolaren kommt ein übersteigertes Hochgefühl hinzu, die Menschen sind überaktiv, euphorisch oder gereizt. Im Volksmund spricht man auch gerne von manisch-depressiv.[2]

Und jetzt fragen Sie sich, wie Menschen vom »Zunettsein« Depressionen oder Angststörungen bekommen können. Expertinnen sehen da durchaus Zusammenhänge. Denn wenn ich immer nur aus Sorge vor Liebesentzug es meinen Mitmenschen recht mache oder aus Existenzängsten im Job nie meinen Mund aufmache und für meine Belange einstehe, dann kann aus einer Sorge irgendwann eine ausgewachsene Angst werden. Wohlgemerkt: kann. Muss nicht. Und auch Depressionen können so entstehen. Wenn ich und meine Bedürfnisse nie im Mittelpunkt stehen, leidet das Selbstwertgefühl. Die anderen sind ja wichtiger, und ich bin eben nicht so viel wert. *»Ich bin zu alt, zu dick und zu dumm!«* Oder was auch immer: Nicht gut genug, nicht hübsch genug, nicht erfolgreich genug. Alle anderen sind immer besser und wichtiger. Wenn wir stets unser persönliches Glück hintenanstellen, können wir auf Dauer traurig, niedergeschlagen und unglücklich werden. Eigentlich logisch. Interessant bei meinen Recherchen war, dass die sogenannte depressive Persönlichkeit häufig beschrieben wird mit: kann nicht Nein sagen, erfüllt stets die Forderungen anderer, stellt sich selbst in den Hintergrund.[3] Und: Wir sehen sie häufig in helfenden Berufen.

Wenn jemand eine depressive Persönlichkeit ist, heißt das übrigens nicht, dass dieser Mensch depressiv ist. Es bedeutet nur, dass er tendenziell eine charakterliche Tönung aufweist, bei der die persönliche Entfaltung und die Befriedigung der eigenen Bedürfnisse etwas zu kurz kommen. Diese Menschen sind eher defensiv und orientieren sich primär am Wohlergehen und den Bedürfnissen anderer. Das ist schön, aber es gerät etwas in Schieflage, und dann ist man irgendwann »zu nett«. Warum erzähle ich Ihnen das? Weil man das »Zunettsein« nicht unterschätzen darf!

»*Hilfe, ich bin zu nett*« klingt vielleicht auf den ersten Blick amüsant, kann aber für Menschen, die nichts dagegen unternehmen, zu einer Belastung werden.

Häufig trifft es Frauen, die sich in erster Linie rund um die Uhr um ihre Familie kümmern und dabei sich selbst, Freunde und sogar ihr Lieblingshobby vernachlässigen. Und Männer, da spreche ich ja aus eigener Erfahrung, können davon natürlich genauso betroffen sein. Auch sie leiden irgendwann unter diesem Nettigkeitssyndrom.

Vielleicht kommt Ihnen das bekannt vor: Wenn wir trotz vollem Terminplan mal wieder beim Umzug von Bekannten mit anpacken, obwohl eigentlich Zeit und Energie dafür fehlen. Oder die Nachbarin fragt, ob Sie mal ein Stündchen aufs Kind aufpassen könnten, die Kollegin bittet Sie (mal wieder!) darum, ihren Frühdienst zu übernehmen, und wenn im Kindergarten jemand 35 Muffins backen soll, dann machen Sie auch das. Uff. Und am Ende der Woche stellen Sie frustriert fest, dass Sie Ihren geliebten »Männer-« oder »Mädelsabend« wieder verpasst haben, nicht beim Yoga waren und den tollen Kinofilm immer noch nicht gesehen haben. Und warum? Weil Sie zu nett sind! Nicht Nein sagen können und gemocht werden wollen. Daraus kann sich mit der Zeit ein großer Leidensdruck entwickeln, der für viele am Ende kaum noch auszuhalten ist. Anfangs ist man mit sich und seinem Nettsein total im Reinen. Nur positive Resonanz. Vielleicht haben Sie ja in Ihrem Umfeld auch so »schrecklich nette« Menschen. Möglicherweise wollen die gar nicht immer zu allem Ja sagen, können es aber nicht. Die könnten wir zur Abwechslung mal ermutigen, Nein zu sagen. Oder einfach nur um ihre ehrliche Meinung ersuchen. Auch wenn sie unbequem ist. Denn das ist in solchen Fällen sicher unsere größte Hürde: das Risiko in Kauf zu nehmen anzuecken, nicht gemocht zu werden und andere zu enttäuschen. Kein Wunder. Nette Menschen werden von allen gemocht, gelobt und umgarnt. Bingo! Das fühlt sich verdammt gut an! Also machen wir immer weiter und gleiten durch unsere Nettigkeitsspirale immer tiefer in die Nettigkeitsfalle. Irgendwann spüren wir dann die ersten kleinen Frustrationen. Und neue Gedanken setzen erste kleine Nadelstiche: Ach Mist, ich wäre heute eigentlich lieber ins Kino gegangen. Stattdessen sitze ich mit Tante Anna in einem stinklangweiligen Theaterstück, weil deren Freundin Migräne hat. Oder: Zum wiederholten Male schanzen die Kolleginnen Ihnen eine Präsentation zu, was mindestens drei Tage Überstunden bedeutet. Sie wollten zwar endlich mal Nein sagen, schaffen es aber einfach nicht. Deshalb werden sie den feucht-fröhlichen Skatabend mit den Jungs zum dritten Mal verpassen und auch das morgige Champions-League-Finale nicht sehen können. Gut, muss wohl so sein – Sie wollen ja niemanden enttäuschen und anderen eine Freude machen.

Das alles ist sehr nett von Ihnen, keine Frage. Nur wenn diese kleinen Frustrationen sich häufen, ist es irgendwann nicht mehr nur doof – es wird zum Problem.

Und dann treten die ersten Symptome auf: Schlechte Laune kommt auf, der Frust wird größer. Man ist wütend, auf sich und die anderen. Dabei können die anderen nun wirklich nichts dafür. Nein sagen muss man schon selbst. Aber genau das kriegen wir Netten nicht auf die Reihe.

Vor lauter Ärger und zerstörerischen Gedanken können viele nicht mehr ruhig schlafen, obwohl sie die Ruhe dringend bräuchten. Viele, die sich zu sehr um andere kümmern, sind selbst total erschöpft. Ein Teufelskreis. Und dann stehen wir da und fragen uns: Wie kommen wir aus der Nummer wieder raus? Und vor allem: Wie sind wir da hineingeraten? Was ist infolge des Nettseins jahrelang alles auf der Strecke geblieben? Was hindert mich eigentlich daran, klar und deutlich Nein zu sagen? Jeder von uns hat seine eigene persönliche Geschichte zu diesem »netten« Thema. Als ich mich mit dem Thema beschäftigt habe, hat mich wirklich überrascht, wie vielfältig Ursachen und Auswirkungen sind.

Bevor wir uns die näher anschauen, möchte ich Sie auf eine kleine Reise in mein Leben mitnehmen. In die Zeit, als bei mir die Dinge begannen, nicht mehr »rund« zu laufen.

Jahrelanges Nettsein hatte auch bei mir seine Spuren hinterlassen. Allerdings hat es gedauert, bis ich die wahre Ursache der Unwucht in meinem Leben identifiziert hatte.

Unwucht

»Ich habe die 50 im Blick und bin damit definitiv zu alt für eine Midlife-Crisis. Es sei denn, ich wandle auf den Spuren von Jopi Heesters. Und wer weiß das schon ...«

So dachte ich damals, als mein Leben in Schieflage geriet.

Eine Krise ist im Allgemeinen eine »Situation, eine Zeit, die den Höhe- und Wendepunkt einer gefährlichen Entwicklung darstellt«[4], so steht es zumindest im Duden. Klingt dramatisch. Ich hatte nie den

Eindruck, dass ich mich in einer derart explosiven Situation befand. Und schon gar nicht, dass es hier eine Verbindung zu meinem netten und freundlichen Naturell gab. Darauf bin ich erst später gekommen.

Dennoch muss ich zugeben, dass es eine Zeit in meinem Leben gab, die ich rückblickend durchaus als einen großen Wendepunkt sehe. Eine Zeit, in der bei mir einiges aus den Fugen geraten war und ich auch eine ganze Reihe von Konflikten zu bewältigen hatte. Meist in mir – mit mir selbst. Es war schwierig und unangenehm.

Andere würden diese Situation vielleicht schon als Krise bezeichnen, ich finde, dass es das nicht ganz trifft.

Es ist ein Zustand, den wir meiner Meinung nach viel differenzierter betrachten müssen.

Wer hat nicht schon mal in seinem Freundes- oder Bekanntenkreis den Satz gehört: Ach, der hat 'ne Midlife-Crisis! Das scheint meist ein eher männliches Phänomen zu sein. Neben einer fast standardmäßigen Trennung enthält der Krisen-Bewältigungs-Baukasten des Mannes oft auch eine junge Geliebte, eine neue Harley Davidson oder ein Manager-Sabbatical. Was genau ist denn da los? Haben die wirklich alle eine Krise? Handelt es sich dabei stets um eine gefährliche Konfliktentwicklung? Ich habe da so meine Zweifel.

Könnte es nicht auch sein, dass Menschen einfach in der Mitte ihres Lebens mal kurz das Räderwerk stoppen, um zu schauen, was man verbessern könnte? Bevor wir bis ans Ende unserer Tage auf dem falschen Pfad unterwegs sind? Ich finde, dass solche grundlegenden Überlegungen Respekt verdienen. Ein Leben neu zu justieren, mit all den damit verbundenen Folgen, ist eine reife Leistung. Die Krise kriegen dann meistens die anderen zu spüren, weil derjenige dann aus den gewohnten Bahnen ausschert und unverschämterweise ein paar Dinge in seinem Leben verändert. Damit es besser wird. Was auch für das Umfeld in der Regel nicht ganz folgenlos bleibt. Konkret bedeutet das: Der nette Mensch sagt plötzlich Nein. Er wehrt sich gegen die Aufgabenverteilung und äußert klar und deutlich, wenn etwas nicht passt. Da gucken die anderen dann dumm aus der Wäsche! Hallo? Was ist denn plötzlich los? Bis wir tatsächlich etwas verändern können, müssen wir erst mal diesen Leidensdruck verspüren, der uns aktiv werden lässt. Daher ist so eine Krise, der Moment, an dem du merkst, dass etwas mit dir und deinem Leben nicht stimmt, wirklich entscheidend. Nicht schön, aber wichtig. Symptome sind Warnsignale. Ein Rauchmelder schlägt Alarm und verhindert, dass uns die ganze Bude abbrennt. Wenn du keine Zahnschmerzen hast, wirst du nie erfahren, dass sich dein Backenzahn bald verabschiedet. Diese Art Frühwarnsystem hat unsere Psyche auch, nur leider hören wir oft nicht darauf. Frustriert, niedergeschlagen und unglücklich sein, Ängste haben: alles Symptome. Bis es irgendwann zu viel von allem wird und wir beginnen, richtig zu leiden.

Letztlich ist diese sogenannte »Krise« also meist eine Zäsur, ein Innehalten, ein In-sich-Hineinhorchen. Was ist los mit mir? Die dabei entscheidenden Fragen haben auch mich länger beschäftigt. Bin ich eigentlich glücklich? Was kommt noch? Was will ich wirklich? Die Antworten darauf sind vielleicht nicht immer angenehm. Weil sie auch mit unschönen Erkenntnissen und notwendigen Veränderungen einhergehen, die uns verunsichern und ängstigen können. Wer jenseits der 40 erkennt, dass er seit Jahrzehnten auf der Stelle tritt oder einer falschen Spur folgte, muss das erst mal »wegstecken«. Und aufpassen, dass seine Ängste, begleitet von existenziellen Sorgen, nicht in Panik münden. Denn die Lösung der Probleme wird uns meistens nicht direkt auf dem Silbertablett serviert. Spätestens wenn Menschen feststellen, dass sie den Großteil der eigenen Wünsche und Träume noch nicht realisiert haben, sollten sie aufwachen. Ganz egal, ob sie von sich, von anderen oder vom Leben selbst enttäuscht sind: Es fühlt sich nicht gut an. Das ist keine schöne Bilanz. Ich weiß, wovon ich rede.

Für mich ist das heute ein natürlicher Vorgang des inneren Durchschüttelns: Wie bin ich hier gelandet und – falls nötig – wie komme ich da wieder raus? Es ist eine Standortbestimmung vor der nächsten Etappe. Eine Inventur, die in unterschiedlichen Lebensphasen neue Orientierung gibt und (wieder) Lust aufs Leben macht. Eine Zwischenbilanz, die verhindern kann, dass wir am Ende unserer Tage eine persönliche Bankrotterklärung unterschreiben müssen.

Bewusst innezuhalten ist für mich auf dieser Reise einer der wichtigsten Schritte. Dass wir unmittelbar davor meistens vom Leben ordentlich auf links gedreht werden, darf uns nicht verstören. Diese Irritation ist keinesfalls kontraproduktiv, auch sie gehört dazu.

Natürlich passiert so etwas nicht, wenn alles in bester Ordnung ist. Da knirscht es vorher schon im Seelengebälk. Wie ungebetene Gäste nisten sich Gedankenfetzen in unserem Kopf ein und warten auf den Augenblick, der das Fass zum Überlaufen bringt. Den passenden Moment sucht man sich in der Regel nicht selbst aus. Sicher kann man eine Zeit lang die unangenehmen Fragen beiseiteschieben, aber die kommen wieder. Und bringen neue mit. Wenn so ein innerer Prozess erst einmal in Gang gerät, ist er nur schwer zu stoppen. So war es auch bei mir. Ich hatte die Mitte-Vierzig-Marke geknackt und nahm zunehmend negative Gedanken, unschöne Gefühle, Unzufriedenheit und Frust wahr. Wie kleine Nadelstiche begleiteten sie mich. Es gab kein Großereignis, das eine gewaltige Krise auslöste. Vielmehr eine schleichende Zersetzung, die in Fällen extremen Unglücks auch zu Schlimmerem wie Depression oder Alkoholmissbrauch führen kann.

Natürlich bin ich nicht irgendwann morgens aufgewacht und habe beschlossen, mein Leben in die Werkstatt zu bringen: Schauen Sie doch bitte mal nach, da ist irgendwas kaputt!

Ich spürte in mir allerdings diese Unwucht, da war etwas in Schieflage geraten, das ich geraderücken wollte. Dazu musste ich herausfinden, wer ich eigentlich bin und was ich wirklich will. Das hatte ich nämlich im Hamsterrad des Lebens vergessen. Ich war mir selbst abhandengekommen. Meine ganz persönlichen Bedürfnisse, Wünsche, Träume und Ziele – alles weg. Heute weiß ich, dass es mit meinem Nettsein zu tun hatte, aber darauf wäre ich zu diesem Zeitpunkt nie gekommen.

Mir war nur klar: Wenn ich mich wieder »ins Lot« bringen wollte, musste ich erst mal erkennen, was bei mir »schiefläuft«.

Genau das habe ich gemacht. Nicht weil ich gerade nichts Besseres zu tun hatte, sondern weil es mir einfach nicht gut ging. Schon seit geraumer Zeit plätscherte mein Leben so dahin. Mit fatalen Folgen, die ich damals nur nicht richtig wahrgenommen habe. Mein Problem war, dass eigentlich alles lief wie immer. Mein Leben war augenscheinlich okay, ich konnte mich wahrlich nicht beklagen.

Doch ein ganz konkretes Ereignis, das nüchtern betrachtet genauso alltäglich wie naturgegeben ist, löste bei mir eine emotionale Kettenreaktion aus, die mein ganzes Leben auf den Prüfstand stellte. Plötzlich befand ich mich auf einer Reise, von der ich als ein anderer zurückkommen sollte.

Aus der Bahn

Wahrscheinlich kennen wir alle diesen Zustand: Da dümpelt das Leben so vor sich hin. Irgendwie so lala, es läuft; mal gut, mal schlecht, meistens pendelt es sich irgendwo in der Mitte ein. Der Alltag bestimmt unsere Abläufe, unser Denken und Handeln. Wie automatisch erledigt man, was zu erledigen ist. Wir machen unsere Arbeit, die Steuererklärung und bringen unser Auto in die Inspektion. Wir holen die Kinder von der Schule oder aus der Kita ab, gehen einkaufen und besuchen die Eltern. Die Wäsche will gemacht werden, und das Geburtstagsgeschenk für Tante Anna müssen wir auch noch besorgen. Und Stück für Stück verschwinden wir in unserem eigenen Alltag, wir selbst und unsere Bedürfnisse rutschen auf unserer To-do-Liste immer weiter nach hinten, bis wir komplett rausfallen. Und wenn nicht irgendetwas Unvorhergesehenes geschieht, bleibt das so. Was nicht weiter schlimm ist, denn das Konstrukt, das wir den ganz normalen Alltag nennen, hat uns so fest im Griff, dass wir es gar nicht merken. Nur: Irgendwann passiert etwas, das den ganzen eingefahrenen Ablauf in seinen Grundfesten erschüttert. Das Leben ist nämlich unberechenbar. Im Guten übrigens wie im Schlechten. Es kann auch etwas sehr Schönes passieren: ein Jobangebot, das dich in die Stadt deiner Träume bringt. Es kündigt sich endlich der langersehnte Nachwuchs an. Oder – leider in den seltensten Fällen – ein Lottogewinn. Alles ist möglich. Oft leider zu schön, um wahr zu sein!

Das Leben kann uns aber auch Knüppel zwischen die Beine werfen. Jobverlust, Kündigung der Wohnung, Trennung – oder Tod im Freundeskreis oder der Familie. Was auch immer geschieht, die Routine des Alltagseinerleis wird gestoppt.

Wir Menschen mögen es meistens nicht so sehr, wenn sich dadurch etwas ändert. Es verunsichert uns, wir müssen uns bewegen, Dinge neu denken und neu handeln. Viele reagieren sofort mit Abwehr: Ach ne, bitte nicht, ist mir zu anstrengend! Aber wenn, wie in meinem Fall, das Leben eine ungute Richtung genommen hatte? (Was ich zu dem Zeitpunkt freilich noch nicht realisierte.) Dann können solche »Vollbremsungen« ein Segen sein. Das weiß man aber leider immer erst hinterher. Die Vollbremsung in meinem Leben riss mich mit voller Wucht aus meiner gewohnten Bahn. Mit ihr wurde *alles* anders.

Zur »Mitte des Lebens« gehört, dass wir uns mit dem immer näher rückenden Tod unserer Eltern auseinandersetzen müssen. Jeder geht mit dem Thema anders um. Sicher gibt es Menschen, die sich schon in jungen Jahren damit beschäftigen und offen darüber sprechen, andere umschiffen das gerne möglichst lange und weiträumig. Ich gehörte zu letzterer Gruppe.

Vielleicht auch, weil die unangenehmen Dinge des Lebens in unserer Familie nicht so gerne thematisiert wurden. Da hatte der hässliche Gevatter Tod bei mir natürlich erst recht keinen Logenplatz. Von wegen »Der Tod gehört zum Leben«, ich habe diese Tatsache einfach verdrängt. Das fiel mir ausgesprochen leicht, zählte Verdrängen doch zu meiner Königsdisziplin. Nur irgendwann zwängte sich die Endlichkeit des Lebens brutal in mein Bewusstsein.

Mein Vater wurde krank. So krank, dass sich die Prognose als denkbar schlecht erwies. Doch ich hoffte und nahm jeden guten Tag als Zeichen einer möglichen Wende zum Besseren. Ablenkung und Verdrängungswerkzeuge hatte ich genug. Vor allem meinen Beruf. Zu diesem Zeitpunkt arbeitete ich bereits seit 17 Jahren für die ZDF-Morgensendung *Volle Kanne*, ich hatte fünf Jahre lang das Magazin *Hallo Deutschland* moderiert, dazu kamen noch *Kult am Sonntag* und die *Frühlingsshow*. Es lief bei mir, könnte man sagen. Ich war ein gut gelaunter, erfolgreicher und vor allem sorgloser Fernsehmoderator. Über eine so ernste Sache wie den Tod hatte ich mir bis dato wenig Gedanken gemacht. Warum auch? Nun musste ich es. Das Thema konnte ich eigentlich nicht mehr umschiffen. Tatsächlich gelang es mir trotzdem. Denn es gab immer wieder kleine Hoffnungsschimmer, die ich bis zuletzt nutzte, um das unausweichliche Ende erfolgreich auszublenden. Gelernt ist eben gelernt. Wenn ich etwas richtig gut beherrschte, dann war es das: Will ich nicht, weg damit! Unschöne Gedanken landeten in einer kleinen Kiste, die ich im hintersten Winkel meines Kopfes versteckte. Dort stapelten sich in einem hermetisch abgeriegelten Raum eine ganze Anzahl an Gedanken, die dort schön weiterschlummern sollten.

In meinem Alltag regierte *business as usual*. Doch plötzlich tauchten Gedanken auf, die neu waren und unweigerlich gedacht werden wollten.

»Ich glaube nicht, dass wir mit deinem Vater noch zusammen Weihnachten feiern«, sagte ein Onkel zu mir, der zudem auch noch Mediziner ist. Worte, die mich zwangen, Dinge zu denken, die ich partout nicht denken wollte.

Auch mein Vater setzte sich mit der Situation auseinander. »Ich denke jetzt von Schritt zu Schritt«, so klar und diszipliniert ging er das Leben an. Ich war beeindruckt, mit welcher Haltung er sein Schicksal annahm. Und weit entfernt davon, selbst den Tatsachen ins Auge zu blicken. Negatives versuchte ich auszublenden. Doch es schlich sich immer wieder durch die Hintertür zu mir herein.

Meine Eltern waren rundum zufrieden mit ihrem Leben. Wenn ich sie betrachtete, sah ich zwei glückliche Menschen. Doch es war auch ein Blick in den Spiegel. Die beiden auf der einen Seite, ich auf der anderen. Glück und Zufriedenheit? Ich hatte das in dieser vollkommenen Form in meinem Leben nie. Das wusste ich schon länger. Nur warum das so war, hat mich nie mehr als zwei, drei kurze Gedankengänge lang beschäftigt. Das war mir immer zu anstrengend gewesen und schlicht unangenehm. Diese Gefühle streiften mich kurz, erzeugten ein leichtes Unbehagen und wurden schleunigst in die kleine Kiste verfrachtet.

So sehr ich mich über die schönen Seiten seines Lebens und das Glück meiner Eltern freute, es kam alles wie ein Bumerang zu mir zurück. Fragen wie kleine Pfeile: Wie ist es bei dir? Wie sieht deine Bilanz aus?

Noch war ich nicht so weit, mich wirklich intensiv mit diesen Fragen auseinanderzusetzen. Doch ohne dass es mir bewusst war, hatte der Prozess begonnen. Die Krankheit meines Vaters hatte meinem Leben zwar noch keine Vollbremsung beschert, aber eine Temporeduzierung.

Abschied

Wie viele Jahre, Monate, Tage und Stunden verbringen wir mit unseren Eltern? Uns fallen viele gute und vielleicht auch weniger schöne Momente ein, und es kommt dieser eine alles verändernde Tag, an den wir uns immer auf eine unvergleichliche Art erinnern. Wie eine Rückblende in Zeitlupe. Ich war an jenem Mittwochmorgen spontan aus einer Intuition heraus nach Hause gefahren, um die nächsten Tage mit meinen Eltern zu verbringen. Vielleicht wollte ich unser gemeinsames Zeitkonto noch intensiver anfüllen. Hatte ich doch durch meine Arbeit an vielen Familienfesten und Wochenenden einfach zu Hause gefehlt. Ich erlebte in der Phase der Krankheit meines Vaters wieder, wie wichtig die Zeit mit der Familie und den eigenen Eltern ist. Und ich wollte natürlich gerade in diesen Zeiten bei ihnen sein.

Mittags fuhren wir in die Praxis, und während mein Vater seine Infusion bekam, bat uns der Arzt ins Sprechzimmer. Meine Mutter und ich wollten wissen, wie es jetzt mit der Behandlung weiterging. Seine Antwort war ernüchternd: »Sie wissen schon, dass Ihr Mann, Ihr Vater wahrscheinlich in den nächsten Tagen sterben wird ...« Wir trauten unseren Ohren nicht. Wir hatten es gehört – und doch wollten wir es nicht akzeptieren.

Meine Mutter und ich waren fest davon überzeugt, dass es noch eine Chance gab. Die letzte Chance, dieses kleine Stück Hoffnung, das es immer gibt. Solche Fälle gab es, auch Vaters Arzt konnte das nicht abstreiten. Es war ein letzter Rettungsanker für meine Gedanken. Ich weigerte mich weiter standhaft, der Realität ins Auge zu sehen. Doch: Es würden keine Tage mehr sein, sondern nur noch Stunden. Am Abend standen meine Mutter und ich an seinem Bett. Und als ich in seine weit aufgerissenen Augen blickte, da wusste ich, dass er es weiß. Und ich wusste es auch. Sein Ende war nur einen Wimpernschlag entfernt. Doch er schloss seine Augen nicht mehr. Er schaute mich und meine Mutter an, und plötzlich war es vorbei. Ich wusste in dem Moment gar nicht, was ich fühlen sollte.

»Was ist das jetzt?«, fragte meine Mutter.

»Das war's, Mama. Der Papa ist tot«, sagte ich langsam und strich meinem Vater über seinen Kopf, der gefühlt innerhalb von Sekundenbruchteilen ganz kalt geworden war. Ich kniete neben dem Ehebett. Meine Mutter saß bei ihm. Wir schauten uns an, schauten ihn an und waren beide für eine gefühlte Ewigkeit unfähig, irgendetwas zu tun.

Wenn ich heute an den Abend zurückdenke, weiß ich, dass er mein Leben von einem Moment auf den anderen veränderte.

Jetzt war mein Vater tot. Einfach leblos. Meine Mutter und ich streichelten seine Hand, sein Gesicht. Ich fragte mich, als ich in seine Augen blickte, ob ich sie jetzt nicht schließen müsste. So wie wir es in Filmen immer sehen. Ich legte meine Hand auf seine Augen, strich mit den Fingern nach unten und schloss seine Augen für immer. Eine Situation, die ich mir so nie hätte vorstellen können. Meine Eltern waren für mich schon als Kind unsterblich. Immer da, als fester Bestandteil meines Lebens. Wie konnte ein Leben ohne sie nur weitergehen?

Meine Mutter und ich saßen einfach nur da, nahmen uns dann in den Arm, schauten ihn an und legten eine Decke über ihn. Er sah aus, als wäre er nur kurz eingenickt.

Es ist erstaunlich, wie unterschiedlich wir Menschen in Extremsituationen ticken. Manche sind vor Trauer wie gelähmt, andere bekommen einen Adrenalinschub und fangen an aufzuräumen. Ich verfiel in Geschäftigkeit. Es tat mit gut, etwas zu tun zu haben. Denn Ruhe gab es an dem Abend zunächst nicht: Eine Mitarbeiterin der Diakonie kam, danach der Pfarrer, Nachbarn, vorher der Notarzt und in der Nacht die Amtsärztin – in den Stunden nach dem Tod hatten wir kaum Zeit für unsere Trauer.

Ich wusste, dass mein Vater nicht mehr lebte, doch glauben konnte ich das nicht wirklich. In diesem Augenblick habe ich mich sehr mit dem Leben verbunden gefühlt, weil ich den Tod als Teil des Lebens akzeptierte. Vorher habe ich ihn lange verdrängt. Ich war im entscheidenden Augenblick bei meinem Vater gewesen. Dadurch habe ich die Angst vor dem Tod verloren. Rückblickend finde ich, dass es ein sehr schöner Abend war. Mein Vater war nicht allein, wir konnten ihn begleiten – und auch wir wurden begleitet. Ich habe weder vorher noch danach ein Gebet derart intensiv wahrgenommen wie vor dem Bett meines verstorbenen Vaters.

Als ich irgendwann spät aus dem Schlafzimmer kam, schüttelte es mich innerlich durch. Ich spürte eine plötzliche innere Leere und war wie gelähmt. Stille kehrte ein, alle Menschen waren gegangen, nur meine Mutter und ich blieben bei meinem Vater. Eine Nacht würden wir noch zusammen sein.

Einfach weiter so

Da war sie: die Vollbremsung meines Lebens. Ich wusste es noch nicht, aber ich spürte es bereits. Der Tod sorgte für ein abruptes Innehalten, und gleichzeitig wurde etwas in Gang gesetzt. Der Satz »Das

Leben geht weiter« stimmt nicht ganz. Es geht zwar weiter, aber anders. Zumindest war es bei mir so.

Ich hatte den Eindruck, dass in mir ein Prozess begonnen hatte, der mir und meinem Leben ganz neue Impulse geben würde. Mir wurde auf einen Schlag klar, wie endlich unsere Existenz war und dass mit dem Tod meines Vaters für mich eine neue Zeitrechnung beginnen würde. Ich würde nun auf eine ganz neue Art erwachsen werden müssen. Nur was bedeutete das? Selbstständig und eigenverantwortlich alle Entscheidungen treffen. Tat ich das nicht schon längst? Und hatte ich das nicht eigentlich schon als junger Mensch getan?

Heute weiß ich: Das war der Moment, an dem ich begann, wirklich erwachsen zu werden.

Ich war unendlich dankbar, dass ich meine Eltern auf diesem Weg begleiten konnte und dabei war, als mein Vater die letzte Reise antrat.

Dieser Tag war der traurigste meines Lebens. Ich konnte damals noch nicht ahnen, dass hier ein Prozess angestoßen wurde, der mich am Ende eines steinigen Weges zu einem glücklicheren Menschen machen würde.

Doch ich wusste tief im Inneren, dass dieser Abend im September mein Leben verändern würde. Wie, das war mir zu dem Zeitpunkt noch nicht klar.

In den nächsten Tagen fuhren meine Gefühle Achterbahn, und ich war innerlich gespalten. Eine bleierne Schwere wechselte sich mit totalem Aktivismus ab. Als würde ein Kippschalter umgelegt, war ich in einem Moment total niedergeschlagen und hätte mich am liebsten aus allem ausgeklinkt und einfach ins Bett gelegt, im nächsten Augenblick dachte ich wieder an Dinge, die jetzt zu organisieren waren.

Das sind sicher Gefühle, die wohl alle kennen, die ein Elternteil verloren haben. Und doch gehen wir alle anders damit um.

Zuerst wollte ich die nächste Moderationswoche natürlich absagen. Als ich meinen Plan mit meiner Mutter besprach, fragte sie mich, warum. »Der Papa hat auch gearbeitet, als die Oma starb. Vielleicht hilft dir das sogar«, sagte sie.

Damit hatte ich nicht gerechnet. Hatte mich meine Mutter da gerade wirklich ermuntert, zurück nach Düsseldorf zu fahren und erst einmal weiter arbeiten zu gehen? Ich war mir nicht sicher, ob sie das so gemeint hatte. »Dein Ernst?«, fragte ich. »Klar«, entgegnete sie, »das wird dir guttun.«

Das bedeutete allerdings, zwei Tage später wieder nach Düsseldorf zu fahren. Konnte ich das? Wollte ich das? Ich überlegte einen winzigen Moment und dachte gleich, dass sie recht haben könnte. Arbeit war für mich gewohntes Terrain. Es war Alltag und Normalität. Das Studio, die vertrauten Abläufe, die Gäste: Hier fühlte ich mich sicher, ich bewegte mich seit Jahren beinahe täglich auf diesem Parkett. Die Wiederaufnahme meiner Arbeit wäre eine sichere Parallelwelt, in die ich zurückkehren könnte.

Ich wollte es ausprobieren, zurück vor die Kamera gehen und weiter beste Laune verbreiten. Zu dem Zeitpunkt wusste ich allerdings nicht, ob ich nach diesen emotionalen Tagen meinen Zuschauern wirklich so einfach eine entspannte Zeit machen könnte. Ich glaube, ich ließ mir selbst keine andere Wahl. Ich wollte mich ablenken und Dinge tun, die mir keinen Raum für einen intensiven Blick in mein Innerstes ließen. Ich wusste ja nun, welche Fragen mich da erwarteten. Das wollte ich um jeden Preis vermeiden. Davor hatte ich Angst. Was würde alles zum Vorschein kommen? Also lautete die Devise: einfach weitermachen. Einer Auseinandersetzung mit mir selbst war ich immer aus dem Weg gegangen. Für ein Innehalten, Nachdenken und Überlegen, wo es im Leben hingehen sollte, hatte ich mir nie die Zeit genommen. Ich war meist rastlos und fürchtete, dass ich nach irgendwelchen tiefgründigen

Reflexionen nicht mehr so wie bisher weiterleben könnte. Und tatsächlich half mir die Arbeit, meine emotionale Achterbahnfahrt nach dem Tod meines Vaters zu bremsen. Doch war das die Lösung? Und wie lange würde ich diesen Prozess aufhalten können?

Trugschluss

Leider glauben immer noch zu viele Menschen, man könne die Psyche, dieses ominöse Etwas, austricksen. Ein Schicksalsschlag haut dich aus den Socken, aber du machst einfach mal weiter. Wird die schon nicht merken. Das funktioniert leider nicht. Ich darf das sagen, weil ich es ja auch dachte und dann eines Besseren belehrt wurde.

Ich will ja keine schlechte Laune verbreiten, aber gerade psychosomatische Erkrankungen gedeihen prächtig auf dem Feld der Verdrängung. Stress, Ängste oder traumatische Erlebnisse kann man versuchen zu ignorieren, es wird aber nicht gelingen. Unsere Psyche ist ein verlässlich arbeitendes »Organ«, das das nicht einfach hinnimmt. Wenn wir leiden, dann bohrt sich dieser Schmerz in unsere Seele. Da entstehen Wunden. Wenn gewisse Bedürfnisse nicht befriedigt werden, kommt es zwangsläufig zu Mangelerscheinungen.

Wenn wir nicht essen, bekommen wir Hunger, wenn wir nicht schlafen, fallen wir irgendwann vor Müdigkeit einfach um. Und wenn uns Anerkennung, Wertschätzung, Freude und Liebe fehlen, dann macht sich auch das bemerkbar. In Form von Gefühlen, die uns allen schon begegnet sind: Frust, Wut, Trauer.

Und negative mentale und emotionale Gewohnheiten beeinflussen unsere körperliche Gesundheit. Aus Stress können zum Beispiel Rückenschmerzen entstehen, uns »schlägt etwas auf den Magen« oder »geht uns an die Nieren«.

»Mehr als alle anderen
Leidenschaften schadet die Trauer
dem Körper.«[5]

Mit diesem Satz hatte Thomas von Aquin, der italienische Theologe und Philosoph, schon im 13. Jahrhundert eine schöne Depressionsformel gefunden. Also, wenn wir diese emotionalen Symptome ignorieren, ist das nicht gut für uns. Wir tun es aber leider trotzdem – und immer noch zu häufig. Warum? Weil wir die passenden Werkzeuge besitzen: Verdrängungsmechanismen. Wir verdrängen, leugnen und vermeiden. Alles Erste-Hilfe-Maßnahmen, die dazu führen, dass es uns besser geht. Funktioniert aber nicht auf Dauer. Hatte ich schon erwähnt, oder? Ich habe das auch zur Genüge erlebt, mein Lieblingswerkzeug war lange genau diese Verdrängung.

Der Tod meines Vaters war kein traumatisches Erlebnis, und es handelte sich bei mir auch nicht um eine abnorme Trauerreaktion oder anhaltende Trauerstörung, bei der Profis helfen müssen. Bei mir wurde ein innerer Prozess angestoßen, weil ich zu diesem Zeitpunkt bereits unglücklich und unzufrieden war. Vaters Tod war dafür der Auslöser gewesen. Ich wusste es nur noch nicht. Daher war meine erste Reaktion: einfach weitermachen! Rückblickend war das typisch für mich – und natürlich zum Scheitern verurteilt. Ich, der nette Ingo, wollte mit meiner Trauer niemandem zur Last fallen, selbstverständlich weiter nett und freundlich sein und schön die Erwartungen der anderen erfüllen. Also erst mal zurück ins Hamsterrad.

Verdrängung

Ehe ich mich versah, stand ich wieder im Studio und ging konzentriert meiner Arbeit nach. Meine Kollegen wussten weder vom Tod meines Vaters, noch hatten sie bemerkt, dass etwas nicht stimmte. Ich war gut im Verstecken und Überspielen meiner Emotionen. Gerade jener, die vor der Kamera und im Sender nichts zu suchen hatten. Meine Trauer gehörte definitiv dazu.

Im Kopf schritt meine emotionale Schieflage voran. Wie gesagt: So eine Psyche lässt sich natürlich nicht austricksen, die beobachtet sehr genau, was mit uns los ist. Und sie reagiert darauf in ganz unterschiedlicher Weise. Mal schneller, mal langsamer. Immer wieder schossen mir wieder bohrende Fragen durch den Kopf: War das alles gut, was ich gemacht habe? Habe ich meinen Platz im Leben gefunden? Bin ich wirklich glücklich? Dieses Gedankenkarussell hörte einfach nicht auf. Nun ging es um mich. Die Fragen wurden quälender, und die Antworten ließen auf sich warten. Ich wollte darüber einfach lange gar nicht vernünftig nachdenken.

Doch ich musste mir allmählich eingestehen, dass es da eine latente Unzufriedenheit in mir gab. Irgendetwas stimmte nicht. Ich musste herausfinden, was da schiefgelaufen war in meinem Leben. Obwohl offensichtlich erfolgreich, hatte ich meine innere Balance nicht gefunden. Das kurze Glück einzelner Momente, wie etwa nach einer gelungenen Showmoderation oder einem entspannten Abend zu zweit, wich schnell wieder emotionalen Achterbahnfahrten. Als ich darüber nachdachte, wurde mir in trauriger Weise klar, dass ich mich über die Jahre nicht zu einem glücklicheren Menschen entwickelt hatte. Auch wenn das von außen natürlich niemand sah. Aber Innehalten war nicht mein Ding. Noch war ich nicht so weit. Ich verfiel wieder in mein altes Muster: weitermachen und funktionieren.

Was so viel hieß wie: arbeiten.

Erst Wochen später erzählte ich einigen Kollegen im Sender von der schweren Zeit, die ich hinter mir hatte. Ihnen war aufgefallen, dass ich in der Vorbereitung zu meinen Fernsehsendungen nachdenklicher und ernster war als sonst. Mir selbst war das gar nicht bewusst gewesen. Ich dachte, ich wäre wie immer. Nett, freundlich und umgänglich. Wir Netten neigen ja dazu, uns und unsere Probleme und Bedürfnisse nicht so in den Vordergrund zu stellen. Um andere damit nicht zu belästigen. Und hätte ich mich damals gefragt, wie es mir so geht, ich hätte wahrscheinlich »ganz okay« gesagt.

Die Sendungen liefen mir locker von der Hand und machten trotz allem Spaß. Vor der Kamera konnte ich meine Akkus aufladen, die Arbeit gab mir Kraft.

Doch für die große Innenansicht war ich noch nicht bereit. Wenn ich nicht im Studio stand und *Volle Kanne*, *Hallo Deutschland* oder andere Fernsehaufzeichnungen hatte, lag ich zu Hause auf dem Sofa und schaute Fernsehen, vorzugsweise mit einer Tüte Chips im Arm. Das waren meine Erholungsphasen, denn so sehr ich meinen Job auch liebe, er kostet Energie.

Zudem verbrachte ich meine freien Tage auch gerne im Bett – krank. Grippale Infekte und Erkältungen waren meine ständigen Begleiter.

Auf der einen Seite trieb mich ein Schneller, Höher, Weiter. Ich war nie zufrieden und wollte immer mehr. Auf der anderen Seite hielt ich mich für unzureichend. Schon als Teenager war das so. Ich glaubte schon mit Anfang 20, kurz bevor ich meine erste TV-Show bekam, dass es für einen Job vor der Kamera viel zu spät wäre. Selbstzweifel und mangelndes Selbstbewusstsein waren seit Jahren meine ständigen Begleiter. Und nun schien sich alles wie in einer Spirale rasant zu beschleunigen.

Ich bewegte mich gefährlich nah auf einen Burn-out zu. Freude und Spaß erlebte ich kurzfristig, wenn ich vor der Kamera stand, interessante Interviewpartner hatte oder Menschen unterhalten durfte. Mein Leben hangelte sich von Sendung zu Sendung, nach dem Spiel ist vor dem Spiel. Dazwischen: Leere und Stillstand.

»Ich bin eine Maschine«, dachte ich ein ums andere Mal. Vor der Kamera hatte ich maximalen Spaß, danach drehte sich das Hamsterrad weiter, und ich funktionierte nur noch. Die kleinen Reste meines normalen Alltags waren oft trist, und die Tage rauschten nur so an mir vorbei.

Ich trug zunehmend negative Gefühle und Gedanken mit mir herum. Einerseits litt ich unter Selbstzweifeln, andererseits ermahnte ich mich, zufrieden zu sein. Hatte ich nicht allen Grund, glücklich zu sein? Ich hatte einen tollen Job und war erfolgreich – was immer das auch damals für mich bedeutete.

Und doch hatte ich das Gefühl, gegen Wände zu rennen, nicht weiterzukommen. Nur was genau wollte ich denn eigentlich? Es war ein diffuses Anrennen und Kämpfen gegen irgendwas.

Sowohl im Beruflichen als auch im Privaten fiel meine persönliche Erfolgsbilanz mau aus. Ich wollte immer Familie haben, wünschte mir Kinder. Auch hier: Fehlanzeige.

Bei Familienfesten in der Verwandtschaft war ich oft nicht anwesend. Auch die Abende mit guten Bekannten waren an einer Hand abzuzählen, und es fiel mir schwer, neben allen beruflichen Verpflichtungen einen privaten Freundeskreis aufzubauen. Von einer Beziehung ganz zu schweigen. Die Arbeit ging vor. Dabei machte ich gute Miene zum bösen Spiel. Sogar vor mir selbst.

Die Freude und die Leidenschaft für meine Arbeit verdrängten alles andere, das Hochgefühl trug mich weiter, das Verdrängen fiel mir leicht, und ich kam nicht in die notwendige Reflexion.

Das Fatale an diesen Verdrängungsmechanismen ist ja, dass sie funktionieren. Zunächst bewahren sie uns vor unangenehmen Gefühlen, und sie schützen uns – vermeintlich. Kein Mensch leidet gerne freiwillig, wir wollen Schmerz und Leid verhindern, also verdrängen wir. Ich war ein Weltmeister in dieser Disziplin. Doch der Frust machte sich breit. Unaufhaltsam.

Leidensdruck

Kaum lag ich zu Hause auf meinem Sofa, klopften auch schon die düsteren Gedanken an. Dabei spielte der Tod meines Vaters als Auslöser eine entscheidende Rolle.

Würde ich irgendwann auch im Kreise meiner Lieben gehen können? »Wenn ich bis dahin Familie haben würde«, erinnerte mich eine Stimme in meinem Kopf. Warum scheiterten meine Beziehungen immer nach kurzer Zeit?

In der Tat war ich gerade wieder einmal Single und niemand in Sicht, mit dem ich mir eine Familie hätte vorstellen können. Warum hatte das bei mir noch nicht geklappt? Es gab ja immer wieder Optionen und Möglichkeiten. Familie war schon als junger Mann mein Ziel gewesen. Ich wollte Kinder, als Opa irgendwann im Schaukelstuhl auf meiner Veranda sitzen und mich mit meinen Enkeln des Lebens erfreuen. Ein Leben ohne Kinder erschien mir seit jeher sinnlos. Unsere Familie war mein perfektes Zuhause gewesen. So ein Zentrum des Lebens wollte ich auch haben. Immer schon. Doch mit einer eigenen Familie hatte es nie geklappt. Und nicht nur das. Auch beruflich haderte ich mit mir.

War ich zu alt für den nächsten Karriereschritt? War ich zu dumm, an den richtigen Strippen zu ziehen? Einfach nicht gut genug? War ich zu dick? Die Chipsorgien fingen an, ihre Spuren zu hinterlassen. Das Problem: Im 16:9-Fernsehbild wirken Menschen vor der Kamera kleiner und auch fülliger. Neun Kilo im echten Leben sehen im Fernsehen aus wie 16. Ehrlich.

Ich schielte neidisch auf Kollegen, warum nun der diese oder jene Sendung moderierte – und nicht ich? Statt auf mich zu schauen, fragte ich mich immer öfter, warum es andere schon auf die nächste Stufe der Erfolgsleiter geschafft hatten.

Doch für Antworten oder gar Lösungen war es noch zu früh, in dieser Phase meines Lebens hatte die Unzufriedenheit das Regiment übernommen.

Meine Wünsche, Träume und Ziele hatten sich zwar erfüllt, aber von allem war es immer nur ein bisschen gewesen und für mich zu wenig. Einfach nicht ausreichend.

Ich hatte so viele Ideen, die alle wie lose Enden im Raum schwebten. Nichts davon packte ich an. Es waren zu viele, ich verwirklichte nichts: Ich wollte so gerne auf die Bühne, Stand-up-Comedy machen, ein Buch schreiben, einen eigenen Podcast auf die Beine stellen und die große Abendshow vor Publikum moderieren. Oder waren das die falschen Ziele? Ich hatte die Orientierung verloren. Sah den Wald vor lauter Bäumen nicht. Stattdessen kam die nächste Sendung, und danach legte ich mich wieder auf die Couch.

Eingefahrene Bahnen zu verlassen fiel mir schwer. Welchen Weg sollte ich denn auch einschlagen? Ich wusste ja gar nicht, was ich wollte. Und zu jeder neuen Idee gesellten sich Angst und Zweifel, meine treuesten Freunde: Kann ich das, schaffe ich das? Werde ich davon leben können?

So hatte ich mich in meiner Unzufriedenheit eingerichtet und mir meine eigenen Rituale zurechtgelegt. Wie jene schöne Gewohnheit, in Frustmomenten alles in mich hineinzufressen. Das schien mir zu helfen und war zum festen Bestandteil meines Lebens geworden. Mentales Hineinfressen übrigens genauso wie ganz praktisches Frustfuttern: Eis, Chips und Schokolade. Ein Liter Häagen-Dazs-Eis (vorzugsweise Pralines & Cream), dazu Chips (extra würzig) und tafelweise Ritter-Sport-Schokolade (Voll-Nuss) oder Milka Caramel. Dazu gab es ein ganzes Wochenende lang Filme und Serien satt, bis ich nicht mehr geradeaus schauen konnte. Das war für mich Ablenkung in ihrer schönsten Form. Gut gefühlt habe ich mich dabei nie. Ich verfluchte meine Maßlosigkeit. Vor allem meine mangelnde Disziplin, die ich doch in meinem Job so gnadenlos an den Tag legen konnte. Doch wenn es um mich ging, versagte ich. Um meine Fressorgien zu kompensieren, zog ich mitunter ein heftiges Sportprogramm durch, was mir allerdings auch keinen Spaß machte. Nur: Ich wollte ja vor der Kamera weiter gut aussehen, also musste ich da durch. Das Fazit: schlechtes Gewissen, Schuldgefühle, Frust und miese Laune. Kurzfristig kompensiert, nur um dann doppelt übel zurückzukommen. Natürlich war ich unzufrieden, ich haderte mit mir, und düstere Gedanken bevölkerten zunehmend mein Gehirn. Ich kam da nicht raus, und das frustrierte mich nur noch mehr.

Ich war unglücklich, allein und hilflos.

Seit meinen Kindertagen hatte ich mich meinen Träumen hingegeben, beruflich wie privat. Ich hatte vieles ausprobiert, hart gearbeitet und versucht, das zu erreichen, was ich mir gewünscht hatte. Musik machen, im Filmgeschäft arbeiten, als Schauspieler vor der Kamera stehen und als Moderator für Radio und Fernsehen zu arbeiten. Für jemanden, dessen Familie mit dieser Welt nun überhaupt keine Berührungspunkte hatte, waren das sehr große Ziele. Doch ich hatte mich hochgearbeitet, vom Filmpraktikanten über Ausbildung und Studium bis vor die Kamera. Ich hatte mich zeit meines Lebens in vielen verschiedenen Bereichen des Entertainments getummelt. Und doch war vieles unerreicht und unerfüllt geblieben. War ich auch hier maßlos und unersättlich? Wollte ich zu viel? Müsste ich nicht dankbarer sein? Das Publikum erlebte mich als einen Menschen, der im Fernsehen souverän seine Sendungen macht und locker seiner Arbeit als Moderator nachgeht. Ein gesunder, gut gelaunter Mann, den das Glück offenbar reich beschenkt hatte. Doch hinter den Kulissen sah es ganz anders aus. Von meinen Ängsten, Herausforderungen und Anstrengungen bekam niemand etwas mit. Dafür war in diesem Bild kein Platz. Die Konflikte waren von außen nicht zu sehen. Wie auch, wenn ich mir ihrer selbst nicht bewusst war.

Doch die Fassade, hinter der ich mich vor mir selbst versteckte, bröckelte.

Wo war ich wirklich gelandet? Hatte ich Erfüllung gefunden? Wohl eher nicht.

Stattdessen hatte ich Ängste, und in meinem Innersten wüteten schwere Konflikte. Auch wenn ich es noch so sehr drehte und wendete: Ja, ich war festgeklemmt zwischen zwei sich widerstrebenden Kräften, die offenbar schon länger in meinem Kopf miteinander kämpften. Ich war hin- und hergerissen zwischen dem, was ich eigentlich aus tiefstem Herzen wollte, und dem, was ich glaubte, tun zu müssen. Meine Unzufriedenheit und mein Frust waren die Folge meines inneren Konflikts. Und eine Lösung war nicht in Sicht. Wie auch! Konfliktlösung war echt nicht mein Spezialgebiet. Ich ging ja schon Konflikten mit anderen Menschen aus dem Weg. Wie sollte ich da meine eigenen inneren Konflikte lösen?

Auf der Suche nach Antworten realisierte ich schnell, dass ich mich nun mit mir selbst auseinandersetzen musste. Wer bin ich? Eine an sich einfache Frage, vor der ich mich mein Leben lang gedrückt hatte. Mir ging es doch gut, oder? Was sollte dieses »Wer bin ich« bringen? Mit Erschrecken stellte ich fest, dass ich zu diesem Zeitpunkt

diese einfache Frage nicht beantworten konnte. Das sollte sich ändern. So konnte ich auf gar keinen Fall weitermachen. Doch nun kam
das nächste Problem auf mich zu: Mein Hang zur Prokrastination. Ich
konnte die Dinge schon immer bis Ultimo auf die lange Bank schieben. Das Aufschieben von anstehenden Aufgaben gehörte zu meinen
absoluten Stärken und war für den nun anstehenden Kraftakt nicht
gerade hilfreich. Da hilft Leidensdruck. Und den hatte ich mittlerweile zur Genüge.

Es gab keine Ausreden mehr, keine Fluchtmöglichkeit vor mir
selbst, ich musste endlich ergründen, was mich wirklich ausmacht
und antreibt. Lebte ich wirklich mein Leben, oder ließ ich mich
fremdbestimmt von einem Job zum nächsten fallen? Erfüllte ich
immer nur die Erwartungen anderer, weil ich sie nicht enttäuschen
wollte? Weil ich gemocht werden wollte?

Offenbar war ich zu »nett«. Das schien mein Problem zu sein.
Brauchte ich Ecken und Kanten – und wenn ja, wie bekommt man
die? Ich ahnte, dass der Satz »Sie sind zu nett« etwas mit meinem
Zustand zu tun hatte. Ich gab zu oft nach, setzte meinen eigenen Kopf
nicht durch und war so in ein Fahrwasser geraten, das mich nicht an
meine Ziele transportierte. Sondern einfach nur weiter, irgendwohin.
Das waren erst mal nur Gefühle, keine konkreten Erkenntnisse. Doch
genau da musste ich ansetzen.

Wohl kaum jemand hat eine Vorstellung, wie schwer es mir bis
heute fällt, die eigenen Gefühle zu beschreiben.

Doch sämtliche Verdrängungsmechanismen funktionierten nun
nicht mehr. Die Zeit war reif, Bilanz zu ziehen. Beziehungsweise eine
Zwischenbilanz, denn mein Leben sollte ja noch lange nicht vorbei sein. Doch was hatte ich bisher erreicht? Wo war noch Luft nach
oben? Und vor allem: Zu welchem Preis war es das wert gewesen? Ich
musste einfach eine Bestandsaufnahme machen, um für mich klarer

zu sehen, ob ich auf dem richtigen Weg war oder es anders weitergehen sollte. Ich wollte wissen, wo ich stand und was mich an diesen Punkt gebracht hatte. Ohne die Dinge schönzureden, wie ich es zu lange gemacht hatte. Ich beschloss, dabei ehrlich zu mir selbst zu sein. Denn wenn ich diese beschwerliche Reise zu mir selbst schon antrat, dann sollte an deren Ende auch ein Ergebnis stehen, das mir eine klare Bewertung möglich machte. Ich wollte erfahren, ob ich selbst vor lauter Nettigkeit auf dem Weg zu meinen Träumen verloren gegangen war. Oder waren die Dinge, nach denen ich strebte, am Ende gar nicht meine eigenen Träume?

Eine lange Reise stand mir bevor. Denn der Wunsch nach Selbstverwirklichung setzte notwendigerweise die Selbsterkenntnis voraus. Wer bin ich, wie ticke ich? Was sind meine persönlichen Bedürfnisse, meine Träume, Wünsche und Ziele? Was brauche ich für meine Zufriedenheit, mein Glück und meine Erfüllung? Wenn mit Selbstverwirklichung die Entwicklung der eigenen Persönlichkeit gemeint ist, dann musste ich mich erst mal besser kennenlernen.

War ich wirklich für mich selbst schon immer zu alt, zu dick oder zu dumm? Oder hatte sich dieses seltsame Grundgefühl schleichend entwickelt? Und warum? Die erste Etappe meiner Reise war damit für mich klar: Ich wollte zurück zu meinen Wurzeln: Wo komme ich her, was hat mich geprägt und wie wurde ich erzogen? Diese Fragen sollten mir helfen, den Setzkasten meiner Persönlichkeit auseinanderzunehmen.

Nur so können wir uns selbst aus einem Tief, einer Krise und einem unglücklichen Zustand befreien. Selbstmitleid und Frust machen uns schwach, darunter leiden wir, auf die unterschiedlichste Art. Die einen ziehen sich zurück, weil sie keine Kraft mehr haben, sich gegen irgendwen oder irgendwas noch durchzusetzen. Andere reagieren mit Aggression und Wut, was das Problem natürlich auch nicht löst. Für manche ist Schokolade das Allheilmittel, andere greifen zum Alkohol. Hauptsache, das miese Gefühl geht weg. Und wenn es nur für einen Abend ist. Doch das war ja nicht immer so. Da hat sich was aufgebaut, entwickelt und manifestiert. Also musst du zurück: Wie warst du früher? Manche Menschen haben mit dem Kind von damals überhaupt nichts mehr gemeinsam. So sieht es auf den ersten Blick zumindest aus. Da gibt es Erinnerungen an einen kleinen mutigen Jungen oder ein kleines selbstbewusstes Mädchen, die mutig und frech über den Schulhof springen. Und heute? Schaut das gleiche »Mädchen« 20 Jahre später in den Spiegel und sieht eine Frau voller Minderwertigkeitskomplexe und Ängste. Da gab es den Jungen, der viele Träume und große Pläne hatte. Heute ist der Mann gerade mal 40 und hat jede Hoffnung auf die Erfüllung seiner Träume aufgegeben. Was ist zwischen damals und heute passiert? Was ist auf dem Weg verloren gegangen? Welche guten und schlechten Erfahrungen haben wir gemacht, wer hat uns begleitet und geprägt? Und vor allem: Was haben wir dabei gelernt?

Gerade in Sachen Selbstbehauptung werden wir hier fündig. Wer früher kein Problem hatte, seinen Mund aufzumachen, der kann das heute auch noch. Es gibt nur Faktoren, die diese Eigenschaft unterdrücken. Und wer schon früher viel zu scheu und ängstlich war, kann heute Wege und Methoden finden, das zu ändern.

Ich bin mir sicher: Wir alle können in der alten Klamottenkiste unseres Lebens viele Teile wieder- und auch neu entdecken. Dinge, die längst vergessen waren. Teile unserer Persönlichkeit, die uns immer noch prima passen und super zu Gesicht stehen!

Warnsignale

Bei mir war es der Tod meines Vaters, der mich zwang, mein Leben unter die Lupe zu nehmen. Auslöser für solche »Wendepunkte« gibt es natürlich wie Sand am Meer. Und wahrscheinlich erkennen nicht alle dabei gleich den Zusammenhang mit ihrem durch und durch netten Naturell. Das hat ja bei mir auch gedauert ...

Es muss auch nicht immer ein solch fundamentales Ereignis sein, das uns aus der Bahn wirft. Vielleicht fesselt uns ein Beinbruch ans Bett, und wir werden gezwungen, das Hamsterrad mal eine Weile zu verlassen. Oder eine Kündigung, eine Trennung, ein Umzug führen dazu, dass unser Leben kurz angehalten und neue Denkprozesse angestoßen werden.

Auch Corona hat vielen Zeit und den nötigen Leidensdruck beschert, sich nun endlich einmal ohne permanente Ablenkung mit sich selbst auseinanderzusetzen.

In unserem Alltag schieben wir unangenehme Gedanken, wie auch ich es viele Jahre »erfolgreich« gemacht habe, mühelos beiseite. Die beschriebenen Wendepunkte sorgen dafür, dass sich solche Gedanken in den Vordergrund drängen. Oft begleitet von Ängsten, mit denen wir uns plötzlich intensiver beschäftigen müssen.

Es ist ein einfacher Dreisatz, der den Prozess ganz gut darstellt:

1. Auslöser
2. Abwehrmechanismus
3. Leidensdruck

Ganz gleich, was bei Ihnen der Auslöser ist, es wird aber etwas in Gang gesetzt. Zunächst wahrscheinlich die Abwehrmechanismen. Wenn man aber darum weiß, kann man sie schneller aufspüren und ihnen das Handwerk legen, dann verkürzt sich nämlich die dritte Phase: das Leiden.

Trotzdem ist ein gewisser Leidensdruck natürlich produktiv. Denn große Unzufriedenheit und ständiger Frust sind wichtige Indikatoren: Achtung, hier läuft was falsch! Und diese Warnsignale sollten Sie ernst nehmen!

Sie hätten sich dieses Buch bestimmt nicht gekauft, wenn Ihnen der Satz »Ich bin zu nett« nicht irgendwie bekannt vorkäme, oder? Wahrscheinlich möchten Sie auch gerne endlich mal Nein sagen und (bleibt unter uns!) egoistischer sein? Nur ein ganz kleines bisschen, um Ihrer selbst willen? Sie möchten mal auf Ihre Kosten kommen, Ihre Wünsche und Bedürfnisse sollen endlich auch befriedigt werden? Das kann ich gut verstehen. Dennoch schafft man das nicht von heute auf morgen. Weil wir eben so sind, wie wir sind – und unser Verhalten legen wir nicht wie einen alten Pullover einfach ab. Das sitzt fest und kann nur langsam verändert werden. Sie sind ja nicht umsonst irgendwann mal so wahnsinnig nett geworden: »Die mit dem Helfersyndrom«, »der, der immer die Nachtschicht übernimmt« oder »die Mama, die ständig, ohne zu murren, die ganzen Jungs aus der Nachbarschaft sonntagmorgens zum Fußball fährt«. Nur jetzt beschleicht Sie das Gefühl, dabei selbst auf der Strecke geblieben zu sein. Oder es nervt Sie einfach, dass Sie immer klein beigeben und den Kollegen nicht mal klar und deutlich die Meinung sagen. Prima! Dann krempeln wir jetzt die Ärmel hoch und machen uns an die Arbeit.

Dabei ist der Blick zurück enorm hilfreich. Und bitter nötig, um eine genauso wichtige wie simple Frage zu klären: Wann hat das mit diesem Nettsein eigentlich bei uns angefangen?

*»Was ist in meiner Kindheit
eigentlich schiefgelaufen?«*

II. Der Blick zurück

**oder
Wie man seine Wurzeln unter die Lupe nimmt**

Vorbilder und abschreckende Beispiele

Wann haben Sie sich das letzte Mal gefragt, wie Sie eigentlich erzogen wurden? Die Antwort darauf fiel wahrscheinlich kurz und bündig aus: gut. Sie haben Manieren, können mit Messer und Gabel essen, Richtig von Falsch unterscheiden und wissen, was »sich gehört«. Glückwunsch! Das reicht nur leider nicht, wenn du wissen willst, warum du »so tickst, wie du tickst«. Da sollte die Fragestellung konkreter sein: Warum bin ich so schrecklich nett und bekomme es nicht auf die Reihe, mal gegen den Strom zu schwimmen, wenn es um meine Belange geht? Dafür gibt es ja Gründe und Ursachen. Unser Gehirn hat über Jahre etwas gelernt, unsere Gene wurden auf eine ganz spezielle Art und Weise programmiert. Erfahrungen haben uns geprägt, wir hatten Vorbilder oder abschreckende Beispiele. Oder beides. Nicht alle »netten« Menschen haben dieselbe Kinderstube durchlaufen. Bei der einen war es vielleicht die Mutter, die immer zu allem Ja und Amen gesagt hat, und die Tochter lernte, dass man damit prima durchs Leben kommt. Ein anderer hat die Erfahrung gemacht, dass der Opa mit eiskalter Rücksichtslosigkeit alles um sich herum niedergetrampelt hat, was beim Enkel zum absoluten Gegenteil geführt hat. Kinder, die in einem strengen und dominanten

Umfeld aufwachsen, lernen unter Umständen, dass sie mit Liebreiz und bedingungsloser Freundlichkeit den geringsten Widerstand erzeugen. Es gibt viele verschiedene Prägungsmöglichkeiten, und alle sind höchst individuell. Um seinem persönlichen Nettigkeitsproblem auf die Schliche zu kommen, kann ein genauerer Blick auf das familiäre Umfeld beziehungsweise die engeren Bezugspersonen helfen.

Wie waren die denn so drauf? Ich kann Menschen nur ermutigen, da einen ganz eigenen Fragenkatalog zu kreieren. Warum mochten Sie die selbstlose Tante mit dem Helfersyndrom so gern? Und den »Arschloch-Onkel« nicht? Oder haben Sie ihn gar bewundert, weil er Sachen sagte, die Sie sich niemals getraut hätten? Mit welchem Verhalten Sie selbst Erfolg hatten, spielt dabei natürlich auch eine Rolle. Sie sehen schon, ein oberflächlicher Blick reicht da nicht, das geht ans Eingemachte. Wir sind nicht plötzlich morgens aufgewacht und waren so, wie wir sind.

Wenn wir in Zukunft an uns etwas verändern wollen, weil es uns stört, liegt der Schlüssel meist in der Vergangenheit. Wer zurückschaut, bringt Licht ins Dunkel. Glauben Sie mir. Ich hab's ja auch gemacht. Und deshalb kann ich Ihnen verraten, wo bei mir die »netten« Leichen im Keller liegen …

Heile Welt

Ich oute mich am besten gleich: Ich hatte keine schwere Kindheit. Keinen bösen Onkel, keine dominante Mutter.

Es wäre einfacher gewesen, meinen desolaten Zustand auf eine katastrophale Vergangenheit zu schieben. Ganz nach dem Motto: Da kann ich ja nichts dafür! Ein armer Tropf und bedauernswertes Opfer! Eine ordentliche Portion Selbstmitleid und dann schön die

Schuld auf andere verteilen. Funktionierte bei mir leider Gottes nicht. Doch auch jemand, der in Bullerbü aufwächst, kann sich später im Leben auf einer seelischen Baustelle wiederfinden. Hier einen stimmigen kausalen Zusammenhang herzustellen ist etwas schwieriger. Gab es da überhaupt einen? Und wenn ja, würde mir das in meiner aktuellen Situation helfen?

Heute weiß ich klarer als je zuvor: Prägung und Erziehung haben meine Persönlichkeit ganz entscheidend geformt. Ich bin nicht zufällig *dieser* Ingo geworden. Ich konnte Verhaltensmuster erkennen, Qualitäten (neu) entdecken und verstehen, warum ich so und nicht anders ticke.

Auch wenn uns bei so einer Rückschau nicht alles gefällt, wir können unsere Persönlichkeit nicht einfach umtauschen und uns eine neue besorgen. Mit einigen Teilen davon müssen, dürfen oder können wir leben. Andere können, sollten oder müssen wir sogar verändern. Womit wir wieder beim Grund meiner Reise in die Vergangenheit angekommen wären:

Wenn ich in meinem Leben etwas verändern wollte, lag der Schlüssel dazu auch in meiner Kindheit und Jugend. Um die wieder präsent zu haben, tauchte ich in meine Erinnerungen ab. Dabei kramte ich in so mancher Kiste, die ich im hintersten Winkel meines Innersten aufbewahrte, um die wichtigen Fragen zu beantworten: Wie und wo bin ich aufgewachsen? Wie wurde ich erzogen? Streng oder eher *laissez-faire*? Welche Rolle spielten Regeln, Normen und Moral? Was war meinen Eltern wichtig? Worauf legten sie Wert? Welche *role models* hatte ich? Ja, da stand einiges auf meiner To-do-Liste. Vor allem stand ich vor einem grundsätzlichen Problem. Sich mit seiner Kindheit zu beschäftigen bedeutet zwangsläufig, das Verhalten von geliebten Menschen unter die Lupe zu nehmen. Wie gingen Eltern, Großeltern und der Rest der Familie mit mir um? Dabei alles in rosaroten

Farben zu malen bringt natürlich nichts. Da braucht es Mut zur Ehrlichkeit, was vielen in so einem Prozess sicher auch Angst macht. Möglicherweise ist Selbsterkenntnis genau deshalb oft zum Scheitern verurteilt. Behaupten zumindest viele, die sich schon länger mit dem Thema beschäftigen. Ich finde, dass es an diesem Punkt nicht darum geht, Schuld zu verteilen. Niemand hat Schuld oder wird dadurch in die Verantwortung genommen. Hier geht's nur um den Erkenntnisgewinn für einen selbst. Und das hat noch keinem geschadet. Im Gegenteil, man sieht sich danach einfach viel klarer.

Ehrlich in sich hineinhorchen funktioniert auch im stillen Kämmerlein prächtig. Ohne den Vater, die Mutter, die Geschwister, Tanten und Onkel in die Pfanne zu hauen. Nur, Hand aufs Herz, eines ist auch klar: Wenn eine Mutter stets übervorsichtig und ängstlich war, liegt es nahe, dass auch ihre Kinder eine Portion davon abbekommen haben. Ein Vater, der sich immer unterbuttern lässt und niemals gegen Ungerechtigkeiten aufbegehrt, hat auch eine Vorbildfunktion für seine Kinder. Natürlich könnte man einwenden, er ermutigt seinen Sohn vielleicht, anders zu sein. Nur wie soll der kleine Junge das anstellen? Ihm fehlt einfach das praktische Beispiel. Hier sollten wir ruhig mal einen Blick auf unsere Kindheit und unser Umfeld werfen. Die Variation der Möglichkeiten ist groß.

Ein Alltag, in dem die Sicherheit stets über allem steht, prägt die Kinder. Eltern, die rund um die Uhr Sorgen haben, hinterlassen auch beim Nachwuchs Spuren. Wenn der Vater den Job verloren hat und die Angst da ist, die Miete nicht mehr bezahlen zu können. Diese Existenzängste prägen auch das Leben der Kinder. Sie werden ihre ganz persönlichen Bedürfnisse, Träume und Wünsche möglicherweise später immer der Sicherheit unterordnen. Das ginge zulasten der Selbstbehauptung und somit auch der Selbstverwirklichung. Oder: Ein Familienleben, in dem für eigene Meinungen und Widerworte kein Platz ist, kann Jungen und Mädchen auf eine ganz unterschiedliche Weise formen. Die einen werden angepasst und unterwürfig, die anderen vielleicht renitent und extra aufmüpfig. Das Verhalten unserer engsten Bezugspersonen, ihre Stimmungen, Gefühle, Ängste und Charaktereigenschaften haben Einfluss auf unsere Entwicklung. Auch der Erziehungsstil unserer Eltern hat uns zu dem gemacht, was wir heute sind. Wir alle kommen eben aus irgendeinem »Stall«. Freilandhaltung, Käfig oder irgendwas dazwischen. Deshalb sollten wir unser Nest einfach mal genauer anschauen. Da finden wir Antworten und Erklärungen, die uns im Hier und Heute weiterhelfen.

Ich konnte nach gründlicher Retrospektive mit anschließender Reflexion zunächst ein prägnantes Merkmal identifizieren, das in meinem Leben eine entscheidende Rolle spielte. Und es war wohl auch mit verantwortlich dafür, dass ich nun immer öfter unglücklich in meiner Bude saß, Frust schob und in einer Blockade feststeckte:

Harmonie

Wie kann ein so wunderschöner Begriff Keimzelle und Ausgangspunkt für Frustration, Unzufriedenheit, Selbstzweifel und Ängste sein? Geht das überhaupt?

Harmonie – das ist Gleichklang, »wohltönender Zusammenklang mehrerer Töne oder Akkorde«, »ein ausgewogenes, ausgeglichenes Verhältnis von Teilen zueinander«[6].

Wortwörtlich aus dem altgriechischen *harmonía* übersetzt heißt es: »die Vereinigung von Entgegengesetztem zu einem Ganzen.«

Das klingt doch erst mal super, oder? Kann einen aber auch stutzig machen. Denn ganz praktisch gefragt: Wie können wir Gegensätzliches vereinen, ohne dass dabei eine Seite auf der Strecke bleibt? Auch ohne diese Frage gleich beantworten zu können, war mir klar: Mit

Harmonie, diesem »im Gleichklang wohlklingenden Schwingen«, kannte ich mich aus. Das war sozusagen das Fundament meiner Familie, auf dem alles ruhte.

Ein Leben in Frieden und Harmonie, kaum Restriktionen oder Verbote und viel Lob und Streicheleinheiten. Fantastisch, oder? Ist es auch. Doch zu viel Harmonie kann ungesund sein, es gibt Risiken und gefährliche Nebenwirkungen. Für einen intensiveren Blick darauf brauchen Sie keine Ärztin oder einen Apotheker zu konsultieren, das übernehme in dem Fall ich.

Meine Harmoniesucht blieb nicht ohne schmerzhafte Folgen. Hätte mich vor ein paar Jahren jemand gefragt, ob ich irgendwelche Probleme aus meiner Kindheit mit in mein Erwachsenenleben mitgenommen habe, ich hätte vehement verneint. Ich hatte die perfekte Kindheit! Ich habe es zumindest so erlebt. Aber auch hier ist es eben nur die halbe Wahrheit. Denn Nebenwirkungen treten leider oft erst später auf. Wenn ich heute auf meine Kindheit schaue, dann weiß ich, warum ich damals ewig hätte dortbleiben wollen. Eine Kindheit ohne große Konflikte, Streitereien und harte Auseinandersetzungen. Das sind viele wunderbare Bilder, warme Gefühle und durchweg positive Erinnerungen. Und da ist nichts geschönt. Ehrenwort! Aber genau das ist vielleicht das Kuriose an meiner Geschichte. Zu viele Süßigkeiten verursachen irgendwann Bauchschmerzen.

Heute hier, morgen wo?

Ich bin ein Kind vom Land, auch wenn ich in Nürnberg geboren wurde. Die meiste Zeit lebten wir mit der Familie in kleinen Städten oder Dörfern. Wie im fränkischen Hummeltal, eine kleine Gemeinde im Landkreis Bayreuth in Oberfranken. Hummeltal war mein ganz persönliches Bullerbü. Auch wenn es Menschen geben mag, die dort nicht »tot überm Zaun hängen wollen« – für mich war es der Inbegriff von Idylle. In den späten Siebzigerjahren lebten dort circa 1500 Einwohner, ein überschaubares Dorf mit zahlreichen landwirtschaftlichen Betrieben. Ich verbrachte die ersten Jahre meiner Kindheit in der Natur und weniger vor der Glotze. Was ich in der Tat häufig bedauerte, bescherte mir viele schöne Erlebnisse. Wir Dorfkinder spielten in den Ställen der Bauern und sprangen von Dachbalken ins Heu. Sogar Traktor durften wir fahren und bei Kälbchengeburten (auch gerne mitten in der Nacht) hautnah dabei sein. In den Siebziger- und Achtzigerjahren mussten wir Kinder oft erst daheim sein, wenn die Straßenlaternen angingen. Unsere Eltern konnten uns nicht mittels Smartphone *tracken* und per FaceTime nach Hause beordern. Sie hatten Vertrauen und keine Angst, dass wir vom Trecker überfahren wurden oder beim Versteckenspielen verloren gingen. Ein ideales Kinderleben.

Auch mit meinen Eltern habe ich sagenhaftes Glück gehabt. Zwei wunderbare Menschen, die ihre beiden Söhne (mein Bruder kam zwei Jahre nach mir zur Welt) von Herzen liebten und umsorgten. Meine Mutter war Wirbelwind und Frohnatur, stets gut gelaunt und von allen gemocht. Sie meckerte nicht rum und hatte (fast immer) Verständnis für die Wünsche ihrer Jungs. Sie ließ den Dingen gerne ihren Lauf und war nachsichtig und verständnisvoll. So wie sie Freude am Leben hatte, sollten auch wir rundum glücklich sein. Mama war für uns Kinder wie ein Sechser im Lotto! Mit ihrem frischen Naturell hatte sie das Herz meines Vaters erobert und den eher nordfriesisch-herben Bundeswehroffizier aufgetaut. Die beiden waren ein Spitzenteam. Während Mutter uns an Leib und Seele verwöhnte und umsorgte, wanderte Vater mit uns durch Wälder und Wiesen. Als gelernter Landwirt wusste er eine ganze Menge über die Natur, und oft erkundete er mit uns auf endlosen Spaziergängen die Landschaft. Ich gebe zu, an manchen Sonntagen hätte ich lieber Winnetou im Fernsehen geschaut, als selbst durchs Naturschutzgebiet zu stiefeln. Nur Fernsehschauen war keine angesagte Freizeitbeschäftigung im Hause Nommsen. Das habe ich später gründlich nachgeholt.

Ich wusste montags in der Schule zwar nicht, wer Winnetou getötet hat. Dafür wurden mir die Blumen und Tiere unserer Umgebung in aller Ausführlichkeit erklärt. So gut, dass ich schnell alle Bäume persönlich kannte und schon als Kind die Vögel im Vogelpark Walsrode bestimmen konnte. Also auch vatermäßig alles im grünen Bereich. So sieht wohl eine glückliche Kindheit aus. Der einzige Wermutstropfen war unser ständiges Umziehen. Wir vier wechselten als Familie etwa alle zwei Jahre die Stadt. Wir fingen in Nordbayern an und arbeiteten uns über einen niedersächsischen Schlenker nach Hannover bis Oberbayern vor. Das war der Bundeswehrkarriere meines Vaters geschuldet. Ab meinem dritten Lebensjahr war ich ein kleiner Zugvogel und wurde mit den Jahren zum Umzugsprofi, der seine Habseligkeiten an einem Ort einräumte und irgendwo anders wieder aus. Ich sage oft im Spaß, dass wir Kinder nie wussten, wo wir morgens aufwachten, wenn wir abends schlafen gingen. Wenn wieder ein neuer Umzug anstand, wurde er meist mit der Frage »Könnt ihr euch vorstellen, mal in Hannover (oder sonst wo) zu leben?« eröffnet. Das war natürlich eine rein rhetorische Frage und vollkommen klar, was kommen würde. Wir wären damals lieber in Bayern (oder wo auch immer wir gerade lebten) geblieben. Im beschaulichen Ebern etwa, in dem wir uns einen funktionierenden Freundeskreis aufgebaut hatten. Umziehen war eines der Themen, bei denen unsere Wünsche keine Berücksichtigung fanden. Wir mussten immer wieder unser Bündel schnüren, das war gesetzt. Eine Diskussion war überflüssig. Das hätte nur böses Blut gegeben – und derlei Diskussionen gab es in unserer Familie sehr wenige, weil uns die Harmonie wichtiger war. Die Nebenwirkungen begleiteten mich mein ganzes Leben. Was da warum immer wieder wie Sand in meinem Getriebe hing, fand ich erst später auf der Reise zu mir selbst heraus.

Als Kind hatte ich mich irgendwann an den Umzugsmodus gewöhnt. Mit jeder Beförderung meines Vaters ging es in eine neue Stadt – und Vater wurde oft befördert. Schwer fiel es mir trotzdem, immer wieder alles hinter mir zu lassen. Von meiner Mutter weiß ich, dass da oft die Tränen flossen. Woran ich mich allerdings nicht erinnern kann, das habe ich wohl verdrängt. Verdrängung als Schutzmechanismus, eine Methode, die ich mit den Jahren von Umzug zu Umzug perfektionierte.

In stetigem Rhythmus wurde unser ganzes Leben eingepackt, verladen und an anderer Stelle wieder ausgepackt. In jungen Jahren habe ich den ganzen Umzugszirkus sicher nicht wirklich verstanden. Doch an unsere Wohnorte kann ich mich gut erinnern. Vor allem, wie schön es dort besonders dann war, wenn es wieder hieß: »Kinder, wir ziehen um!« Das bedeutete, ein lieb gewonnenes Umfeld verlassen, Freunde verlieren, sich am nächsten Ort wieder neu orientieren und an Mitschüler und Lehrer gewöhnen. Für Kinder nicht gerade eine Traumvorstellung. Meine Eltern taten dabei alles, um uns dieses unstete Leben so angenehm wie möglich zu machen. Und damit wären wir beim angesprochenen Thema: der Harmonie in unserem Leben. Sie war sozusagen das allheilende Heimwehpflaster. Wie kann so etwas durchweg Positives zum Problem werden? Diese Frage konnte ich mir zu Beginn meiner inneren Reise überhaupt nicht beantworten. Dazu musste ich mir tatsächlich meine Kindheit noch mal ganz plastisch vor Augen führen. Konkrete Situationen und Ereignisse. Erst danach konnte ich die Parallele zu mir als Erwachsenem ziehen und sah das Problem klar und deutlich: Mir war zeit meines

Denkens an einem harmonischen Miteinander gelegen. Sobald sich eine zwischenmenschliche Unwucht andeutete, kam ich in einen Rechtfertigungszwang, wechselte das Thema oder ging gänzlich in Deckung – bis hin zum Kontaktabbruch. Ein Leben, in dem sich vieles unterordnet, damit es schön harmonisch bleibt, wird kompliziert. Und als ich mich fragte, warum ich immer wieder an zwischenmenschliche Grenzen stieß und beruflich gegen Wände rannte, obwohl ich doch versuchte, zu allen nett zu sein und es jedem recht zu machen, fand ich die Antwort in meiner heilen Welt der Kindertage.

Wie ich Harmonie lernte

Harmonie war nicht nur das Fundament unserer kleinen Familie. Es war auch das Dach, unter dem wir lebten. Denn wir wollten keinen Streit. Zumindest war das einer der Standardsätze meiner Mutter: »Kinder, wir wollen doch keinen Streit.« Mit diesem Satz konnte sie innerhalb von Sekunden das familiäre Harmoniegefüge wiederherstellen. »Streit« schien etwas ganz Schlimmes zu sein und musste unter allen Umständen vermieden werden. Wenn wir uns als Kinder um das größte Schnitzel stritten oder die Diskussion über das nächste Urlaubsziel zu hitzig zu werden drohte, dann musste das Schlimmste verhindert werden: ein ausgewachsener Streit. Eine Meinungsverschiedenheit, ein kleiner Disput, ein kontroverser Wortwechsel – das alles war Streit. Auch ganz normale Diskussionen über Unstimmigkeiten führten bei uns zu »schlechter Stimmung«. Heute weiß auch ich, dass es hier feine Unterschiede gibt. Bei uns zu Hause schien alles vom Ergebnis her das Gleiche zu sein. Und das war vor allem eines: unerwünscht. Meine Mutter sorgte dafür, dass alles Unschöne, Hässliche und Unangenehme schon eliminiert wurde, bevor es überhaupt ansatzweise zutage treten konnte. Ich glaube, das hatte auch etwas mit unseren Umzügen zu tun. Allein die brachten ja schon automatisch Unannehmlichkeiten und schlechte Gefühle mit sich. Der Auszug aus dem alten Zuhause bedeutete Stress, Abschiednehmen und Trauer. Die Ankunft im neuen Zuhause war meist mit Ängsten, einem Gefühl der Fremdheit und Unsicherheit verbunden. Das alles kann aufs Gemüt drücken und für schlechte Stimmung sorgen. Genau die galt es allerdings zu vermindern, wenn nicht gar ganz zu vermeiden. Deshalb musste alles rund um diese leidigen Umzüge so schön wie möglich sein. Also das Leben an sich, unser kompletter Alltag. Die Erklärung für den unbedingten Wunsch nach Ruhe und Harmonie innerhalb der Familie könnte in dieser ungewöhnlichen Lebenssituation zu finden sein. Gerade hatten wir uns an einem Ort eingewöhnt, Freundschaften geschlossen und angefangen, uns richtig wohlzufühlen, stand meist schon der nächste Umzugswagen vor der Tür. Bindungen wurden aufgebaut und mussten wieder gelöst werden. Schwupp, zurück auf Los. In diesem Lebensrhythmus ein Gefühl von Heimat und Zuhause zu entwickeln war für mich eine Herausforderung. Wenn alles um einen herum unsicher und vergänglich ist, dann hält man sich an das, was verlässlich ist. Und das war und ist die eigene Familie. War auch die neue Umgebung fremd und anders, wir hatten immer uns. Unsere kleine heile Welt. Ein Rückzugs- und Kraftort, an dem ich sicher war. Unsere kleine Seifenblase. Denn die neue Welt empfing mich nicht immer mit offenen Armen. In den Kindercliquen fand ich als »der Neue« oft erst keinen Platz, ich kannte die Jungs und Mädchen und ihre Spielregeln nicht, was mein Heimweh nach meinem letzten Zuhause noch verstärkte. Ich glaube, es ist für Eltern nicht leicht, seine Kinder immer aus dem gewohnten Umfeld zu reißen und sehen zu müssen, dass sie traurig sind. Insbesondere für meine Mutter war es schwer. Mit Harmonie und Liebe brachte sie mein kleines Seelenheil wieder ins Gleichgewicht. So zumindest kann ich es mir aus heutiger Sicht erklären.

Stand ich in der neuen Wohnung traurig am Fenster und schaute den fremden Kindern draußen beim Spielen zu, versuchte meine Mutter, mich immer zu ermutigen: »Geh doch einfach mal runter und spiel mit ihnen.« Sicher blutete ihr bei diesem Anblick auch das Herz. Aber so einfach war das für mich eben nicht. Ein trauriges oder gar misslauniges Kind? Da musste meine Mama helfen. Uns allen sollte es doch gut gehen, das hatte sie sich zur Lebensaufgabe gemacht.

Also sorgte sie dafür, dass neue Nachbarsfamilien, Kollegen meines Vaters mit Kindern oder Spielkameradinnen aus dem Kindergarten bei uns zu Gast waren. So hatten wir innerhalb weniger Wochen eine ganze Fülle von neuen möglichen Kontakten, ohne dass wir uns selbst allzu sehr bemühen mussten. Wir bekamen neue Freunde quasi frei Haus geliefert. Klar, dass die Kinder der Kameraden meines Vaters gerade in jungen Jahren auch die ersten Spielkameraden am neuen Wohnort waren. Wenn sich dabei auch keine langfristigen Freundschaften ergaben, hatte es ein Gutes: Wirklich lange allein waren wir, die Zugezogenen, am neuen Ort selten. Später in der Schule und mit zunehmendem Alter musste ich mich natürlich selbst integrieren, was erst schwer war, aber von Mal zu Mal entspannter gelang. Ich wuchs mit meinen Aufgaben.

Besonders intensive Freundschaften entstanden so trotzdem nur selten. Tiefenpsychologisch würden Spezialistinnen wohl mutmaßen, dass ich enge Bindungen vermieden habe, um mich vor dem nächsten Trennungsschmerz zu schützen. Ich sehe das heute ähnlich. Leider auch ein emotionaler Kollateralschaden, den ich später beheben musste.

Somit bestand meine Kindheit und Jugend zwar aus traurigen Abschieden und schwierigen Neuanfängen – aber dazwischen herrschte absolute Harmonie. Wir vier schwangen im Gleichklang, das hatte meine Mutter sich auf die Fahne geschrieben. Wie sie das mit einem Mann und zwei Söhnen immer schaffte, ist objektiv betrachtet eine echte Meisterleistung.

Ursachenforschung

Jetzt könnten Sie sich Zeit für einen ganz persönlichen Blick auf Ihre Vergangenheit nehmen. Und dabei gerne auch schon erste Erkenntnisse festhalten. Lassen Sie Ihren Kindheitserinnerungen freien Lauf, notieren Sie Ihre Gedanken einfach. Wie sind Sie erzogen worden: liebevoll, fürsorglich oder streng, diszipliniert? Oft genügen dabei Stichpunkte als Notiz. Gab es Sinnsprüche, die bei Ihnen zu Hause immer wieder fielen? Worte, die sich zu festen Glaubenssätzen im Leben entwickelten? Dabei gibt es ein paar Klassiker, die die meisten »netten« Menschen wahrscheinlich kennen:

Wie »Um des lieben Friedens willen« oder »Die Faust in der Tasche machen«. Wurden Sie oft ermahnt, immer fein brav zu sein und der Tante das »schöne« Händchen zu geben? Oder waren Sie ein kleiner Rabauke, dem regelmäßig bei Widerworten der Hintern versohlt wurde? Das sind keine schönen Erinnerungen, nur auch damit könnten Sie sich dann mal auseinandersetzen. Möglicherweise erkennen Sie keinen Zusammenhang mit Ihrem »Zu-nett-Problem« – noch nicht. Wenn Sie am Ende alle Puzzleteile beisammenhaben, könnte sich einiges erklären. Der Blick auf den nächsten Baustein in meinem Setzkasten ließ mich klarer sehen.

Der kleine Sonnenschein

Wir alle haben schon Situationen im Bekannten- oder Freundeskreis erlebt, bei denen Eltern und kleine Kinder im Clinch liegen. Wir dürfen im Supermarkt live dabei sein, wenn ein Zweijähriger in der »Quengelzone« an der Kasse komplett ausrastet, weil er den Schokoriegel nicht bekommt. Und wenn Kinder mit circa zwei Jahren lernen, Nein zu sagen, können aus kleinen süßen Mäusen plötzlich Minimonster werden. Alles ganz normal. Eltern schimpfen, Tränen fließen, und am Ende ist dann wieder alles gut. Später ändern sich die Konfliktfelder: Zimmer aufräumen, Fernseher aus, Handyverbot, Zähne putzen und ab ins Bett! Das war bei uns nicht anders. Aber der bekannte Stress hatte bei uns, dank eines überdurchschnittlichen Harmoniegrundpegels, keine Chance. So konnte sich der kleine Ingo ganz hervorragend zu einem Harmoniejunkie entwickeln.

Dass ich in einer ausgesprochen friedlichen Umgebung aufgewachsen bin, müsste jetzt allen klar sein. Und als erstes Kind der nächsten Generation stand ich – verständlicherweise – schon früh im Mittelpunkt. Bis zur Geburt meines Bruders zwei Jahre später hatte ich keine Konkurrenz. Niemand, der mir ein Spielzeug wegnahm oder meine Sandburg kaputt machte. Eine extrem stress- und konfliktfreie Kleinkindphase. Da meine Mutter von allen »die Süße« genannt wurde, war ich nun »der Süße von der Süßen«. Eine spezielle Art der Vererbungstheorie. Ich hatte die Nettigkeit nicht nur in meiner DNA, man »erwartete« von mir einfach, dass ich natürlich mindestens genauso süß bin wie meine Mutter. Wenn ich alte Fotos oder Super-8-Aufnahmen von mir als kleines Kind anschaue, scheine ich die Erwartungen hundertprozentig zu erfüllen und die Aufmerksamkeit auch genossen zu haben. Welches Kind tut das nicht? Natürlich hat mir das gefallen. Und wie!

Wahrscheinlich wurde damals der Grundstein dafür gelegt, dass ich mich später im Rampenlicht so wohlfühlte. Was sich übrigens bis heute nicht verändert hat.

Ein Bild von mir hat sich besonders in mein Gedächtnis eingebrannt: der einhändig geworfene Luftkuss, in meiner Familie kurz »Handi-Bussi« genannt. Als Kind war das eine Art *Signature Move*, mein Markenzeichen, das alle Erwachsenen in meiner Umgebung geliebt haben. Die Fotos und Erzählungen vermitteln auf jeden Fall diesen Eindruck. Und auch ich sehe auf den Bildern dabei ausgesprochen glücklich aus. Diese erste kleine Performance hatten mir meine Mutter und meine Oma beigebracht. Noch bevor ich laufen konnte, warf ich fröhlich mit solchen Handküsschen um mich und erntete strahlende Gesichter. Ein einfaches Reiz-Reaktions-Muster, das ich schon als kleiner Hosenmatz schnell begriffen hatte. Und um mich herum waren alle entzückt: »Ist er nicht goldig!« Ja, ich war ein kleiner netter süßer Junge! Hier wurde mir eindeutig der erste fette Nettigkeitsstempel aufgedrückt. Und das war ja auch sehr schön. Nach allem, was ich erinnere und mir erzählt wird, war ich ein braver Junge. Ich war kein renitenter Schreihals oder störrischer Trotzkopf, eben ein nettes Kind. In meiner Welt waren alle nett, hier war alles erlaubt, und ich durfte eigentlich den ganzen Tag machen, was ich wollte. Und das tat ich auch. Sogar die unerlaubten Dinge, wie diese Geschichte eindrucksvoll illustriert:

Der süße Sonnenschein Ingo machte sich gerne mit seinem Dreirad auf den Weg. Zum »Einkaufen«. Allein.

»Sie wissen schon, dass es Ihr Ingo faustdick hinter den Ohren hat, Frau Nommsen?«

Der Besitzer des *Edeka* bei uns um die Ecke in Bayreuth passte so meine nichts ahnende Mutter bei einem Einkauf ab.

»Nein, warum?«, fragte sie verdutzt zurück.

»Weil er hier immer wieder mit seinem kleinen Dreirad durch den Laden fährt und einfach Dinge mitnimmt.«

»Wirklich?«

Meine Mutter war schockiert. Ihr Kind klaute, das konnte nicht sein. Das hatte sie ihrem dreijährigen Jungen, wie ich natürlich erst später erfuhr, nicht zugetraut. Wo ich doch so ein braver Junge war.

»Ja, er fährt hier durch, packt sich Schokolade und Gummibären ein, und dann radelt er freundlich lächelnd und winkend wieder raus.«

Der Lebensmittelhändler hatte mich wohl mehrmals dabei beobachtet und alle Augen zugedrückt. So ein süßer netter Junge! Ich wusste wohl schon damals intuitiv, wie man's macht. Nicht heimlich und hinterhältig, sondern immer schön freundlich bleibend.

Meine Mutter war erschüttert, sie beglich meine Schulden und gab ihm außerdem eine Art Freifahrtschein für seine nächste Begegnung mit dem kleinen diebischen Ingo:

»Wenn er das noch einmal macht, ziehen Sie ihm ruhig mal die Ohren lang«, sagte sie und ging. Ja, das verwundert jetzt vielleicht den einen oder anderen. Denn es passt so gar nicht zu meiner harmonievollen und friedliebenden Mutter, nicht wahr? An meinen nächsten Solo-Einkauf kann ich mich noch dunkel erinnern. Vor allem an den Moment, in dem ich an der Kasse mit einem »Stopp mal, junger Mann!« aufgehalten wurde.

»Was haben wir denn da?«, erkundigte sich der Herr hinter der Kasse nach meinem Diebesgut.

Er entdeckte die Schokolade und tat, was meine Mutter ihm empfohlen hatte. Mein lieber Mann, der hat ordentlich an meinem Ohrläppchen gezogen. Danach wollte ich einfach nur schnell da raus und mit meinem fahrbaren Untersatz zurück nach Hause. Zurück in meine kleine heile Welt.

Natürlich hatte meine Mutter nicht im Ernst erwartet, dass er »handgreiflich« werden würde. Möglicherweise war mit »Ohren langziehen« in der harmonischen Welt meiner Mutter eine kleine Ermahnung gemeint. Doch ich denke, das ging für sie damals als Kollateralschaden durch. Ausdiskutiert hat sie das im Anschluss mit dem *Edeka*-Mann nicht. Es gehörte nicht zum Repertoire unserer Familie, derlei Konflikte, schon gar nicht mit anderen, offen auszutragen. Und vielleicht war es ihr auch lieber, dass andere unangenehme pädagogische Maßnahmen ergriffen. Das war einfach nicht ihr Ding. Doch dieses Erlebnis blieb eine Ausnahme. Ich war der kleine Sonnenschein, der süße Ingo, ein nettes Kind, das alle liebten. Handi-Bussi!

Das erste Rampenlicht

Später erlebte ich, dass bei unseren Familienfesten, von denen es reichlich gab, immer irgendjemand eine Rede hielt. Mein Opa, der das sichtlich genoss, oder mein Vater, der als Offizier rhetorische Erfahrung und auch den nötigen trockenen Humor mitbrachte, um Menschen zu unterhalten. Entertainment wurde bei uns großgeschrieben. Oft schaute ich in die Gesichter der Gäste und war fasziniert, wie gefesselt sie von den Reden waren und plötzlich – wie auf Kommando – über einen Witz lachten. Hier erlebte ich zum ersten Mal, wie Menschen mit ganz einfachen Mitteln andere begeistern können. Mit Stimme, Gesten und guten Geschichten. Unterhaltung im besten Sinne. Applaus inklusive.

Das wollte ich auch. Also führte ich das, was mit stummen »Handi-Bussis« begonnen hatte, mit ersten Wortbeiträgen fort. Und von meiner Familie hatte ich bei meinen kleinen »Vorstellungen« stets die volle Unterstützung.

Schon im Kindergartenalter war ich fasziniert von Reisebusfahrern, die mit ihrem Mikrofon während der Fahrt zu den Fahrgästen sprechen konnten. Es ist von meinen Großeltern überliefert, dass genau dieses Bus-Mikrofon das Objekt meiner Begierde war. Auf einem der zahlreichen Ausflüge war es dann so weit. Ich durfte ans Mikro. Mein Debüt! Der Text war überschaubar, ich sagte voller Inbrunst »Hallo« und freute mich über das Lachen der Menschen, die sich wiederum über den kleinen blonden vierjährigen Jungen freuten, der glücklich vor seinem »Publikum« stand. Da rauschten ein paar ordentliche Portionen Glückshormone durch mein kleines Gehirn. Dieses wunderschöne Gefühl wurde auf meiner zerebralen Festplatte wohl für alle Zeiten abgespeichert.

Beim anschließenden Spaziergang durch den Wald musste ich es gleich noch mal ausprobieren, ich stieg auf einen Stapel Baumstämme und schrie aus Leibeskräften: »Jetzt hört mal alle her! Aus diesen Baumstämmen werden bald Zahnstocher für die Preiß'n gemacht!« Okay, zugegeben: Ich hatte als Nachwuchs-Comedian natürlich auch einen Gagschreiber, meinen Großvater. Er hatte mir meinen Text vorher ins Ohr geflüstert. Von Holzverarbeitung hatte ich wenig bis gar keine Ahnung, aber die Bravorufe aus dem amüsierten Publikum genügten mir vollkommen. Und ich genoss dieses schöne Gefühl der wohlwollenden Aufmerksamkeit. Für mich waren das absolut prägende Momente. Mir wurde ein roter Teppich ausgelegt, und ich lief nur zu gerne darüber. Damit wurde wohl auch der Grundstein für das gelegt, was ich später beruflich machen sollte. Ähnlich gründlich wie meine Harmonieausbildung war auch die Unterhaltungsschule meines Opas, der sich dabei als hervorragender Lehrer entpuppte.

Auf einem Donaudampfschiff bei Kelheim bekam ich das erste Honorar für meinen Gang ans Mikrofon. Opa und seine Freunde erzählten mir Witze, die ich über die Bordanlage allen Gästen erzählen sollte. Das ließ ich mir nicht zweimal sagen und rannte zum Kapitän. Der wunderte sich erst über den Steppke, gab allerdings schnell nach und ließ mich gewähren. Es müssen wohl Klassiker von Fips Asmussen gewesen sein, die ich zum Besten gab. Dafür gab's reichlich Schokoriegel, Aufmerksamkeit und Applaus. Ich habe alles genossen. Und ich glaube, hätte es in mir nicht schon damals diese Lust auf die Bühne und das Publikum gegeben, es wäre wohl nicht im Ansatz so gut gelaufen. Dinge erzählen, die anderen Spaß machten. Das machte auch mir Laune. Ich genoss es, in glückliche Gesichter zu schauen. Und ich wollte mehr davon. Gerade bei unseren Familienfesten hatte ich dann als kleiner Junge reichlich Gelegenheit, vor begeisterten Zuschauern zu performen. Meistens waren das Klassiker von Heinz Erhardt oder spezielle Geburtstagsgedichte, die ich mit Opa oft auch selbst zusammenreimte. Ob das immer gut war, kann ich heute nicht mehr beurteilen. Meine Familie fand es jedenfalls immer klasse, doch die hielt sich bekanntlich mit Kritik zurück.

Alles in allem war ich ein echter kleiner Sonnenschein, der anderen viel Freude machte und schon früh verstanden hatte, dass Nettsein viel besser ist als Renitenz.

Konflikt, nein danke

Wie gelingt eigentlich ein rundum harmonisches Leben? Schon als Kind war mir wohl intuitiv klar, dass die Antwort darauf denkbar einfach ist: Ich musste nur Konflikte vermeiden. So zumindest hatte ich es von den Menschen in meinem Umfeld wahrgenommen. Das waren meine Vorbilder. Von ihnen lernte ich in der alltäglichen Praxis, wie man Konflikte umschifft. Beziehungsweise Unschönes einfach aus seiner schönen harmonischen Welt fernhält. Damit es nett bleibt.

Diese Konfliktvermeidungsstrategie nahm ich mit ins Erwachsenenleben. Und genau das war es wohl, was mir später mein Problem bescherte.

Wie ist es als Familie möglich, im Alltag Konflikte zu vermeiden? Das ist doch schier unmöglich, oder? Schauen wir zunächst mal, wie das bei uns in der Praxis funktionierte.

Grundsätzlich waren mein Bruder und ich brave Jungs – doch wir hatten natürlich jeder auch unseren eigenen Kopf und Bedürfnisse, die befriedigt werden wollten. Da sind Konflikte eigentlich an der Tagesordnung. Zwei Brüder, die sich ums Spielzeug streiten oder einfach mal bockig sind. Der ganz normale Familienwahnsinn … Doch nicht so bei uns. Ich kann mich an keinen großen Streit mit meinem Bruder erinnern. Und wenn wir etwas wollten, was wir nicht bekommen konnten, hatte meine Mutter immer eine für alle zufriedenstellende Lösung, die wir akzeptierten.

War ich motzig oder schlecht gelaunt, dann hatte das häufig mit einem kritischen Punkt im Hause Nommsen zu tun: unserem Fernsehkonsum. Wenn das Fernsehprogramm am Abend wieder verboten war oder es vor dem geplanten Waldspaziergang am Wochenende kein Entrinnen gab. Da konnte ich schon maulig werden. Ich wollte immer mehr Shows, Serien und Spielfilme gucken, als Vater erlaubte. Er wollte das einfach nicht. Bei ihm gab es da keine Diskussionen. Naturkundekurse in freier Wildbahn an der frischen Luft hatten eindeutig mehr Qualität. In seinen Augen. Wenn ich mal wieder versuchte, einen Film durch die offene Wohnzimmertür mit anzuschauen und entdeckt wurde, gab es Fernsehverbot. Fernsehen hatte vielleicht allein deshalb eine so große Faszination für mich. Genau von dieser verbotenen Frucht wollte ich gerne öfter kosten. Doch da gab es keine Chance. Ein vehementes Aufbegehren hätte nur die schöne Stimmung versaut. Und unsere Mama hatte die einzigartige

Fähigkeit, mit ihrer unnachahmlichen Sanftmut jede unerwünschte Stimmungsunwucht auszugleichen.

Gelernt ist gelernt

Es ist ungemein aufschlussreich, wenn man erkennt, dass es eigene Muster gibt, die sich durch das gesamte Leben ziehen. Und nur wenn man die identifiziert, kann man daran auch etwas ändern. Da kann man sich einfache Fragen stellen: Wie wurde mit Meinungsverschiedenheiten generell in meiner Familie umgegangen? Habe ich eine gute und vernünftige Auseinandersetzung und Diskussion »gelernt«? Wurde ich ermuntert, meine Meinung zu sagen, auch wenn sie unbequem war? Das wäre super! Bei mir war es leider nicht so.

Meine Nettigkeitskausalität hatte sich mit dem Blick in die Vergangenheit klar herauskristallisiert:

Heile Welt – Harmonie – Konfliktvermeidung

Und wie vermeidet man Konflikte? Genau. Zum Beispiel durch Bestechung; die Psychologen nennen es positive Verstärkung. Ein gewünschtes Verhalten wird mit Anerkennung und Zuwendung belohnt, gern mal in Form von Eis oder Schokolade. Haben Sie das auch bekommen? Meine Mutter ist und war schon immer Profi im positiven Verstärken. Wenn wir aufhörten zu quengeln (ganz im Sinne der Harmonie) und brav waren, gab es eine Belohnung. Oder sie verlagerte den Konflikt einfach in ein anderes Raum-Zeit-Kontinuum: heute kein Fernsehen, dafür aber morgen. Sie bot attraktive Alternativen an, Hauptsache der Konflikt war vom Tisch. Dazu hatte sie jede Menge Pfeile in ihrem Harmoniestrategie-Köcher, mit denen sie immer ins Schwarze traf. In ihrem Repertoire spielte auch der goldene Mittelweg eine zentrale Rolle. Ihr Ziel dabei: eine Einigung, bevor es eskalierte. »Sich einig sein« ist gedanklich ganz nah dran an unserer Harmonie. Gibt es was Schöneres?

Zwei Fronten – ein Kompromiss

Eine heile harmonische Welt entsteht natürlich nicht von allein, sie muss permanent am Laufen gehalten werden. Überall lauern böse Konflikte, und Unrecht könnte von außen hineindringen. Harmonie ist Arbeit. Ein Job, den meine Mutter mit Inbrunst übernommen und perfekt ausgeführt hat. Wenn also ein frecher kleiner Zoff drohte und sich in unsere heile Welt hineinschmuggeln wollte, trat meine Mutter auf den Plan. Und der Kompromiss war ihr treuer Begleiter.

Wenn wir zum Beispiel essen gingen – was bei uns wirklich lange die Ausnahme blieb –, war klar, dass eine Nachspeise eine Option war, die wir aus Budgetgründen meistens nicht wahrnahmen. Das sah ich natürlich anders. Als großer Freund von Süßspeisen aller Art hätte ich die Dessertkarte am liebsten einmal rauf und runter probiert. Und was macht ein Kind in einem solchen Fall? Es quengelt rum. Hier standen sich eindeutig zwei konträre Sichtweisen gegenüber. Die meines Vaters, der Nachspeisen im Restaurant für überflüssig hielt, und mein Wunsch nach Eiscreme oder Kuchen. Gerade in solchen Fällen wusste meine Mutter, was zu tun war, und spielte die Harmoniekarte. Ihren größten Trumpf.

»Ingo, wir haben doch noch Eis zu Hause«, ein einfacher Satz, der den lieben Familienfrieden in Sekunden wiederherstellte. Einen mürrischen Sohn konnte sie nur schwer ertragen. Wobei das quasi die Königsklasse war: eine Kombination aus Belohnung und Kompromiss, was am Ende zur Einigung führt. Klar, dass unser Eis nicht wirklich mit der Dessertkreation der Profis konkurrieren konnte. Wir hatten keinen Schokokuchen zum Eis, mit flüssigem Kern. Nur hatte ich schon früh gelernt, da lieber still zu sein, denn »Streit« wollten wir ja nicht. Um Himmels willen, wer weiß, wozu das führen könnte.

Somit war meine Mutter nicht nur die Harmoniebeauftragte in unserer Familie, sondern auch eine Spitzendiplomatin, wenn es darum ging, den strengeren Vater und seine Söhne wieder auf einen gemeinsamen Friedenskurs zu bringen.

Harmonie und Kompromiss passen auf den ersten Blick nahezu perfekt zusammen. Kompromisse sind wichtig, in vielen Fällen sind sie aber leider nur eine halbe oder suboptimale Lösung für die Beteiligten. Ludwig Erhard meinte:

> *»Ein Kompromiss, das ist die Kunst,*
> *einen Kuchen so zu teilen, dass jeder meint,*
> *er habe das größte Stück bekommen.«*[7]

Diese Kunst beherrschte meine Mutter zweifelsohne.

Allerdings galt für uns Brüder beim letzten Stück Kuchen: Der eine teilt, der andere sucht aus. Der, der schneidet, hat meistens verloren.

Auch Theodor Fontane war scheinbar ein Mann des Ausgleichs:

> *»Ich bin nun mal für Frieden und Kompromisse.«*[8]

Diese beiden scheinen also auch zusammenzugehören. Ohne Kompromiss kein Frieden.

Auch ein objektiver Blick ins gute alte Wörterbuch schadet nicht:

> *»Ein Kompromiss ist eine Übereinkunft, eine*
> *Einigung durch gegenseitige Zugeständnisse.«*[9]

So einfach soll es also sein. Aber ist es tatsächlich immer eine Übereinkunft? Ein bisschen Zähneknirschen auf beiden Seiten gehört wohl auch dazu. Mamas Diplomatie und Kompromissfindung verhinderten bei uns auf jeden Fall den offen ausgetragenen Konflikt. Und genau das war in meiner Kindheit der zentrale Punkt. Aus väterlicher Sicht kam eine Auseinandersetzung nicht zustande, weil sein Wort galt. Keine Diskussion, Ende der Durchsage. Aus mütterlicher Sicht standen die Harmonie und Wahrung des Friedens im Vordergrund. Im Endergebnis also das Gleiche. Keine Diskussion. Das heißt aber nicht, dass es keine Meinungsverschiedenheiten gab, wir Kinder wollten ja auf unsere Kosten kommen. Bei uns galten natürlich Regeln und elterliche Ansagen. Dem gegenüber standen unsere Wünsche und Bedürfnisse. Das sind die Klassiker in jeder Familie. Bis in die Puppen draußen spielen und nicht ins Bett oder nach Hause wollen. Vor allem sonntags, wenn wir zu Besuch bei den Großeltern waren und am nächsten Tag wieder in die Schule mussten. Zunächst machte mein Vater eine klare Ansage, die dazu führte, dass wir nicht zufrieden waren und rummaulten. Dann war ein Kompromiss schwierig. Am Ende war das oft der Moment, in dem Mama ihre kleine Zauberformel formulierte: »Kinder, wir wollen doch keinen Streit«. Ich weiß nicht, wie oft ich diesen Satz gehört habe. Und im Prinzip hatte sie ja recht. Streit wollten wir nun wirklich nicht. Ohne war es viel angenehmer. Streit, was immer das auch war, musste echt übel sein. Außerdem gab es ja Bestechung in Form von Belohnungen, und bei den Kompromissen kamen wir auch meistens irgendwie auf unsere Kosten. Dafür war ich bereit, den Frieden zu wahren, keinen Stress zu machen und brav zu sein.

Neben einem harmonischen Zusammenleben war meinen Eltern eine gute Erziehung enorm wichtig. Auch das hätte zu Konflikten führen können, pädagogische Ziele und Maßnahmen stimmen naturgemäß mit den Vorstellungen von Kindern und Jugendlichen häufig nicht überein. Gute Manieren, ordentlich am Tisch sitzen und Menschen vernünftig begrüßen gehörte bei uns zur Standardausrüstung. Das hatten wir drauf und praktizierten es gern. Dafür gab es ein Lob von Tante Gerda und hier und da eine extra Mark für Eis. Sich als kleines Kind benehmen zu können machte offenbar bei Erwachsenen Eindruck. Das fand ich gut. Ich hatte schon früh begriffen: Nettsein zahlt sich aus. Und dann gab es da auch noch ein paar feste Rituale, die ich nicht immer toll fand. Das gemeinsame Abendessen, wenn ich oft gerade lieber bei Freunden war, und am Wochenende das Familienfrühstück. Beides Pflichtveranstaltungen. Ausnahmslos. Auch wenn ich als Jugendlicher mit meinen Bands oft nächtelang unterwegs war. Ich wurde morgens geweckt und an den Tisch gebeten: »Ingo, komm runter – früüüühstücken!« Das gerne auch mal lauter. Und wenn ich dann im Schlafanzug an den Tisch kam, gab es zwar reichlich Diskussionsbedarf, aber keine Diskussion. »Einmal ordentlich anziehen, bitte! – Und: Wir wollen keinen Streit!« Also stand ich auf und zog mir etwas an. Einen richtigen Zoff, wie ihn Pubertierende mit ihren Eltern durchaus öfter haben, gab es bei uns nicht. Achtung, Streit! Das hatten wir über Jahre verinnerlicht. Große Auseinandersetzungen und Wiederannährungsgespräche zwischen meinen Eltern und mir existierten einfach nicht. Somit kam ich leider auch nicht in den Genuss zu erfahren, dass ein größerer Konflikt nicht gleich den Untergang bedeutet und am Ende sich alle trotzdem wieder lieb haben können.

Bitte keine schlechte Laune!

Ich habe von diesem Konfliktvermeidungsverhalten und Einigungs-prinzip auch erheblich profitiert. Natürlich hätte es zahlreiche Mög-lichkeiten gegeben, mit mir in die Diskussion zu gehen. Kinder können nerven und anstrengend sein, sie brauchen Liebe und Ge-borgenheit, aber auch Grenzen und Orientierung. Später stellt die Pubertät Eltern vor neue Aufgaben, da rappelt's häufig im Karton, da fliegen die Fetzen. Wie geht man damit um? Was ist richtig? Und was ist falsch? Bei uns war die Strategie ja klar: Harmonie als Grund-gesetz, Streit um jeden Preis vermeiden, einen Kompromiss finden und/oder Kinder mit Süßigkeiten oder anderen Belohnungen bei Laune halten. Und die Laune war bei uns selbstredend vorwiegend prächtig. Stimmung und Gemütsverfassung haben in einer harmo-nischen konfliktbereinigten Welt natürlich gut zu sein. Sehr gut. Ich für meinen Teil war nicht immer der Gute-Laune-Bär, ich motzte auch gerne mal, wenn mir etwas gegen den Strich ging. Nichts Un-gewöhnliches, eher Dinge, die wahrscheinlich die meisten Kinder und Jugendlichen betreffen. Morgens nicht aufstehen wollen oder notorische Faulheit zum Beispiel. Wobei pubertäre Hormonschübe eine große Rolle spielen. Der Pubertät ist die Harmonie nämlich schnuppe, die schlägt gnadenlos zu. Und ich entwickelte – vorsichtig gesagt – damals schon Ansätze einer gewissen Bequemlichkeit.

Nur: Mit meinem Vater gab es da keine Diskussionen, sein Wort galt. Fertig. Meiner Mutter war die Stimmung aber eben nicht egal, und ihre Strategie findet sich in keinem Erziehungsratgeber. Ihr ab-solutes Spezialgebiet war »Schlechte Laune im Keim ersticken«. Und das hat sie konsequent durchgezogen, egal ob ich drei oder drei-zehn war. Das funktioniert heute sogar bei ihren Enkelkindern aus-gesprochen gut. Sie sind an diesem Geheimrezept interessiert? Und natürlich möchten Sie auch gerne wissen, wie man mit motzigen und schlecht gelaunten Kindern und Jugendlichen ganz praktisch harmonisch und konfliktfrei durch den Tag kommt? Kein Problem.

Eine kleine Kostprobe aus meiner Kindheit zeigt ganz gut, wie es laufen kann: Ab der sechsten Klasse besserte ich nach dem Schulunterricht mein kleines Taschengeld mit dem Austragen von Zeitungen auf. Ich mochte diesen Job nicht sonderlich, vor allem nicht bei schlechtem Wetter. Doch egal, wenn man so einen Job annimmt, zieht man ihn auch durch! Auch diese Disziplin habe ich von meinen Eltern geerbt. Überflüssig zu erwähnen, dass ich des Öfteren miese Laune hatte. Vor allem, wenn ich zusätzlich mal wieder für Pfennigbeträge Werbeblätter einlegen musste – ein mühsamer Job.

Anschließend mussten die kostenlosen Zeitungen dann quer durch die Stadt und übers Land verteilt werden. Ich fand das immer unerträglicher und zeigte das auch. Zum Glück fand meine Mutter ihren übel gelaunten Sohn ebenfalls unerträglich. Ich machte ja wieder mal die ganze schöne Stimmung kaputt. Das ging natürlich nicht. Pädagogische Maßnahmen mit Sätzen wie »Stell dich nicht so an, du bist doch nicht aus Zucker!« hätten zwangsläufig zu Auseinandersetzungen mit ihrem Nachwuchs geführt. Nur: Wir wollten keinen Streit. Also half meine Mutter tatkräftig mit und fuhr mich bei Schnee, Glatteis oder Regen mit dem Auto durch die Gegend. Während sie vor jedem einzelnen Haus hielt, musste ich nur noch rausspringen und die Zeitung einwerfen. Das war echter Gute-Laune-Service! Das Beste daran: Manchmal hatte sie schon alle Werbeblätter in die Zeitschriften einsortiert, wenn ich von der Schule nach Hause kam. Mir ersparte das eine Menge ungeliebter Arbeit und meine Mutter musste keinen muffeligen Sohn beim Einlegen der Werbeprospekte ertragen. Eine ganz spezielle Win-win-Situation. Oder etwa nicht? Fällt das nun unter Kompromiss oder Belohnungstaktik? Egal.

Es war auf jeden Fall aus der Sicht meiner Mutter von Erfolg gekrönt. Aus heutiger Sicht wäre eine gewisse Reibung an der einen oder anderen Stelle sicher nicht so verkehrt gewesen. Und die Quittung bekam ich ja dann später. Denn diese Prägung hatte mich als Erwachsener in eine Sackgasse geführt.

Wäre aus mir also ein anderer geworden, wenn sie mich mit den Zeitungen durch den Regen geschickt hätte? Zumindest hätte ich wahrscheinlich gelernt, dass eine Auseinandersetzung oder ein Streit keine Katastrophe ist. Doch damals profitierte ich vom innerfamiliären Streben nach Harmonie ungemein. Gerade als Jugendlicher, der schon mit sechzehn Jahren Musik machte und viel unterwegs war. Zahlreiche Nächte schlug ich mir in Proberäumen und auf Bühnen um die Ohren. Auch unter der Woche. Der wenige Schlaf war für mich als natürlicher Morgenmuffel mit einem Hang zum *Laissez-faire* nicht gerade förderlich. Ich kam nur schwer aus dem Bett, und meine Mutter musste mich regelmäßig aus den Federn schmeißen. Ein täglicher Kampf, den wir beide nicht gewohnt waren. Vor allem meine Mutter nicht: Wie schmeißt man einen schlecht gelaunten Jugendlichen harmonisch aus dem Bett? Oft rannte ich ohne Frühstück mit fliegenden Fahnen Richtung Gymnasium. Entspannt und gemütlich sah anders aus. Meine Mutter hielt diese Art der morgendlichen Hektik nicht lange aus. Also entwickelte sie für mich einen besonderen Start in den Tag: den Zimmerservice. Sie weckte mich nun sanft mit der Frage »Smacks oder Müsli?« Meine einzige Aufgabe bestand darin, eine Entscheidung zu treffen. Und selbst wenn ich »Brötchen« antwortete, wurde meinem Wunsch entsprochen und das Frühstück ans Bett serviert. Ich weiß nicht, ob das unbedingt zur Nachahmung empfohlen ist, damals fand ich es natürlich toll. Der hauseigene Lieferdienst wurde zur lieb gewonnenen Routine. Meine Mutter war, wie ich heute weiß, ehrlich in Sorge, dass ich ohne Essen aus dem

Haus gehen könnte. Auf einen Versuch hätte ich es an ihrer Stelle mal ankommen lassen. Verhungert wäre ich dabei sicher nicht.

Bei meiner kleinen Innenansicht wurde mir immer klarer, dass dieses uneingeschränkte Harmoniebedürfnis (auf beiden Seiten) nicht unbedingt förderlich war. Sicher wäre es besser gewesen, mal ordentlich auf den Tisch zu hauen. Dampf abzulassen, seine Meinung zu vertreten und auch mal richtig bis zum bitteren Ende zu streiten. Um zu sehen, wie normal auch das sein kann.

Sturm und Drang

Diese Kombination von Pubertät und Harmonie ließ mich gedanklich nicht los. Sind das nicht zwei Dinge, die eigentlich so gar nicht zusammenpassen? Pubertät bedeutet für viele Familien vor allem eines: unruhige Zeiten. Diese Entwicklungsphase rüttelt den emotionalen Zustand und das Sozialverhalten eines Jugendlichen komplett durch. Problembelastete Situationen mehren sich. Die Kinderspiele sind vorbei, so langsam beginnt der Ernst des Lebens. Eltern erwarten mehr von ihren Kindern, was natürlich zu Auseinandersetzungen führt. Das ist normal. Umgekehrt stellen Kinder mit zunehmendem Alter das Handeln ihrer Eltern infrage und kritisieren es. Auch normal. Es kommt zu Streitereien, meist oberflächlicher Natur, die Jugendlichen wollen ernst genommen werden, die Eltern wollen, dass sie »die Regeln befolgen«. Ich weiß nicht, was bei Ihnen zu Hause während der Pubertät los war, bei uns war alles ruhig. Friedlich. Harmonisch. Glauben Sie nicht? War aber so. Meine unruhigen Zeiten kamen erst später. Sonst wäre dieses Buch nie entstanden.

Wenn Sie also eine gesunde Streitkultur und Konflikte erlebt haben, die in Ihrer Kindheit und Jugend gut gelöst wurden, dann gratuliere ich Ihnen. Seien Sie dankbar. Das hat zum Erwachsenwerden einen wichtigen Beitrag geleistet. Ich musste das später nachholen.

In einer rosaroten Seifenblase

Die Sehnsucht meiner Mutter nach Frieden und Harmonie war mir in Fleisch und Blut übergegangen, sie lebte es ja vor. Doch nicht nur sie, unser gesamtes Umfeld, wo immer unsere Familie auch lebte, war komplett friedlich und harmonisch. Zumindest stellte es sich für mich so dar. Wie es in den Köpfen und Gemütern der Menschen aussah, weiß natürlich niemand. Ich wage mal zu behaupten, dass nicht alle immer nur reine Engel waren.

Doch bei uns zu Hause herrschten die himmlischen Gesetze. Meine Eltern liebten es, Gäste zu haben. Meine Mutter kümmerte sich um ein ausgiebiges gesellschaftliches Leben, und sie versprühte dabei stets gute Laune. Unschönes, Unangenehmes oder sogar Bösartiges hatte bei uns keinen Platz. Wenn unsere Familie feierte, dann richtig: Die Tische waren üppig gedeckt, es gab reichlich Nachschlag, und die Stimmung war fröhlich bis ausgelassen. Es wurde getanzt und gesungen. Und wir Kinder immer mittendrin. Geselligkeit wurde großgeschrieben. Und Geselligkeit und Harmonie gehörten zusammen. An Wochenenden besuchten wir häufig die Großeltern, die in der Nähe von Nürnberg ein Wochenendhaus auf dem Land hatten. Dort hatten sie sich in den Siebzigerjahren in einem winzigen Dorf ein kleines Stück Land gekauft, das einen großen Teil meiner Kindheit prägte. Mit tatkräftiger Unterstützung meiner Eltern und der ganzen Familie entstand dort am Waldrand ein kleines Refugium, in dem die Welt stillzustehen schien. Haus und Garten waren für meine Großeltern, die den Krieg noch hautnah erlebt hatten, der Platz, an dem Frieden herrschte. An diesem Ort hatten Ärger und Sorgen nichts verloren. Dort versammelten sich gerne Onkel und Tanten zu Familienfesten. Die Erwachsenen um mich herum lebten in einer heilen Welt, von der auch wir Kinder natürlich profitierten. Harmonie *at its best.* Das Credo meiner Kindheit war: Du wirst geliebt, die Welt ist schön, und wir wollen keinen Streit.

Dass Erwachsene auch sehr unterschiedliche Meinungen haben können und dies auch offen an- und aussprachen, habe ich selten erlebt. Und wenn, dann lief das sehr harmonisch ab. In unserer rosafarbenen Seifenblase waren alle willkommen, und somit lernten auch später meine Freunde die Harmonie- und Geselligkeitsphilosophie meiner Mutter kennen und lieben. Und das bedeutete: Es geht alles immer noch ein bisschen schöner. Der Gast kann sich immer noch ein bisschen besser fühlen. Somit schlug die mütterliche Gastfreundlichkeit mitunter Kapriolen. Das zeigt die folgende Geschichte:

An meinem 18. Geburtstag feierte ich zu Hause feuchtfröhlich mit meinen Freunden. Ein prima Fest, aber man kann ja immer noch einen draufsetzen. So war es natürlich meine Mutter, die für den harten Kern meiner Geburtstagsrunde kurz vor Mitternacht eine Flasche Tiroler Himbeergeist aus dem Keller holte und uns an den Wohnzimmertisch brachte. Andere Eltern hätten vielleicht die Party langsam aufgelöst, am nächsten Tag war nämlich Schule. Auch auf die Gefahr hin, dass die Gäste rummaulten. Nicht meine Mutter. Geselligkeit ist steigerungsfähig. Dafür wird dann natürlich auch der beste Schnaps rausgeholt, um die ohnehin schon gute Stimmung noch zu krönen. Nach reichlich Wein und Bier gab der hochprozentige Geist meinen Freunden und mir den Rest. Was, als Mama längst im Bett war, dazu führte, dass mein Freund Michael nachts rücklings mitten auf der Straße vor unserem Haus lag. Voll bis zum Anschlag – logisch.

»Lasst mich hier liegen!«, rief er in Richtung Sternenhimmel, »Bitteeeeee!«

Das wäre Anfang Februar fahrlässige Tötung gewesen. Nein, wir brachten ihn natürlich nach Hause. Am nächsten Tag fehlten gleich mehrere Geburtstagsgäste in der Schule. Extremer Hangover. Als ich Michael am Nachmittag zu Hause am »Kater-Bett« besuchte, hätte ich mir fast eine Ohrfeige von seiner Mutter eingefangen. Mann, war die sauer! Weit weniger harmoniebedürftig als meine Mutter, die auch da sehr gelassen blieb: »So etwas passiert halt mal. Der hat eben a bisserl zu viel erwischt.« Ende der mütterlichen Durchsage. Großartig!

Die liberale Einstellung meiner Mutter war sicher nicht nur der Konfliktvermeidung geschuldet. Meine Eltern wollten tatsächlich, dass ihre Söhne glücklich waren. Und auch deren Freunde. Was ich dabei von klein auf zusätzlich mit auf den Weg bekam, war, dass du auch für das Wohlbefinden deiner Mitmenschen verantwortlich bist. Du musst dafür sorgen, dass alle megaglücklich sind. Bis zum Anschlag.

Ist das nun alles gut oder doch eher suboptimal gewesen?

Als Kind war es wunderbar, als Jugendlicher auch, aber als Erwachsener hatte ich in der Folge dieser Prägung diesbezüglich ein paar Defizite. Ich hatte einfach ein paar Lektionen nicht gelernt. Die musste ich nachholen. Was mir später einige schlaflose Nächte und frustrierende Momente bescherte. Ich hatte nie die Erfahrung gemacht, wie es ist, wenn ein geliebter oder mir nahestehender Mensch wirklich sauer auf mich ist. Wie reagiert er, wenn ich ihn enttäuscht habe? Und was muss ich dann tun? Wie klärt man Meinungsverschiedenheiten? Wie setze ich entspannt meinen Willen durch?

Meine jahrelange Überdosis Harmonie wirkte zuverlässig nach. Heute fühle ich mich manchmal wie Obelix, der als Kind in den Zaubertrank fiel und dadurch lebenslange Stärke tankte. Ich allerdings hatte meine Kindheit in einem Gefäß voll Harmonie verbracht. Und so wie Obelix mit seiner überbordenden Kraft im Alltag häufig Probleme bekommt, hatte ich mit den harmonischen Nebenwirkungen zu kämpfen. Weniger ist auch hier manchmal mehr.

Klappe halten und lächeln

Große Diskussionen, Konfrontationen oder gar echten handfesten Streit gab es bei uns zu Hause also nicht. Da das Leben aber auch außerhalb unserer Familie stattfand und leider (früher wie heute) kein Ponyhof ist, gab es zwangsläufig immer mal wieder unschöne oder einfach nur ärgerliche Erlebnisse. Wie sie in unserem Alltag eben vorkommen: unfreundliche Verkäufer, irgendein Idiot schnappt einem den Parkplatz weg, oder es gibt Stress mit Onkel Albert, weil der sich auf der letzten Party wieder unmöglich benommen hat. Alles ganz normal. Viele machen da den Mund auf, begegnen dem mit klaren Worten und klären, was zu klären ist. Doch bei uns war das anders. Meine Mama konnte derartige Konfrontationen elegant umschiffen. Man könnte auch sagen: Sie nahm einfach vieles hin und trug es mit Fassung. Um des lieben Friedens willen.

Ein Verhalten, das auch ich perfekt beherrschte, ich habe es ja jahrelang studiert. Immer schön nett sein, freundlich und liebenswert. Das sollte mich vor bösen Überraschungen schützen. Schlechte Stimmung, unnötigen Gegenwind oder enttäuschte Mienen sollte es bei mir nicht geben. Zu groß war die Angst vor einem Streit oder einer Missstimmung, mit der ich gar nicht hätte umgehen können.

Zu einem harmonischen Leben gehörte für mich schon in jungen Jahren eine ordentliche Portion Nettigkeit. Man sagt, was andere gerne hören. Ich glaube, dass eine gesellschaftliche Form der

Nettigkeit viele von uns tagtäglich praktizieren. Und in einem »normalen« Rahmen ist das sicher auch gut so. Aber ich wurde erzogen, *immer* nett zu sein.

Besonders eindrucksvoll erlebte ich das in Restaurants. Wenn ein Kellner nach der Mahlzeit in einem Lokal fragte »Wie hat's geschmeckt?«, war die Antwort immer »hervorragend«, »sehr gut« oder »gut«. Wobei »gut« bei uns im Prinzip für »ausgesprochen verbesserungswürdig« stand. Nur das sagte bei uns keiner so offen. Bloß keine Diskussionen auslösen. Wir blieben höflich und betraten diese vermeintlich guten Restaurants eben kein zweites Mal. Zwischen »seine ehrliche Meinung sagen« und »eine Diskussion auslösen« gab es offenbar keinen Unterschied.

Da es von diesen Erlebnissen reichlich gab, färbte auch dieses Verhalten auf mich ab.

Ein echtes Highlight war dabei ein Gänseessen an Weihnachten, im Kreise der erweiterten Familie in Österreich. Die Tische in dem Edelrestaurant waren – wie die Gänse – schon Monate vorher bestellt worden. Das sollten die besten Gänse ganz Niederösterreichs sein. Was hatte ich für einen Hunger! Und ich aß schon als Kind wirklich sehr gern. An dem Abend sogar noch die Portion meiner Patentante. Nur so richtig lecker war das alles nicht. Vielleicht war dies auch der Grund, weshalb ich die Keule meiner Tante bekam.

Als der Kellner die große Runde anschließend fragte: »Wie war's?«, hallte ein lautes »Ganz hervorragend!« durch den Raum. Ich hatte die Gans als ausgesprochen zäh empfunden, nur: Das sagte hier ja niemand deutlich. Erst recht nicht in so einem teuren Lokal.

Warum damals keiner seinen Mund aufgemacht hat, diskutieren wir alle Jahre wieder an Weihnachten. Und natürlich ist sich die ganze Familie einig, dass die Keulen damals so schlecht waren, dass alle vor lauter Entsetzen darüber nichts anderes sagen konnten.

Hervorragend! Ich habe erst als Erwachsener gelernt, wie wichtig es ist, dem Koch im Restaurant offen zu sagen, wenn etwas nicht schmeckt. Sonst kann er sich ja nie verbessern. Doch das dauerte ...

Natürlich gab es auch bei den vielen Feiern und Empfängen Menschen und Situationen, die meiner Mutter nicht behagten. Alles andere wäre ja auch tatsächlich verwunderlich und aus der Abteilung Mythen und Märchen. Wo viele Menschen zusammentreffen, prallen auch verschiedene Meinungen und Verhaltensweisen aufeinander. Wenn allerdings einer der Gäste in irgendeiner Form den Unmut auf sich gezogen hatte, dann wurde das erst später thematisiert – wenn alle wieder weg waren. Die Geselligkeit und die damit verbundene Harmonie waren unantastbar. Ärgern kann man sich später. Irgendwann ist mir allerdings klar geworden, dass dann ja der Adressat weg ist und der Ärger und die Wut ins Leere laufen. Das ist der viel zitierte Teppich, unter den dann der ganze Mist gekehrt wird. Aber so haben wir es halt gelernt.

Heute weiß ich: Ein rundum gutes Leben ist erst möglich, wenn du das vermeintlich Schlechte nicht ausblendest, sondern bewusst wahrnimmst und lernst, damit umzugehen. Es ist nicht immer alles schön und gut. Es ist aber völlig in Ordnung, dies auch deutlich zu sagen.

Ich konnte Unangenehmes sehr lange einfach in mich reinfressen, meine Klappe halten – und lächeln. In meiner Erwachsenenwelt wurde das später zu einem echten Problem.

Mein Blick zurück war als erster Schritt raus aus der kleinen Misere also schon erkenntnisreich: Ja, ich hatte eine schöne und harmonische Kindheit, für die ich sehr dankbar bin. Nur die Grundlage für diese Harmonie war die Vermeidung vieler Konflikte. Streitkultur, Kritikfähigkeit, seine Meinung äußern und vertreten, auch wenn es zu Auseinandersetzungen führte, hatte ich nicht gelernt.

Gut gemeint ist nicht unbedingt gut gemacht

Eine rosarote plüschige konfliktbereinigte Welt – so gerne wir das auch hätten – ist für mich heute leider nicht der Schlüssel zur Glückseligkeit. Eltern, die ihren Kindern jeden Ärger, jede unangenehme Auseinandersetzung ersparen wollen, riskieren mit der Zuckerüberdosis unerwünschte Nebenwirkungen. Und die treten mitunter erst später auf. Das Leben ist kein ewiger Kindergeburtstag. Es ist eigentlich ganz egal, ob Erwachsene Konflikte vermeiden, weil es ihnen zu anstrengend ist, in die Auseinandersetzung zu gehen, oder sie ihre lieben Kleinen schlicht vor allem Unbill schützen wollen. Oder weil sie es einfach immer nur schön harmonisch haben wollen. Das Ergebnis ist immer das gleiche: Die Jungs und Mädchen lernen ein wichtiges Werkzeug nicht. Gesunde Streitkultur, die Kompetenz, sich auseinanderzusetzen, war schon den alten Griechen wichtig, als sie mit ihrer Lehre der Rhetorik um die Ecke kamen. Wer sich damit intensiver beschäftigen will, findet dazu massenhaft Lektüre, um seine ganz persönliche Diskussionskompetenz zu stärken. Mir ist hier vor allem ein Aspekt wichtig, der für mich viel mit diesem »Nettigkeitsding« zu tun hat. Die sogenannte Ambivalenz. Damit ist der Zustand psychischer Zerrissenheit gemeint. Hilfe, jetzt kommt schon wieder so ein Psychoding! Ja, das müssen Sie jetzt aushalten. Denn wenn Sie wie ich Probleme durch Ihr ganzes Nettsein haben und darunter leiden, dann schlägt sich das auch auf Ihren Gemütszustand nieder. Mitten in unserer Psyche, als eine schier unerträgliche Grundspannung. Wir müssen lernen, diese Gefühle und Gedanken – so widersprüchlich sie auch sind – auszuhalten. Das ist eine notwendige menschliche Grunderfahrung, ein Lernprozess, der schon im Kleinkindalter beginnt. Ambivalenzerfahrungen sind ein natürlicher Teil unserer psychischen Realität. Und das geht nur, wenn wir diese Situationen auch durchleben. Dazu gehört, sich mit geliebten Menschen auch heftig zu streiten. Genau das erzeugt nämlich diese widersprüchlichen Emotionen. Ich liebe meine Mutter, aber gerade finde ich sie ganz furchtbar! Ganz natürliche innere Prozesse sorgen auch dafür, dass beim Streit mit dem Freund oder der Freundin plötzlich ein Hassgefühl hochkommt. Wenn diese Situationen systematisch aus dem Leben verbannt werden, lernen wir diese ganz normale Zwiespältigkeit des Lebens und die damit verbundene innere Spannung leider nur unzureichend kennen. Und schon gar nicht, sie auszuhalten. Und natürlich gilt alles auch für den umgekehrten Fall: In der »Ambivalenzschule« lernen wir, dass unser geliebtes Gegenüber uns gerade echt doof findet. Dass jemand sauer ist, von uns enttäuscht und sich deshalb sogar abwendet. Weil wir uns eben entsprechend verhalten haben. Nicht nett waren. Oder einfach nur unbequem. Aber diese ablehnende Haltung uns gegenüber dauert nicht ewig an. Zu lernen, dass wir trotzdem geliebt werden, auch wenn wir eine konträre Meinung vertreten oder unseren Willen gegen sämtliche Widerstände durchboxen, ist eine wertvolle Erfahrung.

Hat man die nur unzureichend machen können, kann das auch ein Grund sein, später diese Situationen lieber zu meiden – und weiter einfach nur nett zu sein. Weil wir den inneren widersprüchlichen Emotions- und Spannungszustand dabei einfach nicht aushalten.

Hauptsache, keiner ist böse

Grenzen, um mich richtig mit meinen Eltern zu reiben, habe ich so gut wie nie erlebt. Ich konnte als Teenie rauchen, lange Haare tragen und tun, was ich wollte. Nicht nur, weil sie Konflikte vermeiden wollten. Sie waren sich sicher, dass ich die oft unausgesprochenen Regeln von Anstand in unserer Familie verstanden hatte und keinen Mist baute. Womit sie ja recht hatten, ich kannte meine moralischen Leitplanken. Denn so wie meine Mutter darauf achtete, dass der Haussegen nicht in Schieflage geriet, so war auch mir an einem friedvollen Umgang gelegen. Bloß kein Streit, Hauptsache alle sind lieb zueinander. Das hatte ich ja mit der Muttermilch eingesogen. Diese Erziehung und Prägung hatte also durchaus ihre Vorteile ...

Richtigen Druck und große Einschränkungen habe ich von zu Hause nie verspürt. Im Gegenteil, ich lebte in einer für mich idealen Mischung aus Liebe, Vertrauen und Konfliktvermeidungsstrategien. Denn Konflikte entstehen naturgemäß »durch das Aufeinanderprallen widerstreitender Auffassungen oder Interessen«[10]. Bei Jugendlichen vor allem also durch inakzeptable Regeln, Verbote und Grenzen. Das Problem konnte gelöst werden. Indem mir als Teenie eben aktiv kaum Grenzen gesetzt wurden. Egal was ich machte oder ausprobierte – ich wurde immer bestärkt und bekam Unterstützung für die Dinge, die ich in Angriff nahm. Das kreative und sportliche Spielfeld, auf dem ich mich tummelte, war ziemlich weiträumig: Fußball, Tennis, Handball und Basketball. Ich spielte in diversen Schul- und Theatergruppen, hatte jahrelang Gitarrenunterricht und machte schon früh leidenschaftlich gern Musik. Ich nahm Schauspielunterricht und absolvierte Sprachtrainings, um meine Stimme als Werkzeug zu benutzen und meinen fränkischen Zungenschlag zu verlieren.

Alles »Kunstschätze«, von denen ich bis heute profitiere. Zu den größten Leidenschaften gehörten Schauspiel, Musik und Stand-up-Comedy. Was sich bis heute gehalten hat.

Schon zu Schulzeiten machte ich ausgiebig Live-Musik. Gern in düsteren Kneipen und Clubs bis in die frühen Morgenstunden.

Einmal in der Woche nahm mich mein Gitarrenlehrer mit in eine Bar, in der wir meistens bis zum Morgengrauen spielten.

Klar, meine Eltern waren sich immer sicher, dass ich keinen Mist bauen würde. Und was heißt schon »Mist bauen«? Ein dehnbarer Begriff. Intern hatten wir unsere eigenen Gesetze, und die funktionierten seit Jahren einwandfrei. Hier war nichts zu befürchten. Ein eingespielter Harmoniehaufen.

Natürlich war mein Leben mit zunehmendem Alter nicht vollkommen konfliktbereinigt, denn es gab ja auch noch eine »externe« Welt. Und dort, in meinem Freundeskreis, wollte ich diese Harmonie natürlich auch erhalten. Alles andere hätte ich ja auch gar nicht ertragen. Ich war der nette Ingo, freundlich, hilfsbereit und unkompliziert. Alle sollten sich wohlfühlen. Doch auf Dauer war eine totale Konfliktvermeidung natürlich aussichtslos. Du kannst nicht alle Menschen und deren Erwartungen und Wünsche bedienen, das ist nicht nur verdammt anstrengend, es ist auch unmöglich.

Und so passierte es, dass ich zwischen die Fronten geriet. Auf der einen Seite meine Eltern und auf der anderen meine Freunde. Und der nette Ingo wollte es allen recht machen. Was auch in der folgenden Geschichte einen Kollateralschaden nach sich zog:

Ich hatte meinen Bandkumpels versprochen, das Gitarrenequipment mit dem Auto zur Probe und anschließend wieder nach Hause zu transportieren, verfügte allerdings über kein eigenes Auto. Doch ich versprach meinen Freunden, den neuen Audi meines Vaters zu nehmen. Also: kein Problem.

Blöd war nur, dass er mir ausdrücklich verboten hatte, seinen Wagen zu nehmen. Nun war ich in der Bredouille. Ich hätte mein Versprechen zurücknehmen müssen und möglicherweise einen Konflikt heraufbeschworen. Die Jungs wären vielleicht sauer oder enttäuscht gewesen. Das wollte ich natürlich nicht. Ich wollte doch der nette

Ingo bleiben und nicht riskieren, deshalb nicht mehr gemocht zu werden. Und ich hatte überhaupt keine Ahnung, wie ich eine solche vertrackte Situation lösen könnte. Für jemanden wie mich war das ein echtes Problem. Ich musste abwägen: Erfahrungsgemäß war das Konfliktpotenzial aufseiten meiner Eltern geringer. Also entschied ich mich, das Auto heimlich zu nehmen. Ein großer Fehler – denn hinter unserem Probenraum nahm ich beim nächtlichen Ausparken einen Hydranten mit. Der Kotflügel bekam eine Delle, die Stoßstange hing auf halbmast. Und es war weit nach Mitternacht – was tun? Nun hatte ich Konflikt Nummer zwei am Haken. Auch hier wollte ich natürlich keine Auseinandersetzung oder gar einen Streit provozieren. Alles sollte schön friedlich und harmonisch ablaufen. Ich fuhr nach Hause, parkte den Wagen vor unserem Haus und legte mich im Wohnzimmer schlafen, um Vati morgens abzupassen.

Ich wollte auf keinen Fall, dass er den kaputten Wagen sieht, bevor ich ihm die Situation erklärt hatte. Auch das gehört zum Nettsein. Sich erklären, entschuldigen und zügig die entstehenden Wogen glätten. Mein Vater kam ins Wohnzimmer, ich berichtete, und er lauschte fassungslos meiner Geschichte. Das waren gleich zwei dicke Dinger auf einmal: Erstens, dass ich den Wagen unerlaubterweise genommen hatte – und zweitens, dass er auch noch eine ordentliche Macke hatte. Ich schämte mich, weil ich ihn hintergangen hatte. Nur: Wie hätte ich sonst zur Probe kommen sollen? Und wie hätte ich meinen Freunden erklären sollen, dass ich das ganze Zeug doch nicht transportieren kann? Nette Menschen leben eben dauernd mit der Gefahr, in die Konfliktfalle zu tappen. Man kann es nicht allen recht machen – und am Ende müssen wir sehen, wie wir aus der Nummer wieder rauskommen. Zum Glück nahm mein Vater meine Entschuldigung an. Einzige Bedingung war, dass der Wagen auf meine Kosten wieder in den Ursprungszustand versetzt werden sollte. Das war gerade noch mal gut gegangen. Und 350 Mark und eine Reparatur später war alles erledigt. Das war echtes Lehrgeld.

Eine wichtige Erkenntnis kann ich aus dieser kleinen Episode ziehen: Ich hatte vor dem Konflikt kapituliert und keine Lösungsmöglichkeit. Mir fehlte eine Konfliktkommunikationsausbildung. Um Konflikte zu lösen, muss man klar und deutlich kommunizieren können. Natürlich hätte ich meinen Freunden sagen müssen: »Sorry, geht nicht. Jemand anderes muss das Equipment transportieren.« Eigentlich ganz einfach, oder? Aber eben nicht für mich. Damals.

Prägende Erfahrungen

Vielleicht haben Sie beim Lesen jetzt auch schon das eine oder andere Aha-Erlebnis gehabt. Vielleicht kommen Ihnen mit Blick auf Ihre Vergangenheit ähnliche Erinnerungen hoch. Wenn Sie dabei die Familie oder enge Bezugspersonen verlassen und sich Ihren frühen Freundeskreis anschauen, erkennen Sie wahrscheinlich auch hier den Grundstein fürs Nettsein. Experten finden die Ursachen für späteres Verhalten häufig auch in der Schule. Wenn sich Außenseiter einfügen müssen, dann sind sie lieber freundlich als feindlich. Kleine zarte Jungs gehen weniger in Auseinandersetzungen als große starke.

Sie finden meist andere Wege, sich die Zuneigung und Anerkennung der anderen zu sichern. Das ist der kleine Klassenclown oder der gute Kumpel der Mädels. Der dann allerdings oft nicht zu den coolen Partys eingeladen wird. Und wenn, dann weil er immer tütenweise Chips und einen Kasten Cola mitbringt. Leider ist das dann auch der, der später nichts trinkt und alle nach Hause fährt.

Mädchen, die zu einer bestimmten coolen Clique gehören wollen, stellen ihre eigenen Bedürfnisse dafür zurück und behalten eine konträre oder unbequeme Meinung lieber für sich. Die bringen immer für alle Süßigkeiten mit, übernehmen freiwillig den Tafeldienst der anderen oder machen morgens im Schulbus die Hausaufgaben von Susanne, weil sie dann nett zu ihnen ist.

Das sind zum Beispiel leider jene Menschen, deren Freundlichkeit schon früh ausgenutzt wurde, die aber dieses Ausnutzen nicht als solches empfunden haben, weil sie ja »belohnt« wurden. Mit Dazugehörigkeit und dem Gefühl, gebraucht zu werden. Belohnung merkt sich unser Gehirn, danach ist es süchtig. So lernen wir Anpassung. Da werden Ecken und Kanten abgeschliffen, bevor sie sich überhaupt bilden können. Doch es muss gar nicht immer die Langzeitwirkung über Jahre oder Jahrzehnte hinweg sein, die uns formt, manchmal ist es nur eine Situation, die uns und unser Verhalten dann für ein ganzes Leben prägt. Das Erlebte war so stark, dass es sich für alle Zeit in unserem Gehirn festgesetzt hat. Ein Moment, in dem man sich in Grund und Boden geschämt hat, weil man vielleicht seine Meinung oder eine Idee kundgetan hat und plötzlich merkte, dass man völlig allein damit steht. Alle anderen haben gelacht oder uns den Vogel gezeigt. Spinnst du? Und das Mädchen, in das man verliebt war, hat am lautesten gelacht. Und dann ist klar: nie wieder! Nie wieder werde ich meinen Mund aufmachen! Es kann eine Situation sein, in der wir ausgegrenzt und gemobbt wurden oder eine große Verletzung erlebt haben. Vielleicht hat dich früher ein Freund, eine Freundin um einen Gefallen gebeten, aber du hast eine Grenze gezogen und Nein gesagt. Weil du nicht konntest und nicht wolltest. Weil es dir widerstrebte, im Drogeriemarkt einen Lippenstift zu klauen oder du dein nagelneues Mofa einfach nicht verleihen wolltest.

Und dann hat sie oder er sich von dir abgewendet. Dich als Feigling oder Egoisten beschimpft. Und das hat dir wehgetan, Du warst enttäuscht und traurig. Wahrscheinlich hast du es dir danach genau überlegt, ob du nicht lieber nett bist und den Leuten einen Gefallen tust. Jeden. Irgendwie. Damit sie sich nicht von dir abwenden.

All diese Erlebnisse und Erfahrungen müssen später nicht in eine große Unzufriedenheit oder Krise führen, aber es schadet nicht, sich dessen bewusst zu sein. Spielen Sie mal Detektiv in Ihrem eigenen Leben. Welche Kindheitserinnerungen bereiten Unbehagen? Was war da los? Oder fragen Sie sich manchmal, wo der selbstbewusste kleine Junge geblieben ist? Oder das toughe Mädchen von einst? Warum sind Sie eigentlich so oft unsicher? Einige frühe Erfahrungen hängen uns wie Bremsklötze am Bein. Welche das sind, sollten wir unbedingt herausfinden.

Vor allem, wenn einen das eigene dauernde Zunettsein mittlerweile nervt ...

Die Kehrseite der Medaille

Wenn das Negative schlicht ausgeblendet wird und Harmonie über allem steht, wird es schwer bis unmöglich zu lernen, mit Konflikten umzugehen. Weil die Praxis fehlt. Konflikt musst du üben, Erfahrungen machen (gute wie schlechte) und daraus lernen. Dinge ansprechen, auch wenn's wehtut. Das Verhalten anderer kritisieren und ausdiskutieren stand ebenfalls so nicht auf meinem Lehrplan.

Aber leider tickt die Welt da draußen häufig anders als in den eigenen vier Wänden. Spätestens in der Grundschule war dann Schluss mit lustig. Doofe Klassenkameraden, Hänseleien und Streitereien. Und der kleine harmonie- und applausverwöhnte Ingo mittendrin. Na prima. Ich musste mir meinen Platz erkämpfen, mich behaupten, was nun nicht gerade mein Spezialgebiet war. Und wenn ich meinen Platz einmal hatte, wechselte ich die Schule, und alles ging von vorne los. Ein Vorteil hatte mein Nomadenleben aber: Als »der Neue« musste ich immer wieder eine andere Bühne betreten, auf die Kinder zugehen und mit der Situation umgehen. Das war eine gute Übung, die mir später im Leben sehr geholfen hat.

Meine ersten unschönen Erfahrungen mit der rauen Wirklichkeit außerhalb meiner soften Familien-Bubble machte ich schon früh. Und ich lernte, dass es neben all den wunderbaren Menschen da draußen auch eine Menge fiese Gestalten gab. Tolle Erlebnisse hatte ich vorher genug gesammelt, nur echte Stresssituationen kannte ich noch nicht. Diese Erfahrungen waren unvermeidlich. Meinetwegen konnte ja nicht die ganze Welt im Gleichklang schwingen. Blöd war nur, dass ich keinen blassen Schimmer hatte, wie ich mit Misstönen umgehen sollte. Und wann immer ich meine heile Welt verließ, lieferte ich mich auch den ungemütlichen Naturgewalten des menschlichen Miteinanders aus.

Es gibt ein paar Geschichten, die deutlich machen, welche Nebenwirkungen das Nettsein bei mir schon in ganz jungen Jahren mit sich brachte. Nette Menschen sind häufig »Opfer«, sie sind in Auseinandersetzungen meist ziemlich wehrlos und tragen jede Menge ungelöste Konflikte mit sich rum, die irgendwann im wahrsten Sinne des Wortes gewaltsam nach außen dringen.

Braver Bub, perfektes Opfer

Kinder können grausam sein. Ein Erlebnis dieser Art hat mich rückblickend wohl mehr geprägt, als ich lange wahrhaben wollte. In diesem Fall habe ich meine heile sichere Welt vollkommen freiwillig verlassen.

Das Rote Kreuz bot eine Skifreizeit in der Schweiz an. Ich war neun Jahre alt, also noch in der Grundschule, die Teilnahme aber erst ab zehn Jahren möglich. Da ich ein guter Skifahrer war, hing ich meinen Eltern in den Ohren, ob es nicht doch irgendwie möglich wäre. Wochenlang versuchte ich immer wieder, das Thema auf die Tagesordnung zu setzen – natürlich ohne die gute Stimmung zu gefährden. Doch hier gab es gleich mehrere Knackpunkte: Ich war zu jung, bisher noch nie allein verreist, und der Spaß sollte 500 Mark kosten, was Anfang der Achtzigerjahre für uns eine Menge Geld war. Ich ließ nicht locker, und schlussendlich ließen sich meine Eltern nach Rücksprache mit den Verantwortlichen darauf ein. Ich bekam eine Sondergenehmigung und saß irgendwann im Reisebus mit zig anderen Kindern (und Jugendlichen!) auf dem Weg in die Berner Alpen. Im schönen Schweizer Skiort Grindelwald angekommen war Schluss mit meinem beschaulichen Kinderleben. Das Übel lauerte in meinem neuen Viererzimmer, in Form meiner drei Mitbewohner. Super, diese Teenies hatten richtig Lust, dem »Süßen« mal zu zeigen, wo der Hammer hängt. Ich hatte mich aufs Skifahren gefreut, auf die tollen Pisten und vor allem auf Eiger, Mönch und Jungfrau. Die drei Berge bilden ein Massiv, das aus der Nähe wirklich beeindruckend aussieht. Die Eiger-Nordwand, die man vom Fenster der Jugendherberge aus sehen konnte, fand ich wahnsinnig imposant. Doch erfreuen konnte ich mich daran nur kurz, denn die Skifreizeit entwickelte sich für mich zum Horrortrip. Auf meiner Stube war schnell klar, wohin die Reise geht. Direkt in die Hölle. Täglich wurde ich von meinen Zimmergenossen nach Strich und Faden verarscht. Klar, dass gerade die Jungs mit dem neunjährigen Ingo gar nichts anfangen konnten. Die waren an Mädchen interessiert, ich am Skifahren. Zudem war ich natürlich das perfekte Opfer. Ein braver Bub, ein durch und durch netter Junge. Meine Sachen flogen aus dem Fenster, auch meine neuen Lederhandschuhe mit dem Adler der österreichischen Ski-Nationalmannschaft, die mir meine Patentante extra für den großen Skiurlaub spendiert hatte.

Die Behauptung, Kinder können grausam sein, ist leider wahr –
ich durfte sie am eigenen Leib erleben, und das ist noch grausamer.
Das Trio erzählte abends widerliche Albtraumgeschichten, und ich
musste jeden Tag zum Abspüldienst in der Küche antreten. »Freiwillig« auf Ansage der Älteren, die darauf natürlich überhaupt keine Lust
hatten. Was machte ich? Nichts. Ich litt, setzte mich natürlich nicht
zur Wehr und schwärzte auch niemanden an. Erstens wollte ich nicht
noch mehr Ärger, und zweitens konnte ich mit dieser Situation überhaupt nicht umgehen. Ich wollte keinen Streit und hatte doch Stress
von der übelsten Sorte. Ein Problem, für das ich damals keine Lösung
finden konnte. So sehr ich mich auch bemühte. Doch die Anspannung und die Verzweiflung bahnten sich ihren Weg. Still und heimlich
weinte ich. Hauptsache, es bekam niemand mit. Ich befürchtete den
totalen Zusammenbruch und wollte um Himmels willen hier nicht
als Häufchen Elend enden. Also: stark sein. Zähne zusammenbeißen.
Was hätte ich auch tun sollen? Mich bei den Betreuern beschweren?
Nein, ich kannte nur die »Gute-Miene-Strategie«. Statt den Urlaub
aktiv zu beenden, entschied ich mich für das Aus- und Durchhalten. Das »Über-sich-ergehen-Lassen« und »In-Kauf-Nehmen«. Ich
machte meinen Kummer mit mir selbst aus und wünschte mir insgeheim einen Freund, irgendjemanden, der mich unterstützte. Tatsächlich gab es ein paar größere Mädchen, die Mitleid mit mir hatten, aber
wirklich helfen konnten sie mir nicht. Ich war dem Psycho-Trio ja spätestens nach dem Abendessen in unserem Zimmer hilflos ausgeliefert.
Ich war mutterseelenallein und dem Ganzen nicht gewachsen. Da saß
ich nun vor traumhaft schöner Bergkulisse und fragte mich Tag für
Tag, warum ich unbedingt mit auf diese verdammte Freizeit wollte!
    Da ein Unglück selten allein kommt, ereignete sich auch noch
genau zu dieser Zeit in unserem Skigebiet ein schweres Lawinen-
unglück. Und obwohl die Veranstalter dringend abgeraten hatten,

Kinder in der Freizeit zu besuchen, reisten viele Eltern an. Meine Eltern hielten sich natürlich an die Vorgaben. Wären sie gekommen, sie hätten mich sicher sofort mit nach Hause genommen. Und ich hatte mir nichts sehnlicher gewünscht. Aber dieser Rettungsweg war verschlossen, ich musste zusehen, wie ich hier klarkam. Mit meiner eigenen Lawine, drei Jugendlichen, die Abend für Abend mit ihren Gemeinheiten über mich hinwegdonnerten.

Nun war ich zwar harmoniebedürftig und nicht sehr konfliktfreudig, aber ich hatte andere Mittel und Möglichkeiten. Am Abend, wenn wir in großer Gruppe bei Gesellschaftsspielen zusammensaßen, hatte ich meist die Lacher auf meiner Seite. Da konnte ich meinen früh erprobten Entertainerqualitäten freien Lauf lassen. Lustige Geschichten erzählen, Skilehrer nachmachen oder pantomimisch Rätselaufgaben lösen. Das machte Freude und ließ mich zumindest kurzzeitig die angespannte Zimmersituation vergessen. Dabei performte ich quasi um mein Leben, um so für mehr Ruhe auf dem Zimmer und einen entspannten Schlaf ohne Angst vor dem nächsten Morgen zu sorgen. Ein bisschen fühlte ich mich wie ein Gladiator im alten Rom, der im Kolosseum zur Volksbelustigung kämpfte. Meine Überlebensstrategie hieß Entertainment.

Meine Eltern erkannten ihren Sohn nach der Rückkehr kaum wieder. Ich sagte nicht Hallo, sprach entgegen meiner sonstigen Art kaum ein Wort und ging nach dem Willkommensessen sofort in die Küche, um abzuspülen. Meine Eltern waren ratlos. Tatsächlich sind mir aus diesen Tagen in den Alpen vor allem drei schöne Dinge in Erinnerung geblieben: die wunderbare Bergwelt, die Mädchen, die meine missliche Lage mitbekamen und sich meiner annahmen, und das abschließende Skirennen. Ein Abfahrtslauf, den ich gewann. Das war vielleicht am Ende auch der Grund, warum ich ein Jahr nach meinem Horrortrip wieder mit in die Schweiz wollte. Die Erinnerung an die schlechten Erfahrungen und meine Tränen vom ersten Mal hatte ich schlicht verdrängt. Diesen Konflikt mit mir selbst auszumachen und tief in mir ruhen zu lassen hatte einmal mehr funktioniert. Doch während ich die Erlebnisse Revue passieren ließ, kamen die Bilder und Erinnerungen zurück. Mal einzeln und schemenhaft, mal richtig plastisch. Die Augenblicke, in denen ich allein im Schlepplift fahren musste, weil keiner mit mir fahren wollte, und als mir der Bügel an einem Steilstück vom Po rutschte. Noch bevor der Bügel nach oben schnellen konnte, packte ich ihn und klammerte mich mit beiden Armen an ihm fest. Hinter mir lachten und feixten die anderen. Doch ich war stark und hielt bis zur oberen Liftstation durch. Ich war fix und fertig! Eine reife Leistung für einen Neunjährigen – und ein kleines Erfolgserlebnis zwischen sehr traurigen Momenten. Heute bin ich sehr froh, dass ich diesen Urlaub überstanden habe und mir meine Eltern trotz aller neuen Überredungsversuche einen zweiten Trip allein in die Berge nicht erlaubten. Sie wollten mich weiter glücklich sehen und nicht so verändert und verängstigt wie in den Tagen nach meinem ersten Schweiz-Aufenthalt.

Widerstand zwecklos?

Auch die nächste bittere Erfahrung hat mit einer Urlaubsepisode zu tun, die mich nachhaltig schwer beeindruckt hat. Im Mittelpunkt: ein beinharter Job und eine Bezahlung jenseits jeden Mindestlohns. Ich hatte die vierte Klasse der Grundschule erfolgreich absolviert, und bevor das Gymnasium als nächste Station auf mich wartete, verbrachte ich die Sommerferien bei meinen Großeltern auf dem Land. Eines Tages, mein Freund Gerald und ich trieben uns mal wieder auf einem benachbarten Bauernhof rum, sprach uns der Bauer an, ob wir nicht Lust hätten, ihm ein wenig bei der Hofarbeit zu helfen. Er hatte es im Rücken, und der Dachspeicher war randvoll mit Heu gefüllt, das dringend nach unten befördert werden musste. Da schweres Gerät fehlte und wir mit Heugabeln umgehen konnten, schnappten wir uns die Dinger, und los ging's. Die Sonne stand hoch am Himmel und knallte gnadenlos aufs Dach. Ein Bilderbuchsommer, nur an diesem Tag hätte es für unseren Geschmack ruhig etwas weniger heiß sein können. Wir schwangen die Heugabeln und schwitzten wie die Wahnsinnigen. Im Dachspeicher herrschten Saunatemperaturen. Doch wir ackerten fleißig weiter, und am Ende des Tages war der Boden zwar noch nicht komplett geleert, aber wir hatten schon ordentlich etwas weggeschafft. Den Rest würden wir am nächsten Tag erledigen. Körperlich zwar am Ende, war ich allerdings gleichzeitig sehr zufrieden mit mir und dem, was ich geschafft hatte. Ein Gefühl, das ich bis dato nicht kannte. Beim Zeitungenaustragen im Regen hatte ich dieses Gefühl ja nicht kennenlernen können. Ich fiel erfüllt und hundemüde ins Bett. Am nächsten Morgen standen Gerald und ich wieder früh auf der Matte, packten die Heugabeln und legten los. Ballen um Ballen leerten wir den Heuspeicher. Die Sonne stieg höher und brannte erbarmungslos aufs Dach. Der Schweiß floss in Strömen, und uns hatte der Ehrgeiz gepackt. Dann war es endlich so weit: geschafft! Der Job war erledigt. Gerald und ich nahmen einen kräftigen Schluck aus unseren Wasserflaschen und stiegen wieder hinab. Während Gerald unsere Sachen packte, stiefelte ich zum Wohnhaus des Bauern, um stolz von unserer getanen Arbeit zu berichten. Irgendeine Art von Dank hatte ich schon erwartet. Auch wenn die Aktion in erster Linie eine »gute Tat« war, sollte sich das für uns doch zumindest gelohnt haben.

Der Bauer freute sich auch, ganz besonders sein Rücken. »Super habt ihr das gemacht, Jungs!« Mit diesen Worten zückte er seine

Geldbörse. Genau darauf hatten wir natürlich spekuliert, jetzt sollten wir einen gerechten Lohn für unsere schweißtreibende Arbeit bekommen. Ich strahlte in freudiger Erwartung auf ein großzügiges Salär, das unserem Einsatz entsprach. Er griff in die Börse und überreichte mir feierlich das Geld. »Da kauft's euch ein Eis«, sagte unser gönnerhafter Auftraggeber und steckte mir zwei Mark zu. Machte für jeden von uns eine Mark. Eine Mark für zwei harte Tage Schufterei. Ich stand da wie angewurzelt und war unfähig zu denken. Geschweige denn zu sprechen. Nach einer unendlich langen Sekunde der Fassungslosigkeit drückte ich mir tatsächlich ein »Danke« raus. Und soweit ich mich erinnere, wünschte ich sogar noch einen schönen Abend. Ich war eben ein nettes Kind mit einer entsprechend guten Kinderstube. Dieser Typ hatte mich kalt erwischt. Sollte ich an dieser mickrigen Entlohnung rumnörgeln, diskutieren oder gar darüber verhandeln? Das schien mir nicht angebracht. So etwas machte man nicht. Außerdem hatte ich das nicht gelernt. Über Geld streiten? Mit einem erwachsenen Mann? Und dabei am Ende sogar Ärger riskieren? Nein. Ich gab meinem Fluchtinstinkt nach und schlurfte mit hängenden Schultern zurück. Gerald wartete schon auf mich, und wahrscheinlich hatte er sich schon überlegt, was er sich alles von seinem üppigen Lohn kaufen würde. Ich sagte kein Wort und überreichte ihm seine Mark. Er starrte auf die Münze und fragte mich, ob das wirklich mein Ernst sei!?

Gerald war schweißgebadet, total abgearbeitet und stinksauer. Für ihn gab es nur eins: sofort nachverhandeln! Superidee für einen wie mich. Da hätte ich ein Handbuch gebraucht: »Konfliktlösung leicht gemacht.« Oder: »Deine Interessen – ganz easy durchsetzen!« Prima, da stand ich nun und hatte nicht nur selbst Megafrust, sondern bekam auch noch die Wut meines Freundes ab. Doppelte Hilflosigkeit. Ich sollte mich beim Bauern beschweren? Wie denn bitte?!! Mit meinen beschränkten Möglichkeiten auf dem Gebiet kam das für mich nun überhaupt nicht infrage. Ein drohender Streit mit Gerald war ebenfalls der Horror. Ich hatte Ärger mit dem Bauern vermieden, dafür war mein Freund jetzt sauer. Er konnte einfach nicht verstehen, warum ich klein beigegeben hatte.

Wirklich erklären konnte ich ihm das damals auch nicht. Beim Gang in die Wirtschaft, in der jeder für seine Mark ein Eis kaufte, überlegte ich noch länger, wie mir das nur passieren konnte. Einem so un-netten Bauern auf den Leim gehen.

Leider konnte auch das leckere Eis den faden Beigeschmack der Heu-Aktion nicht beseitigen. Ein Ferienerlebnis, das mich so erschüttert hat, dass es bis heute sehr präsent ist. Den Augenblick, an dem ich nach harter Arbeit in die Röhre schaute, werde ich nie vergessen. Und dann auch noch Geralds Reaktion. Für mich war das der Supergau. Heute klingt die Erklärung ganz einfach: Ich wusste nicht, was ich hätte machen sollen. Für einen harmonischen Abgang habe ich eben gern auf ein paar Mark mehr verzichtet. Für den Bauern, so viel wusste ich, würde ich mit Sicherheit nie wieder arbeiten. Und Gerald auch nicht. Vielleicht ist man als Kind da tatsächlich hilflos, sprachlos und wehrlos. Aber Tatsache ist: Solche Situationen sind mir auch als Erwachsener häufiger begegnet. Und ich habe nicht anders reagiert. Am Ende ging ich oft mit Groll und Enttäuschung nach Hause. Um des lieben Friedens willen. Und weil ich unfähig war, anders damit umzugehen. Bitter, aber leider wahr.

Der berühmte Tropfen …

Auseinandersetzungen waren immer meine größten und schwersten Herausforderungen. Und natürlich brachten die vielen Umzüge in meiner Kindheit immer wieder kritische Momente mit sich.

Die Neuen haben es nicht leicht. Ich wurde geärgert und gemobbt, steckte ein und litt. Wie lange hält man so etwas durch? Aus eigener Erfahrung weiß ich, auf Dauer verdrängen funktioniert nicht – irgendwann knallt's. Und so war es dann auch bei mir, eine Situation eskalierte. Statt Flucht oder stummes Ertragen kam es zur Explosion.

Obwohl ich wusste, wie sehr ein harmonisches Aufeinanderzugehen die Kontaktaufnahme am neuen Wohnort erleichterte, lief die Eingewöhnungsphase in Hannover aus dem Ruder. Außerdem gehören zur Harmonie immer zwei. Und auf die Gegenseite konnte ich mich nun wahrlich nicht verlassen. Die kamen ja nicht alle so wie ich aus Bullerbü. Leider. Der Sprung von Bayern nach Hannover mitten in der Anfangsphase der Pubertät war für mich die größte Herausforderung. Ein anderer Lehrplan, eine Stadt, die im Vergleich zum bayerischen Ebern riesengroß war – und reihenweise Teenager, die mich als »dummen Bayern« abstempelten. Ich fand in der niedersächsischen Metropole einfach keinen Anschluss. Die Jungs im Viertel und in der Schule waren abweisender und verschlossener, als ich es bis dahin von meinen Neuanfängen gewohnt war. Bei Teenagern, ich war da gerade mal 13 Jahre alt, randalieren schon mal die Hormone. So kam es, dass am Anfang einer Deutschstunde eskalierte, was sich über Wochen (und in mir noch über einen weitaus längeren Zeitraum) aufgestaut hatte. Für mich wurde es der negative Höhepunkt der schwierigsten Eingewöhnungsphase meines Umzugslebens. Die Hänseleien regten mich so sehr auf, dass ich eines Vormittages meine gute Erziehung vergaß. Von der Harmoniesucht ganz zu schweigen. Als mich ein Schulkollege wiederholt als bayerischen »Deppen« abstempelte, verpasste ich ihm eine waschechte bayerische Watschen. Mit der flachen Hand auf seine Backe. Wumms! Der Knall hallte durchs Klassenzimmer und war so laut, dass ich mich vor mir selbst erschreckte. Eine derartige Entgleisung war mir noch nie passiert. Ein unkontrollierter Ausbruch, der so gar nicht zu mir passte. Das Fass war einfach übergelaufen.

Der Mitschüler hatte einen wunden Punkt getroffen. Weil ich schon in Kindertagen so oft mit der Familie Ort und Wohnung wechselte, war und ist mir meine bayerische Heimat super wichtig. Damit identifiziere ich mich, sie ist für mich das Epizentrum der Harmonie. Wenn ich rund um meine Geburtsstadt Nürnberg unterwegs bin oder im oberbayerischen Murnau am Staffelsee, spüre ich bis heute ein großes Heimatgefühl. Da war meine Grenze gewesen. Ich konnte als Kind eine Menge einstecken und machte gute Miene zum bösen Spiel. Ich diskutierte nicht, ließ alles an mir abperlen (dachte ich) und hatte mir ein dickes Fell zugelegt. Doch hier spürte ich, was passiert, wenn der Bogen überspannt wird. So wurde aus dem netten Jungen von einem Moment auf den anderen einer, der auch zuschlagen kann. Mit voller Wucht. Wie konnte ich nur? Ich wusste keinen anderen Ausweg, mein inneres Gleichgewicht wiederherzustellen. Eine Kapitulation vor mir selbst. Wumms! Bei meinem Mitschüler schüttelte es den Achtzigerjahre-Popperschnitt samt Pony kurz und heftig durch. Ich war irritiert: Da steckte offensichtlich noch etwas in mir, das sich bislang noch nicht gezeigt hatte. Aggression und Wut. So wollte ich nicht sein, so war ich nie. Diese Art der Konfrontation war völlig gegen meine nette Natur. Hier hatte sich meine gesamte Wut entladen, ich wollte nicht mehr einstecken. Mein Schulkamerad war von dieser Backpfeife offensichtlich genauso überrascht wie ich. Ich starrte auf seine knallrote Wange, und es tat mir im selben Moment leid. Zumindest hatte ich ihn gewarnt, sogar zweimal. Er hatte meine Drohungen wohl nicht allzu ernst genommen. Er schlug zurück, doch ich konnte mich gerade noch wegducken. Die Lehrerin hatte uns beobachtet, ermahnte uns streng und verwies uns auf unsere Plätze. Da saß ich dann und malte mir in den düstersten Farben aus, was nach der Schule passieren würde. Ich war mir sicher, dass es auf dem Nachhauseweg zu einer weiteren handfesten Auseinandersetzung kommen würde. Kam es aber nicht. Ich bekam sogar unerwarteten Zuspruch, dass ich mir das schon viel zu lange hatte gefallen lassen. Und kurz nach der Auseinandersetzung war ich Mitglied einer Clique, zu der natürlich auch der Junge gehörte, der meine Hand zu spüren bekommen hatte. Wir haben uns ausgesprochen und danach echt gut verstanden. Den genauen Wortlaut unseres »Versöhnungs«-Gesprächs erinnere ich nicht mehr. Nur war unser öffentlichkeitswirksamer Streit im Klassenzimmer wohl der Grund, dass wir uns überhaupt mal intensiver unterhielten und kennenlernten. Den Draht zueinander fanden wir dann auch über die Musik. Die, wie ich bis heute finde, immer noch unterschiedlichste Menschen und Welten auf geheimnisvolle Weise zusammenbringen kann. Seitdem habe ich übrigens meine Hand nicht mehr gegen andere erhoben. Worüber ich ganz glücklich bin.

Falsche Entscheidung?

Während meiner Abiturzeit machte ich schon erste kleine Schauspielerfahrungen beim Film. Eine größere Rolle habe ich dennoch abgesagt. Tragischerweise wohl auch, weil ich bis dato prima gelernt hatte, Konflikte zu vermeiden.

Ich sollte in der bayerischen TV-Serie *Löwengrube* einen Soldaten spielen, doch an einem der fünf Drehtage war unsere schriftliche Biologie-Abiturprüfung angesetzt. Dem drohenden Konflikt mit Eltern und Schule wollte ich dann wohl doch lieber aus dem Weg gehen. Später dachte ich, dass ich die Abiturprüfung doch ob der Chance hätte verschieben können. Vielleicht wären meine Eltern sogar bei dieser einmaligen Möglichkeit mit im Boot gewesen. Im Weg stand mir dabei offensichtlich meine intensive Harmonieausbildung. Ich hatte schlicht nicht die Werkzeuge, diesen für mich schier unüberwindbaren Konflikt zu lösen. Wie mit Scheuklappen ausgestattet sah ich nur, dass Bio-Abi und Filmdreh zur gleichen Zeit kollidierten. Es konnte nicht funktionieren. »Das Aufeinanderprallen widerstreitender Interessen ...« Bei diesem Konflikt gingen bei mir alle Warnleuchten an. Dabei hätte es doch vielleicht Lösungen gegeben: Hätten meine Szenen eventuell auch am Nachmittag gedreht werden können? Ich hätte dieses Problem in Ruhe mit den Beteiligten klären können. Doch ich sah nur eins: Konfliktpotenzial. So verzweifelt ich auch war, an eine andere Lösung habe ich mich nicht herangetraut. Also sagte ich schweren Herzens ab. Mit dem Blick von heute ist die Verzweiflung, die ich damals empfand, noch trauriger.

Harmonie war mir wichtiger als Selbstverwirklichung. Eine Tatsache, die mein berufliches Weiterkommen später oft (natürlich unbewusst) hemmte. Und eine Erkenntnis, die dann glücklicherweise dazu geführt hat, ein paar Dinge in meinem Leben (bewusst!) grundlegend zu verändern.

Es brodelt

Nicht ausgetragene und unausgesprochene Konflikte, Enttäuschungen, Wut und Trauer versickern nicht einfach irgendwo. Sie sind ja da, schlummern in einem – und bahnen sich zwangsläufig ihren Weg.

Das könnte vielen bekannt vorkommen: Sie haben sich mal wieder schwarzgeärgert, weil Sie ungerecht behandelt wurden, aber Sie haben es stillschweigend über sich ergehen lassen. Doch am liebsten hätten Sie irgendwas gegen die Wand geworfen. Oder das Gegenüber angeschrien. Manche weinen dann im stillen Kämmerlein oder treten gegen Mülltonnen. Das ist letztlich nichts anderes als Ohnmacht und Hilflosigkeit. Weil auch hier die nötigen Werkzeuge nicht vorhanden sind. Stattdessen regiert das automatisierte Emotionschaos, Affekte, wie das die Profis nennen: eine vorübergehende »heftige Erregung« oder »Gemütsbewegung«, ein »Zustand außergewöhnlicher psychischer Angespanntheit« ausgelöst durch äußere Reize oder innere psychologische Vorgänge.[11]

Es macht Zack, und plötzlich schwillt uns der Kamm! Auch das ist menschlich, löst aber natürlich nicht das Problem. Daher ist es sinnvoll, sich auch hier zu erinnern, wie man früher eigentlich mit solchen Situationen umgegangen ist. Und wie oft man heute stunden- oder sogar tagelang Ärger und Groll mit sich herumschleppt. Dabei gilt der Groll nicht dem Kollegen, der mal wieder sämtliche Brückentage für sich beansprucht. Wir sind sauer auf uns. Weil wir einmal mehr nicht in der Lage waren, unser Veto einzulegen. Eine Wut, die sich gegen uns selbst richtet. Und sich wie bei mir manchmal gegen andere entladen kann. Klar, diese gewaltvolle Variante ist keine gute Lösung. Ich musste später Wege und Möglichkeiten finden, ein gesundes Konfliktverhalten neu zu erlernen. Schließlich konnte ich nicht jedem eins übersemmeln, der mir querkam.

Fest steht: Zugunsten der Harmonie oder weil wir keinen Konflikt riskieren möchten die eigenen Wünsche und Bedürfnisse zu vernachlässigen oder gar gänzlich zu missachten, führt auf Dauer in eine Sackgasse.

Raus aus der Seifenblase

Nach dem Abitur beschloss ich, mein schönes Elternhaus zu verlassen. Hatten wir uns etwa gestritten? Nein, natürlich nicht. Mein Vater sollte mal wieder versetzt werden und ich wollte nicht schon wieder mein gewohntes Umfeld verlassen. Als der Tag des Abschieds kam, weinten wir. Ich, weil ich nicht wusste, wie mein Leben ohne meine Familie werden würde. Meine Mutter, weil ihr Sohn nun wirklich komplett auf eigenen Beinen stand. Beziehungsweise stehen wollte. Konnte das gut gehen?

Diese Frage stellte auch ich mir. Ich war da allerdings ganz zuversichtlich. Der Auszug war mein erster Schritt in ein erwachsenes Leben. Nur: Ich war zwar volljährig, aber war ich auch erwachsen? Gehörte dazu nicht auch die Fähigkeit der Auseinandersetzung, Kritik zu üben und damit umgehen können? Erwachsene sollten die für ihr Leben notwendigen Entscheidungen selbstständig und eigenverantwortlich treffen können. In der Theorie hätte ich das ganz klar bejaht. Aber in der Praxis? Da hatte ich wenig Erfahrungen.

Ich war ein verdammt braver Junge, und auch in meinem erwachsenen Leben wollte ich so nett bleiben. Welche Konsequenzen und Hürden das mit sich bringen würde, war mir zu diesem Zeitpunkt freilich nicht klar.

Unterm Strich

Mit Abstand betrachtet ist die Frage »Was ist in meiner Kindheit eigentlich schiefgelaufen?« nur unbefriedigend zu beantworten. Eigentlich nichts, und doch hatte ich mit den Folgeerscheinungen zu kämpfen. Meine Kindheit hat mir vieles ermöglicht. Und ein paar Nebenwirkungen beschert, vor denen mich niemand gewarnt hatte. Sonst wäre ich nicht Jahre später unglücklich auf meinem Sofa gelegen. Der Blick in meine Kindheit war für mich sinnvoll und wichtig. Er hat mir die Augen geöffnet und gezeigt, mit welchen Eigenschaften mich mein junges Leben ausgestattet hatte: Ich war konfliktscheu und harmoniesüchtig. Ich hatte gelernt, unangenehmen Auseinandersetzungen aus dem Weg zu gehen und in erster Linie dafür zu sorgen, dass es meinen Mitmenschen gut ging. Außerdem war ich anpassungsfähig und flexibel, diszipliniert, gut erzogen und anständig. In den Augen anderer allerdings vor allem eines: ein total netter Kerl! Mit diesem Gepäck verließ ich meine rosarote Seifenblase und zog in die Welt hinaus. Die leider gar nicht immer so heil war, wie ich es gewohnt war.

Unser persönliches Erfolgsrezept

Es gibt sicher Kinder, bei denen schon früh klar ist: Die haben ihren eigenen Kopf! Und dazu gehört fast immer auch ein Umfeld, das Mut macht. Wie bringen Eltern Kindern bei, dass es gut ist, auch mal gegen den Strom zu schwimmen und seine Meinung zu äußern? Wahrscheinlich indem sie es ihnen vorleben. Und zeigen, dass gute Auseinandersetzung etwas Positives und Konstruktives ist, das allen Beteiligten guttut.

Wie verschieden bereits Kinder auf diesem Feld agieren, haben Sie sicher auch schon mitbekommen: Der kleine Max steckt auf den Schulhof immer ein und geht weinend nach Hause. Johannes lässt sich nichts gefallen und macht den Mund auf. Lisa will von den anderen Freundinnen gemocht werden und verschenkt in der Pause ihr Nutellabrot, obwohl sie es so gerne selbst essen möchte. Und Emma bestimmt, wer mitspielen darf. Alle machen über die Jahre Erfahrungen mit ihrem Verhalten. Womit haben sie Erfolg? Was sie für sich als erfolgreich empfinden, werden sie wahrscheinlich weiter praktizieren. Unsere Prägung ist also der Grundstein.

Ich habe mich an meine damaligen Gefühle erinnert: Bei aller Freude gab es auch diese Momente voller Frust, Wut und Ohnmacht.

Schon damals habe ich diese Emotionen mit mir rumgetragen, sie versucht zu unterdrücken, nur konnte das auf Dauer nicht gelingen. Im »Blick zurück« geht es darum, Gründe für unser Verhalten zu finden, ohne es zu bewerten. Das ist im Nachhinein nicht nur müßig, sondern auch unsinnig. Wir können ja nichts dafür, sondern mussten mit den Bedingungen klarkommen, die wir vorgefunden haben. Es geht um Selbsterkenntnis und darum, dass wir wieder zu uns selbst zurückfinden. Wir sollen verstehen, warum wir uns immer so nett und angepasst verhalten. Erst dann können wir langsam damit beginnen, es dauerhaft zu verändern.

»Ich habe in mir nach mir selbst gesucht und nichts gefunden, nur geflucht!«

III. Die Selbstwahrnehmung

oder
Erkenne, wie du tickst

Typen gibt's ...

Herzlich willkommen in der Welt der Persönlichkeiten! Ja, da können wir uns leider nicht drücken. Denn unsere Persönlichkeit gibt uns Aufschluss darüber, warum wir uns wie verhalten. Und unser persönliches »Ich« hat sich ja, wie wir festgestellt haben, über Jahre geformt, es wurde genetisch und sozial geprägt.

Schauen wir uns also erst mal ganz generell an, was wir da so im Angebot haben. Psychoanalytiker nehmen eine, wie ich finde, knallharte Einteilung der Persönlichkeiten vor:

- zwanghafte Persönlichkeit,
- histrionische Persönlichkeit,
- depressive Persönlichkeit (darüber haben wir schon kurz gesprochen).

Wer bitte möchte sich hier etwas Schönes aussuchen? Ich kann jeden verstehen, der da zögert.

Doch wenn wir tiefer in die Materie eintauchen, ist das weniger schlimm, als es klingt. Tatsächlich ist kaum jemand von uns nur der eine oder andere Typ. Wir vereinen Eigenschaften aller Typen in uns. Die Mischung macht's.

Der zwanghafte Typ mag Struktur und Ordnung, Überraschungen hingegen nicht so sehr. Da wird gerne geplant und nichts dem Zufall überlassen. Daran ist erst mal nichts verkehrt, es sollte nur nicht ausarten. Wenn also der Kollege seine Bleistifte nach Längen sortiert und für alles eine Tabelle anlegt, ist er noch lange kein Fall für den Psychiater.

Der histrionische Typ (*histrio* war die Bezeichnung für Schauspieler im antiken Rom) ist extrovertiert, er mag die Aufmerksamkeit und steht gerne im Mittelpunkt. Das ist auch völlig in Ordnung, sonst müsste man die komplette Unterhaltungsbranche in die geschlossene Anstalt sperren.

Zu guter Letzt: Der depressive Typ ist wie gesagt nichts anderes als eine sich kümmernde oder sich selbst vernachlässigende Persönlichkeit.

Wahrscheinlich finden wir unter unseren netten Artgenossen die meisten in der depressiven und histrionischen Abteilung. Wäre zumindest nachvollziehbar. Man macht es lieber den anderen recht – warum auch immer. Oder man mag es, geliebt und bewundert zu werden, dafür muss man dann wahrscheinlich netter sein, als einem oft lieb ist. Wer mitspielen will, muss freundlich sein. Damit würden wir schon einen großen Schritt weiterkommen, wenn wir wüssten, wie wir so ungefähr ticken. Oder? Doch wie findet man das heraus? Auch diese Frage ist leider eine, die sich nicht einfach so bei einer Tasse Kaffee beantworten lässt. Dafür muss man sich ein bisschen mehr Zeit nehmen. Denn die Antwort findet man nicht am Küchentisch. Dazu empfiehlt es sich, mal eine Zeit lang neben sich herzulaufen. Von morgens bis abends. Also: Selbstbeobachtung.

Genauer hinschauen

Ich wusste nach dieser kleinen nostalgischen Reise zu meinen Wurzeln zwar, was mich geprägt hatte. Aber kannte ich mich nun besser? Wenn ich von außen einen Blick auf diesen jungen Mann warf, der nun erwachsen war, dann sah ich einen gut erzogenen, netten Kerl, dem alle Türen offen standen. Allerdings war ich – im Vergleich zu vielen anderen in diesem Alter – auch ziemlich brav und konnte auf den ersten Blick etwas angepasst wirken. (Mal abgesehen von meinem Lebensweg, der ja eher unkonventionell war.)

Brav und angepasst, waren das also die Attribute, die mich mein Leben lang begleiten sollten? Die mir, wenn Elstner recht behalten sollte, auch Probleme bereiten würden. Damals als 18-Jähriger machten sie mir augenscheinlich keine. In meinem Freundeskreis war ich beliebt, obwohl ich immer jünger war als meine Freunde oder Bandkollegen. Ich verstand es, mich anzupassen: Wurde getrunken, steckte ich mir eine Kippe an. Wurde gekifft, schnappte ich mir ein Glas Whiskey – und wurde zu unerlaubten Substanzen gegriffen, habe ich eben auch etwas Gras probiert. Mit mir gab es keine Diskussionen, welche Songs beim nächsten Auftritt auf der Setliste stehen sollten, Streit schon gar nicht. Um mit Bands erfolgreich zu sein, habe ich gern auch mal auf ein Gitarrensolo auf der Bühne verzichtet. Der Bandharmonie willen. Prima, so sollte es bleiben. Dieser Verzicht um der Harmonie willen war für mein persönliches Glück natürlich wie Gift, das in kleinen Dosen in mich hineintröpfelte. Nur merkte ich davon noch nichts. Ich machte mit meiner »Strategie« ja nur gute Erfahrungen, was mein Gehirn zuverlässig abspeicherte. Als ich damals aufbrach, die Welt zu erobern – oder wenigstens unser schönes Bayernland –, spielten Begriffe wie Harmoniesucht und Konfliktvermeidung für mich überhaupt keine Rolle. Damals war mir ja gar nicht bewusst, dass ich mir diese beiden »netten« Wegbegleiter schon in Kindertagen angelacht hatte. Unbemerkt hatten sie sich bequem in meinem Alltag eingenistet. Der nächste logische Schritt war die Frage nach den Folgen: Inwieweit bestimmten diese Prägungen eigentlich die knapp 30 Jahre meines Lebens nach meinem Auszug? Hatten sie Einfluss auf mein Denken, mein Handeln, mein Fühlen? Die Antwort schoss mir noch während der Frage in den Kopf. Natürlich, und wie! Doch vor der finalen Selbsterkenntnis sollte auch bei mir die Selbstbeobachtung kommen. Also schaute ich mir an, was mir in diesen drei Jahrzehnten so widerfahren ist und wie ich damit umgegangen bin: der Weg vom braven bayrischen Bub zu Mr. Nice Guy. Nur wie sollte ich diese Zwischenbilanz meines Lebens ziehen? Für Wirtschaftsprüfer ist eine Bilanz schlicht die Gegenüberstellung von Einnahmen und Ausgaben. Soll und Haben. Punkt. Auf der einen Seite steht unser Haben, unser Vermögen, auf der anderen Seite stehen die Schulden. Als Buchhalter meines eigenen Lebens ein ganz persönliches Preis-Leistungs-Verhältnis zu erstellen war eine Herausforderung. Ich bezweifelte, dass die klassische Art von Generalabrechnung hier wirklich Sinn machte. Nicht für jeden emotionalen, finanziellen und körperlichen Einsatz gab es eine Gratifikation. Ich wollte die großen Bögen im Blick behalten und dabei auf meine Gefühle schauen. Die Anstrengungen für meine Ziele dem gegenüberstellen, was ich erreicht hatte. Ich musste klar sehen, ob das in einem gesunden Verhältnis stand. Die entscheidende Frage war: Ist es das für mich wert gewesen?

Die Antwort auf diese simpel klingende Frage erwies sich als genauso schwer wie wichtig. In meiner Vorstellung sollte sie mir eine genaue Standortbestimmung liefern. Einen Richtwert, an dem ich mich für meine weiteren Überlegungen orientieren konnte. Ausgangspunkt waren für mich die großen Ziele in meinem Leben, die sich ganz einfach beschreiben ließen: Erfüllung in einer erfolgreichen Arbeit und ein glückliches Familienleben. Das eigene Leben aufarbeiten. Vor diesem Schritt hatte ich unglaubliche Angst und großen Respekt. Was ist, wenn es am Ende ein langer Weg in die falsche Richtung war? Hatte ich den Mut, mir das auch einzugestehen und anschließend konsequent neue Wege zu gehen? Ich druckste lange herum, bevor ich meinen Lebensweg auf diese Art in Angriff nahm. Prokrastination, also das Verschieben und Aufschieben von anstehenden Aufgaben und Tätigkeiten, gehörte ja auch zu meinen herausragenden Fähigkeiten. Und wenn ich ehrlich bin, kann ich das immer noch ganz gut. Ich hatte mich von jeher gern mit Persönlichkeitsentwicklung auseinandergesetzt und las schon in meiner Teenagerzeit leidenschaftlich gerne Ratgeber. Die Klassiker von Vera F. Birkenbihl (Managementtrainerin), Anthony Robbins (NLP-Trainer) oder Dale Carnegie (Kommunikations- und Motivationstrainer) hatten mich begeistert und inspiriert. Kurzfristig. Denn wirklich aktiv umgesetzt habe ich die Tipps und Anregungen nicht. Ein ganz ähnliches Phänomen findet sich heute bei Kochbüchern. Achtzig Prozent derjenigen, die ein Kochbuch kaufen, sollen angeblich nie auch nur ein Gericht daraus zubereiten. Genauso wenig habe ich einst die Rezepte aus meiner kleinen psychologischen Literatursammlung für ein glückliches, erfülltes und zufriedenes Leben umgesetzt. Stattdessen tat ich das, was ich immer schon am besten konnte: Unangenehmes beiseiteschieben und mit vollem Einsatz weitermachen. Bis ich in der Sackgasse steckte und tatsächlich lernen musste, wer ich bin und was ich wirklich will. Doch wie findet man heraus, wer man ist? Wie kann man Stärken und Schwächen erkennen, Bedürfnisse und Ängste identifizieren? Das alles gehört zu einem umfassenden Persönlichkeitsbild. Welche Persönlichkeitsanteile konnte ich bei mir entdecken? Ja, ich hatte eindeutig histrionische Züge, ich mochte die

Bühne, das Scheinwerferlicht. Und da war noch mehr. Wie stand es um den »depressiven« Anteil? Das Sich-Kümmern, Zurücknehmen, Nicht-Nein-sagen-Können? Auch hier gab es eindeutig Tendenzen. Aber ich war weder nur das eine noch das andere. Ein komplettes Bild war das nicht. Ich schaute oft vergeblich in mich hinein. Hallo, Ingo, jemand zu Hause? Wer bist du eigentlich? Zunächst blickte ich lange ins Nichts. Wie in einen Brunnenschacht rief ich in die dunkle Tiefe: Hallo, ist da jemand? Und wenn ja, wer? Meistens kam noch nicht einmal ein Echo zurück. Was für eine frustrierende Angelegenheit! Der französische Schriftsteller und Philosoph Albert Camus meinte: »Um sich selbst zu erkennen, muss man handeln.«[12] Das schien dann auch mir ein möglicher Weg zu sein: sich selbst beobachten, bei dem was man tut. Wie denke, fühle, handle und verhalte ich mich? Und warum so und nicht anders? Der Leidensdruck war groß genug, ich hatte den ersten Schritt schon getan, und so setzte ich tatsächlich den mühsamen Weg zu mir selbst fort. Mein persönlicher Kassensturz ließ sich nicht länger verschieben, Prokrastination hin oder her. Ich wollte genau hinschauen und verstehen, wie sich mein Leben entwickelt hatte. Nur so konnte ich potenziell notwendige Veränderungen auch zulassen. Also nahm ich mein bisheriges Leben Stück für Stück unter die Lupe.

Mit mir kann man's ja machen...

Schon während meiner Kindheit und Jugend hatte ich die Kehrseite der Harmoniemedaille kennengelernt, mir war nur damals nicht bewusst, wie ich so leicht zum Opfer werden konnte. Ich hatte mich nicht gewehrt und wichtige Entscheidungen nicht getroffen, weil ich Angst vor möglichen Konflikten hatte. Und auch als junger

Erwachsener tappte ich immer wieder vollkommen ahnungslos in die gleichen Fallen. Erst der Rückblick zeigte mir deutlich, dass ich mit den Jahren nicht reifer und erwachsener wurde, sondern mein Problem immer weiter ausbaute. War mir nach meinem Abitur eigentlich klar, dass da draußen nun eine Welt wartete, die mich nicht ausnahmslos in Zuckerwatte packen würde? Keine Ahnung. Vielleicht half mir da mein angeborenes sonniges Gemüt. Außerdem hatte ich keine Wahl. Wie sollte ich in Zukunft Konfrontationen mit Menschen vermeiden? Dafür hätte ich mich als Eremit in eine Höhle zurückziehen müssen. Keine gute Option, wo ich doch die Menschen mochte und sie am liebsten alle gut unterhalten wollte. Eine Bühne ohne Zuschauer ist sinnlos. Also schlitterte ich mit Vollgas rein ins Vergnügen – im wahrsten Sinne des Wortes. Ich will ja nicht spoilern, nur eines kann ich verraten: Die Unterhaltungsbranche ist kein Ponyhof. Grenzenlose Harmonie gibt's heute höchstens noch bei Pilcher oder Lindström. Aber keine Sorge, ich hab mich nicht »durchgeschlagen« – davon hätte man vermutlich gehört ... *I did it my way. Nice and friendly.*

Grundsätzlich hatte ich ja mit meiner Nettigkeit gute Erfahrungen gemacht. Zumindest viel mehr als schlechte. Allerdings nur in meiner Seifenblase. Und weil mein Gehirn das alles so gut abgespeichert hatte, würde sich an mir und meiner »Art« natürlich auch nichts ändern. Warum auch? Ich glaube, niemand mit einem Nettigkeitssyndrom, der aus einer heilen und harmonischen Umgebung kommt, benimmt sich plötzlich wie ein tougher Typ, nur weil er an der New Yorker Wall Street arbeitet. Ich machte mir auf jeden Fall keine Gedanken darüber, dass mir vielleicht ein rauer Wind um die Nase wehen könnte oder ich auf unangenehme Widerstände treffen würde. Und schon gar nicht dachte ich darüber nach, wie ich damit dann umgehen würde. Ich war doch ein netter Kerl, ich konnte Kompromisse eingehen, und Harmonie war mein Spezialgebiet. Wie sollte es damit überhaupt schwierig werden? So dachte ich und stürzte mich erst mal Hals über Kopf rein ins Vergnügen.

Ich hatte mein Abi in der Tasche, und nun musste ich einerseits für meinen Lebensunterhalt sorgen, andererseits wollte ich meine Träume verwirklichen.

Und meine Wunschliste für eine Karriere im Showgeschäft war lang: Ich wollte auf die Bühne, ein eigenes Stand-up-Programm machen, Songs schreiben, Menschen mit Radio- und Fernsehshows unterhalten, als Schauspieler in Serien mitspielen und Musik machen. Im Rückblick hätte ein Facharzt wohl eine Art von Entertainment-ADHS diagnostizieren können. Eine totale Bedürfnis-Hyperaktivität. Ich hatte definitiv zu viele Pläne auf einmal.

Trotzdem: Ein Job mit Perspektive musste her. Aber mir fehlte der Fokus, und es gab keine geeignete Schublade, in die ich reinpasste. Genau genommen wollte ich auch in keine, ich wollte eben auf vielen Hochzeiten tanzen, hatte dabei aber keine Ahnung, wie ich strategisch am besten vorgehen sollte. Also preschte ich einfach drauflos. Wenn es um meine persönlichen Ziele ging, gab es für mich kein Halten. Da hatte ich wenig Hemmungen. Wahrscheinlich halfen mir hier meine Umzugserfahrungen. Probleme, auf fremde Menschen zuzugehen, hatte ich nicht. Einfach reingehen: Hallo, ich bin der Ingo! Also stiefelte ich aufs Bavaria-Filmgelände und klingelte buchstäblich an jeder Bürotür, um nach Rollen oder kleinen Jobs zu fragen. So bekam ich zwar keine Rolle, aber mein erstes Praktikum. Ich kochte Kaffee, sperrte Drehorte ab und hoffte, dort die Kontakte zu knüpfen, die mich am Ende vor die Linse bringen sollten. Bühne, Mikrofon, Scheinwerfer, Publikum. Die Zutaten für meinen Lebenstraum.

Ich wollte das Showgeschäft von der Pike auf lernen und natürlich einen guten Eindruck hinterlassen. Das konnte ich. Ich war der nette Ingo, der immer gerne mit anpackte und sich bei bester Laune für nichts zu schade war.

So machte ich zum Beispiel ein Kameravolontariat bei der Serie *Marienhof*, die nach dem Start zum ARD-Dauerbrenner avancierte. Doch während der Dreharbeiten dachte ich nur daran, dass ich selbst lieber vor als neben der Kamera stehen würde. Hier zeigen sich wohl schon erste Anzeichen von Frustanfälligkeit, wenn nicht alles so gut und schön lief, wie ich es mir erhofft hatte. Ich beobachtete die Schauspieler aus nächster Nähe und sog alles in mich auf wie ein Schwamm. Etwa wie sie sich ins Licht stellten und ihren Text durch Nuancen verändern konnten. Interessant war, welche Stars wirklich nett zum technischen Personal waren. Viele wussten, dass sie ein Kameramann ganz schnell sehr alt aussehen lassen kann. Lektion eins: Nettigkeit zahlte sich hier aus. Das hatte ich schon mal drauf! Nettigkeit kann aber mitunter auch lebensgefährlich sein. Das war mir damals freilich nicht bewusst, die folgende Geschichte zeigt aber ganz gut, wie wichtig es ist, klar seine Grenzen zu ziehen. Darin war ich gänzlich unbegabt.

Ich arbeitete als Produktionsfahrer für die Serie *Wildbach* in Österreich und kurvte den ganzen Tag Schauspieler durch die Gegend. Oft gab es spätabends dann noch Fahrten, bei denen das Filmmaterial von Tirol ins Kopierwerk nach München gebracht werden musste. Meist konnte ich vor Müdigkeit zwar kaum noch geradeaus gucken, nickte aber freundlich und düste los. Einer musste den Job ja machen. Bei Tempo 230 war der Sekundenschlaf mein treuester Beifahrer. Und das leider regelmäßig. Einmal wachte ich auf, als mein Wagen gerade über den Standstreifen in die Leitplanke zu rasen drohte. Ein anderes Mal riss es mich aus dem Schlaf, als in den Bayerischen Voralpen plötzlich Äste neben dem Fahrbahnrand auf meine Windschutzscheibe schlugen. Da wäre es doch tatsächlich mal an der Zeit gewesen, den Verantwortlichen einen anderen Fahrer ans Herz zu legen. Oder ich hätte beim nächsten Mal nach einem Zwölfstundentag einfach ebenso freundlich Nein sagen können. Hätte, wäre, könnte. Machte ich natürlich nicht. Ich fand Erklärungen und Entschuldigungen für die Kollegen, die einen Jungspund wie mich als Produktionsfahrer gefährlich lang ans Steuer setzten. Natürlich thematisierte ich meine »Nahtoderfahrungen« nicht an verantwortlicher Stelle. Das hätte für mich zu sehr nach einer Beschwerde geklungen und schlimmer noch, eine Diskussion nach sich gezogen, die ich in jedem Fall vermeiden wollte. Also fand ich lieber Entschuldigungen für die anderen. Das war viel leichter: Bei so einem Job gehören eben unglaublich lange Arbeitszeiten dazu. Das Material muss doch ins Kopierwerk! Und ich war der Held, der das nach seinem gesamten Tagewerk noch schaffte! Ich war stolz auf mich. Außerdem war das ja auch total nett von mir! Und überhaupt: Es ist ja nie etwas passiert. So jemand wie ich war ein Hauptgewinn. Belastbar, flexibel, anpassungsfähig, umgänglich. Ich erfüllte mühelos jede Stellenanforderung. Chronische Müdigkeit und Überstunden gehörten dazu, das war offenbar die Kröte, die ich schlucken musste, um im Showgeschäft dabei zu sein. Ich blieb stets freundlich, mit mir gab es keine Diskussionen. Mehr noch, mich konnte man sogar für Dinge verantwortlich machen, die ich gar nicht zu verantworten hatte. Mein Fahrerkollege hatte eine Fahrt versäumt, und ich wurde in Grund und Boden gestampft, obwohl ich diese Fahrt gar nicht auf meinem Zettel hatte. Gut, das hätte ich auch mal eben klarstellen können: Sorry, Leute, aber damit hab ich nichts zu tun! Nix dergleichen. Ich hielt die Klappe, lächelte und steckte ein. Andere beim Chef anzuschwärzen war für mich keine Option. Ich wollte schließlich mit meinen Kollegen auch weiterhin in Ruhe zusammenarbeiten. Ja, das ist schon eine ziemlich vertrackte Situation, wenn man immer nett sein will. Und mein ständiger Begleiter war immer mit dabei: die Arschkarte.

Der erste Frust

Ich wollte zum Film oder zumindest vor die Kamera, nun konnte ich reichlich lernen – und fühlte mich doch manchmal wie ein ausgebeuteter Praktikant, der nachts sein Leben auf der Autobahn riskierte. Musste das vielleicht immer so sein? Zwischendurch hegte ich die Hoffnung, entdeckt zu werden. Irgendjemand musste doch mal mitbekommen, dass ich ein junges Schauspieltalent war. Aber es tat sich nichts. Im Gegenteil, je mehr ich die Hand hob, umso uninteressanter wurde ich offenbar. Stattdessen konnten andere glänzen. Mein Kollege vom Fahrdienst schaffte es tatsächlich vor die Kamera und bekam eine kleine Rolle, was mich damals wahnsinnig ärgerte. Warum der und nicht ich? Mann, war ich frustriert! Und neidisch. Zwei Gefühle, die mich weder weiterbrachten noch motivierten, überhaupt beim Film zu bleiben. Was ich damals nicht wissen konnte: Frust und Neid, diese zwei kleinen Zecken begannen es sich bei mir gemütlich zu machen. Heute weiß ich, dass das wohl die ersten Folgeschäden von Konfliktvermeidung, Harmoniesucht und Nettigkeit waren. Meine ganze Energie hatte ich auf diesen Traum vom Film konzentriert. Und dafür sogar meine Band, Freunde und Freundin in Murnau vernachlässigt. Privatleben gab es damals so gut wie keines mehr. Manchmal fuhr ich nur für eine nächtliche Bandprobe über die Berge zurück nach Bayern. Und die heimischen Nächte in trauter Zweisamkeit wurden auch immer weniger. Wessen »Schuld« war das? Wurde ich ausgenutzt? Oder war ich zu schwach? Oder beides? Ich lebte nur noch für den Job, Partys gab es kaum. Außer kleine Feste beim Film, bei denen ich allerdings weniger feiern konnte. Der Fahrer fährt am Ende ja alle nüchtern nach Hause. Pech gehabt.

Doch das Opfer hatte sich aus meiner damaligen Sicht heraus nicht gelohnt. Ich ackerte und rieb mich von morgens bis nachts auf – ohne die gewünschte Belohnung: eine Rolle. Ich litt still und machte weiter. Für mein ersehntes Ziel hätte ich vielleicht in die Konfrontation gehen sollen. Meine Wünsche äußern und klar kommunizieren müssen. Diese Fähigkeiten gab es aber leider auch damals nicht bei ALDI im Angebot. Auf die Nerven gehen wollte ich niemandem. Und mit Niederlagen und Zurückweisung hatte ich null Erfahrung. Stattdessen haderte ich mit mir. Hielt mich für zu schlecht, zu dumm, zu dick – was auch immer. Beleidigt und gekränkt zog ich mich immer öfter zurück.

Zeit für ein erstes Zwischenfazit:

Der nette Ingo war leichte Beute, mich konnte man bis zum Anschlag strapazieren, ich hielt den Mund und funktionierte. Prima für die anderen, ausgesprochen blöd für mich. Und mein Selbstbewusstsein schien auch nicht gerade so stabil zu sein, wie ich zu der Zeit annahm. Erkenntnisse, die ich damals hätte gut gebrauchen können. Nur wer um die 20 ist schon so reflektiert und introspektionsfähig? Mein Talent war die Verdrängung.

Auf dem Weg zum Workaholic

Ich hatte – ausgestattet mit eisernem Willen und Scheuklappen – mein berufliches Ziel verfolgt. Doch dieser Weg ins Filmgeschäft erschien mir zu diesem Zeitpunkt eine Sackgasse zu sein. Ich hatte bei meinen Praktika zwar eine Menge über das Showgeschäft und die Filmproduktion gelernt, aber das reichte mir nicht. Ich legte mir einen Plan B zurecht und nahm eine neue Abzweigung: eine Ausbildung beim Privatradio, ein anderthalbjähriges Volontariat bei Radio Oberland in Garmisch-Partenkirchen. Diese Stelle entpuppte sich als echter Segen. Dort konnte ich wirklich alles machen, was mein Herz begehrte: Nachrichten, Musiksendungen, Magazinbeiträge und sogar Radio-Comedy. Das machte richtig Laune. Auch wenn ich hierfür mal wieder mein komplettes Privatleben hintenanstellte, oft bis in die Nacht arbeitete und jeden Morgen – im Winter zum Teil mit den Schneeräumfahrzeugen – von Murnau aus 25 Kilometer zur Arbeit trampte. Ein Investment in meine Karriere, das sich bis heute auszahlt. Von den Nebenwirkungen habe ich allerdings auch bis heute etwas. Der Sender hatte kein Geld, und ich hätte natürlich auch niemals mehr als mein karges Volontärsgehalt eingefordert. Mein Lohn war die Arbeit: Ich konnte mich in allen Bereichen ausprobieren und einfach machen, was ich wollte. Und was getan werden musste. Bei der Wintersportberichterstattung okkupierte ich eine Kabine, die das ZDF als Kabellager verwendet hatte. Ich nahm das Autotelefon, das mir der Sender für die Berichterstattung zur Verfügung gestellt hatte, und kommentierte damit live das Weltcup-Geschehen. Wenn es um die Sache ging, machte ich keine Gefangenen. Alles oder nichts. Da war ich klar, zielorientiert und ging auch Risiken ein. Wie in diesem Fall, wieder aus der Kabine geworfen zu werden. Als sich die Tür plötzlich öffnete, schreckte ich zwar kurz hoch, ließ mir aber nichts anmerken. Mit einem freundlichen »Servus! Ich gucke hier nur!« hatte ich den Techniker beruhigt und machte fröhlich weiter. Da kam mir meine freie und experimentierfreudige Jugend sehr entgegen. Doch auch hier musste ich bei meinem Selbsterkenntnistrip feststellen, dass sich schon früh leichte Workaholic-Tendenzen abzeichneten. Ich ackerte von früh bis spät, vernachlässigte Freunde und Freundin, gönnte mir nur wenig Schlaf und sonstige Lebensfreuden. Mein Fokus war klar, voller Tatendrang arbeitete ich auf mein Ziel hin: die glitzernde Welt des Entertainments.

Im Haifischbecken

Mit Anfang 20 stürzte ich mich abenteuerlustig in jede neue Unternehmung. Noch während des Radiovolontariats ging ich zu meinem ersten Fernseh-Casting. RTL suchte einen Moderator, und ich war mir sicher, dass ich am Ende die Sendung bekommen würde. Was mich dabei so sicher machte, kann ich nicht sagen. Vielleicht war es meinen super Verdrängungskünsten geschuldet, die den üblen Filmfrust schnell ad acta gelegt hatten. Und, was soll ich sagen? Hat geklappt! Die Jugendtalkshow *Der HAIsse Stuhl* wurde 16 Folgen lang mit mir als Moderator für RTL produziert. Was mich heute zum Schmunzeln bringt, ist die Tatsache, dass meine Show eine war, in der Kinder einen Erwachsenen in die Mangel nehmen. Er oder sie nahm im Maul eines großen Haifisches auf der Bühne Platz. Den Erwachsenen gegenüber standen fünf angriffslustige Kinder und Jugendliche. Auch diese damals neue Variante des Talk-Klassikers *Der heiße Stuhl* setzte auf gezielte Konfrontation und Diskussionen, Streit war durchaus erwünscht. Hier sollte es krachen, und Kinder durften (nein, sie sollten sogar) ordentlich auf den Tisch hauen! Und das taten sie auch, da flogen mitunter die Fetzen. Sehr komisch, dass ausgerechnet ich hier Moderator war. Der aus dem »Kinder, wir wollen doch keinen Streit!«-Haushalt. Meine erste TV-Show war auf Krawall gebürstet! Ich finde, das ist Ironie des Schicksals. Als Harmonieprofi war ich wohl genau der Richtige. Den Erfolg musste ich mir auf jeden Fall erarbeiten. Es gab kein Moderationscoaching, ein intensives Training oder lange Proben. Ich als blutiger Anfänger sollte einfach da rausgehen und machen. Als Gitarrist hatte ich Bühnenerfahrung, auch beim Theater hatte ich gelernt, vor Publikum zu agieren, nur eine ganze Fernsehsendung moderieren? Zu Hause zerbrach ich mir den Kopf, wie ich dieses oder jenes angehen sollte und Texte formulieren könnte. Auch das ganze Drumherum war wahnsinnig aufregend. Da wuselten zig Leute um mich herum, die einen wollten dies, die anderen das. Und ich hatte immer die nächste Aufzeichnung im Blick. Was mich als jungen Moderationsneuling – ich hatte davor gerade mal ein paar Monate Radio gemacht – wirklich beflügelt hat, war das enorme Vertrauen der Verantwortlichen in meine Arbeit vor der Kamera. Und als ich das erste Mal vor das Publikum trat, hat mich auch dessen ganz besondere Energie durch die Aufzeichnungen getragen. *Go with the flow* heißt es heute oft, lass es fließen. Was das wirklich bedeutet, habe ich damals zum ersten Mal vor der Kamera gespürt. Bevor die erste Sendung ausgestrahlt wurde, sollten Pressefotos gemacht werden. Plötzlich stand ein Fotograf vor der Tür. Mit einem Plastikhai und einer grandiosen Idee: Ich sollte gemeinsam mit dem Hai in die Badewanne. Das erschien mir alles etwas komisch. Warum? Wo war hier der Sinn? Das musste wahrscheinlich so sein. *That's Entertainment!* Als Neuling im großen Fernsehgeschäft wollte ich nicht die Spaßbremse sein, geschweige denn unnötigen Stress machen. Also blieb ich nett und freundlich und lächelte in die Kamera, obwohl ich mich mit nacktem Oberkörper und Gummihai in einer Badewanne etwas befremdlich fühlte. Ich hielt – einmal mehr – still. Das Bild ist dann eigentlich ganz lustig geworden. Nur wirklich wohlgefühlt habe ich mich während dieses Shootings nicht. Aber was soll's, in diese Welt musste ich wohl einfach noch reinwachsen! Und so war ich auf dem besten Wege, noch netter zu werden. Der nette Ingo im Haifischbecken, das kannst du nicht erfinden. Es gibt kein besseres Bild für mein Fernsehdebüt! Diese Anekdote zeigt jedoch, dass sich entscheidende Faktoren weiter manifestierten: meine Nettigkeit und die Unfähigkeit, mich gegen Unangenehmes ordentlich zur Wehr zu setzen. Andererseits hatten mich aber mein Ehrgeiz und mein unerschütterliches Selbstvertrauen mal wieder einen großen Schritt weitergebracht.

Ich war an einem Etappenziel meiner Wünsche angekommen: Fernsehmoderator.

Höhenflug mit Absturz

Wir schrieben mittlerweile das Jahr 1994, und meine TV-Präsenz hatte den Vorteil, dass ich nun auch als Veranstaltungsmoderator für Galas, Messen, Musik- und Sportveranstaltungen gut zu tun hatte. Bühnen, auf denen ich weiter üben konnte. Meine Ausbildung führte mich vom Radio Oberland zu Charivari nach München, wo ich endlich auch als Moderator einer großen Morgenshow vor dem geliebten Mikrofon saß. Doch noch war ich nicht am Ziel. Das hieß: Bayern 3. Für mich die Königsklasse der Radiosender!

Weil aufgeben nicht mein Ding ist, schickte ich monatelang fröhlich Kassetten mit Ausschnitten meiner Arbeit an den dort zuständigen Programmdirektor. Hartnäckig sein, das konnte ich. Und plötzlich, nach rund fünf Monaten voller Absagen, erhielt ich einen Anruf mit der Bitte, im Bayerischen Rundfunk vorstellig zu werden. Ich ahnte Gutes und nahm den Termin gerne wahr.

Rückblickend sind mir drei Sätze in Erinnerung geblieben, die so oder so ähnlich meinen weiteren Weg ebneten: »Sie können nächste Woche bei uns anfangen. Ich biete Ihnen eine einwöchige Hospitanz an. Ein unbezahltes Praktikum.«

Ich überlegte keine Sekunde und sagte zu. Der nächste Montag war nur fünf Tage entfernt, jetzt musste ich das nur noch dem Geschäftsführer von Charivari mitteilen. Immerhin stand ich dort als Morgenmoderator im Dienstplan. Was sollte ich da sagen? Ich hatte hart auf die Moderation der Morningshow hingearbeitet. Kündigen könnte schlecht ankommen. Ich wusste, dass ich über meinen Schatten springen und das flaue Gefühl in meinem Magen überwinden musste. Enttäuschen wollte ich ihn auf keinen Fall, doch ich musste gehen, um meine Chance beim BR wahrzunehmen. Entweder, oder. Da gab es für mich keinen Kompromiss. Nur eine einwöchige Auszeit zu nehmen, daran hatte ich keine Sekunde lang gedacht. Ich war fest davon überzeugt, mich entscheiden zu müssen. Seltsam, oder? Mir fällt erst heute auf, dass da noch viel mehr Optionen im Raum waren, als ich auf dem Schirm hatte. Ähnlich hatte ich ja schon bei den Filmaufnahmen während des Abiturs agiert. Mit Konflikten aktiv umgehen, Möglichkeiten entdecken und Lösungen entspannt ausloten, das hatte ich eben nie gelernt. Ich kannte damals nur die eine Option, den klaren Cut: einen Senderwechsel. Ich klopfte beim Chef an und sagte freiheraus: »Ich habe ein Angebot von Bayern 3.« Da passierte, womit ich nicht gerechnet hätte: Er freute sich für mich, gratulierte und ließ mich gehen. Ohne Groll, mit guter Energie. Einfach so. Ich war sehr überrascht, meine berufliche Zukunft war gerettet, und auf der Fahrt nach Hause hatte ich ein Lächeln auf den Lippen. Erst mit dem Blick von heute wird mir klar, dass ich aus dieser ausgesprochen positiven Erfahrung hätte unzählige Male schöpfen können. Doch ich war genau diesen klaren Schritt in der Zukunft häufig nicht gegangen, aus Angst, am Ende als unkollegial oder »nicht nett« dazustehen. Da saß die Prägung wohl tiefer, und sie war mit dieser einen positiven Erfahrung nicht so leicht zu eliminieren gewesen.

Ich war endlich beim Bayerischen Rundfunk gelandet, meinem langjährigen Ziel. Doch hier lernte ich die für mich beruflich härteste Lektion. Ausgerechnet dann, als sich mein größter Kindertraum erfüllte. Wenn jemand Arbeit verteilte, hob ich die Hand. Umfragen, kleine Beiträge, ein kleines Comedy-Element – ich machte alles und alles sehr, sehr gerne. Irgendwann bekam ich endlich auch Geld für meine Arbeit.

Ich machte einen innerlichen Freudensprung. Und meine Laufbahn im Haus nahm nach meinem Engagement, das ich versuchte auf gleichem Niveau zu halten, für mich immer unglaublichere Formen an. Schnell wurde ich zum Produktmanager einer täglichen Jugendshow, moderierte Events und schließlich auch die legendäre Chartshow *Schlager der Woche*. Die Arbeit im Sender machte mir solche Freude, dass ich weiter fast rund um die Uhr arbeitete und jede neue Erfahrung mitnahm. Egal ob Konzertberichterstattung, Sondersendungen oder die Moderation von großen Live-Events, ich sagte weiter bei jeder Anfrage gerne zu. Und mein Privatleben schrumpfte immer weiter zusammen. Wenn ich als DJ in einer Großraumdiskothek auflegte, schnupperte ich mal ein wenig Nightlife. Doch meist ging ich nach dem Gig wieder nach Hause, da ich am nächsten Tag zur Arbeit musste. Oft hatte ich in einem Monat nur einen Tag frei, und den verbrachte ich dann gern mit Chips und Videos im Bett. Freizeit fand de facto nicht mehr statt. Diese (leider ungesunde) Einstellung machte mich vom unbezahlten Hospitanten innerhalb weniger Monate zum festen Mitglied des Teams. Mein Einsatz hatte sich ausgezahlt. Doch es zogen dunkle Wolken auf. Ich muss wie ein junges Wildpferd durch den Sender galoppiert sein, einige Kollegen wunderten sich wohl über diesen Grünschnabel, und sie beobachteten meine Entwicklung nicht ganz so positiv wie ich. Verständlich. Nur ich selbst bemerkte diese negativen Schwingungen nicht. Dass andere natürlich weniger Sendungen hatten, wenn da plötzlich ein anderer im Dienstplan stand, ist mir heute auch klar. Wie wichtig Empathie in solchen Momenten ist, hatte ich, gerade mal Mitte 20, noch nicht auf dem Schirm. Manche Kollegen boykottierten meine Ideen schlichtweg, indem sie zum Beispiel ein lange von mir vorbereitetes Interview einfach live auf Sendung als Gag im Schnelldurchlauf abspielten. Wie muss ich auf meine Kollegen gewirkt haben? Egoistisch und karrieregeil? Aber war ich das tatsächlich? Oder lebte ich einfach nur meinen Traum, ohne rechts und links zu schauen? Ich konzentrierte mich auf mein Ding, auf Konfrontationskurs wollte ich partout nicht gehen. Aber die Atmosphäre belastete und verletzte mich, ich fühlte mich unwohl und natürlich ungerecht behandelt. Mal wieder war ich beleidigt und gekränkt. Aber ich hielt die Klappe, weil ich Angst vor möglichen Folgen hatte. So gesellte sich zum Neid und Frust auch die Angst hinzu. Ebenfalls eine Begleiterscheinung von Harmoniesucht und Konfliktscheue. Am Ende machte ich mich mit Nachfragen oder Diskussionen noch angreifbarer. Ich steckte jede Attacke weg (dachte ich), ansonsten lief es ja gut, und ich konnte weiter bei Bayern 3 moderieren.

Das Unangenehme blendete ich aus.

Doch eines Tages bekam ich, am Ziel meiner Träume angekommen, die kälteste Dusche meines Arbeitslebens. Als im Sender der Programmdirektor wechselte, stand ich von einem Tag auf den anderen nämlich nicht mehr im Dienstplan.

Also bat ich um ein Gespräch. Ich war vor den Kopf gestoßen, sauer, ich fühlte mich für dumm verkauft. Blieb aber natürlich freundlich. Aber jetzt kam es noch dicker, denn der Programmdirektor warf mir vor, ja gar keinen Studienabschluss zu haben und kein Journalist zu sein. Ich hielt vorsichtig und im Rahmen meiner harmonischen Möglichkeiten dagegen und erklärte, dass ich ja schon eine gefühlte Ewigkeit als Produktmanager einer täglichen dreistündigen Sendung aktiv war, zudem als Moderator dauernd im Einsatz. Außerdem hatte ich dank der vielen Arbeit ja gar keine Zeit mehr für mein Studium.

Er meinte, er habe sich mein Gehalt angesehen und so viel hätte ich bei ihm nie verdient. Da war er wieder, mein Bauer-Moment im heißen Sommer. Zwei Tage schweißtreibende Arbeit für eine Mark. Mir fehlten die Worte. Und genau wie damals trottete ich davon. Ich stammelte noch etwas von »Ich habe ja auch viel gearbeitet« und ging mit tausend Fragezeichen im Kopf. Wie kommt der darauf? Was treibt den zu solchen Sätzen? Und überhaupt: War der erste Monat ohne Sendungen und Arbeitstage im Dienstplan wirklich ein Versehen gewesen? Hatte ich mich so sehr getäuscht? Am liebsten hätte ich meinen ganzen Frust rausgebrüllt, noch im Foyer des Senders. Hier war für mich nichts mehr zu holen.

Ich verließ einfach das Schlachtfeld. Geschlagen. Einer meiner furchtbarsten Momente. Mein Traum fiel wie ein Kartenhaus zusammen, und ich kapitulierte. Nach den wahren Gründen für diese Episode habe ich nie wirklich gefahndet. Im Rückblick war das ein Fehler. Ich traute mich nicht. War ich zu engagiert gewesen? Hätte ich kämpfen müssen? Die Konfrontation mit den Kollegen suchen müssen? Hätte ich diese Entwicklung früher erkennen und stoppen können? Ich war am Tiefpunkt. Was folgte, würde ich zwar nicht als depressive Phase bezeichnen, aber ich war schon schwer angeschlagen. Ich hing nur noch rum, gerne auch vor dem Fernseher, wo ich andere Kollegen um ihre Jobs beneidete und mich bemitleidete. Frust und schlechte Laune machten sich breit und keine Anstalten, wieder zu gehen. Ich tröstete mich mit gepflegten Fressorgien, was mir ja immer half, und gab mein ganzes gespartes Geld für mein »Lotterleben« aus. Ich ging gerne und oft essen, kaufte mir reichlich DVDs und ließ mich gehen. Ich versuchte einfach mal, mein Leben zu genießen, was mir aber nicht wirklich gelang. Die Arbeit war meine große Kraftquelle. Die Freude und das Glücksgefühl, das ich in ihr erlebt hatte, konnte ich damals in keinem anderen Bereich generieren. Und Zeit für eine eigene Band und Musik hatte ich aufgrund des Jobs schon lange nicht mehr gehabt. Eine fatale Entwicklung. Selbst für meine damalige Freundin, die es wirklich gut mit mir meinte, war ich nach zwei Monaten nicht mehr zu ertragen. Kein Wunder. Einen weiteren

Monat später zog ich aus. Nach mehreren WGs war ich in meiner ersten eigenen Wohnung, einem Zwei-Zimmer-Altbau-Traum angekommen. Und hier dämmerte es mir endlich: Du musst dein Leben wieder in den Griff bekommen.

Damals meinte ich mit »Leben« allerdings wohl eher die »Arbeit«. In meinem Privatleben passierte in der Folge genau das Gegenteil: Mit den Jahren ist es mir immer mehr entglitten.

Leben ohne Gefährtin

Wer möchte schon gerne mit einem Workaholic zusammen sein? Falls Sie Lust haben, begleiten Sie mich doch einfach auf eine kleine Zeitreise in meine Welt von Beziehung und Partnerschaft. Da wird einiges klar.

Ich war Mitte der Neunziger mal wieder allein. Mein Liebesleben gestaltete sich in dieser Phase meines Lebens ähnlich ereignisreich wie mein berufliches Dasein. Da lief nicht viel. Überhaupt hatte ich es in Sachen Liebe und Beziehung mit meiner Harmoniesucht und Konfliktscheue natürlich auch nicht leicht. Meine diesbezüglichen Vorbilder waren meine Eltern. Dass Paare auch größere Differenzen haben, sich auseinandersetzen und zusammenraufen müssen, kannte ich nicht. Meine Vorstellung von der eigenen Familie war ganz klassisch: verheiratet, Frau und Kind. Ich habe mich immer als Familienmensch gesehen, und unsere Familie war mein perfektes Vorbild. Natürlich. Perfekter ging es nicht.

So etwas wollte ich in jedem Fall auch haben. Genau so. Doch eine feste Beziehung und Kinder lagen in weiter Ferne. Sich in den verschiedenen Phasen meines Lebens mit der Frage nach dem Warum zu beschäftigen fiel mir nicht leicht. Ich wurde dabei schnell sehr melancholisch. Ich hatte es eben einfach nicht hingekriegt. Auch noch viele Jahre später mit über 40 stand ich allein da, es gab keine eigene Familie. Nicht mal eine kleine. Und schon gar keinen Nachwuchs. Dieser Realität ins Auge zu sehen machte mich schon in den Neunzigern niedergeschlagen. Dabei war das ein tiefer innerer Wunsch gewesen, den ich bereits zu Teenagerzeiten gehegt hatte. Einem, dem ich bei näherer Betrachtung allerdings weit weniger entschlossen gefolgt war als dem, es zum Rundfunk oder vor die Kamera zu schaffen. Doch auch hier konnte ich rückblickend Antworten finden, die mit mir und meiner Prägung zu tun hatten.

The first cut is the deepest ...

Meine erste richtige Freundin hatte ich mit 17 Jahren, eine Urlaubsbekanntschaft. Wir hatten uns in Spanien kennengelernt, in Lloret de Mar. Jenem Ort, der in den Achtzigern für deutsche Teenager sicher eines der Urlaubsziele war, an denen Spaß und Körperlichkeit ganz oben auf der Prioritätenliste stand. Gemeinsam mit meinem Freund Rolf machte ich eine Busreise in das spanische Ferien-Eldorado. Mein erster Urlaub ohne Eltern (mal abgesehen von dem Skifreizeitdesaster). Eine Reise mit vielen Begegnungen, die uns überraschten – was sehr vorsichtig formuliert ist. Eine derartige Hemmungslosigkeit der Annäherung wie in den Diskotheken vor Ort waren wir aus dem beschaulichen Murnau nicht gewohnt, ließen uns allerdings gerne drauf ein. Meine Bekanntschaft war schon 20, kam wie ich aus Bayern, und wir verliebten uns. Mir war mit meiner romantischen Vorstellung schnell klar: Wir heiraten, und dann kommt das volle Familienprogramm. Was in dem Urlaub jedenfalls für beide feststand: Wir wollten uns wiedersehen. Was auch gelang. Für mein Empfinden war das ja auch eine Verbindung mit Zukunft. Meine Eltern hatten nichts gegen ihren Besuch. Mit der wichtigsten Frage meiner Mutter hatte ich jedoch nicht gerechnet: »Wo soll sie denn schlafen?« Natürlich bei mir, dachte ich. Es musste aber das Gästezimmer sein, da gab es keine Diskussion. Und so fand ich mich damit ab, lieber nachts heimlich durchs Haus zu wandern, als dass sie mich gar nicht besuchen könnte. Ich genoss diese erste Liebe. Unsere Verbindung hielt einige sehr glückliche Monate. Nur auf Dauer erwies sich die Entfernung Schwaben–Oberbayern mit rund anderthalb bis zwei Stunden Fahrtzeit (und ich hatte gar kein Auto, geschweige denn einen Führerschein) als viel zu weit. Wir lebten uns auseinander. Und sie hatte, wie sie mir eines Tages plötzlich im Rahmen einer kleinen Meinungsverschiedenheit gestand, einen anderen geküsst. Für mich damals ein Drama, weil sich meine Träume mit einem Mal in Luft auflösten. Ich hatte uns schon gemeinsam alt werden sehen und war nun am Boden zerstört. Diesen Makel in meiner ersten Beziehung hätte ich auf Dauer nicht ertragen können. Die Trennung war der einzige Ausweg aus dieser Misere. Natürlich im Guten, harmonisch und mit den besten Wünschen verabschiedeten wir uns in Richtung Rest unseres Lebens. Ein Trauerspiel.

Warum kann es nicht einfach nur schön sein

Welch ein Glück, überraschenderweise konnte ich mich danach wieder verlieben! Bei einem Auftritt mit meiner Band – was sich auch in der Folge als perfekte Gelegenheit für neue Begegnungen erwies – passierte es. Nur Wochen später schwebte ich wieder auf Wolke sieben. Nicht wissend, dass der Kreislauf aus Verlieben, Zusammensein und Trennung noch einige Male auf mich zukommen würde.

Dabei wurde eigentlich immer ich verlassen. Beziehungsweise: Ich ließ mich verlassen. Schluss machen mit einer Freundin war für mich überhaupt nicht möglich. Da hätte ich ja in die Konfrontation gehen beziehungsweise nicht nett sein müssen. Es fiel mir generell schwer, überhaupt feste Partnerschaften einzugehen. Und wenn, dann waren das oft recht fragile Gebilde, die leicht zu zerbrechen drohten. Denn »an Beziehungen arbeiten« war so gar nicht meine Sache. Ich wollte Freude haben, viel Spaß und eine zwischenmenschliche Harmonie, die sich aus einer schier unendlich großen Liebe speist. Ingo im Glück. Verliebt war ich deshalb mitunter sehr schnell. Auch bis über beide Ohren. Verliebt zu sein ist in meiner Lesart sicher der schönste Zustand, den ein Mensch haben kann. Beziehungsweise den ich haben kann. Da schlagen meine Gefühle aus, und die Emotionen nehmen mich mit in höchste Gefühlsregionen. Wolke sieben schleudert mich auf eine wunderschöne kuschlige Achterbahnfahrt mit fantastischen Perspektiven auf das Leben. Das ist so lange toll, bis diese Achterbahnfahrt gestört wird. Das hatte bei mir böse Folgen.

Ein kleiner Blick, ein komisches Wort – alles konnte mich sofort aus der Fassung bringen und meine kleine heile Welt auf den Kopf stellen.

Dumm gelaufen

Die folgende Geschichte illustriert eindrucksvoll, was passiert, wenn kleine (vermeintliche) Unwuchten plötzlich große Konsequenzen nach sich ziehen.

Ich war Anfang 20 und wohnte immer noch allein zur Untermiete bei einer älteren Dame in Murnau unter dem Dach. Eines Abends kam ich mal wieder spät nachts von der Arbeit als Produktionsfahrer nach Hause und stutzte. An meiner Tür hing eine Tüte mit T-Shirts, Jeans und Unterwäsche. Gewaschen, gebügelt und gefaltet. Alles Kleidung, die ich bei meiner Freundin Tina einige Orte weiter deponiert hatte, um auch bei ihr frische Wäsche zu haben. Nun hing sie hier am Türknauf vor mir. In einer Plastiktüte. Ohne einen Brief oder eine Nachricht. Was sollte das denn? Ich war erst verwirrt und einen Moment später schon verärgert. Wie konnte sie nur auf so eine Weise unsere Beziehung beenden? Das empfand ich als sehr stillos. Hätte es da nicht bessere Wege gegeben? Nicht einmal ein paar erklärende Zeilen war ich ihr wert gewesen? Enttäuscht von diesem Ende stapfte ich mitsamt der Tüte in mein Zimmer, putzte die Zähne und ging todmüde ins Bett. Doch meine Gedanken waren hellwach und schlugen Purzelbäume. Schon wieder war eine Liebe am Ende. Zu dem Zeitpunkt vielleicht die dritte große Liebe meines Lebens. Woran hatte es nur diesmal gelegen? Gut, sie war rund zehn Jahre älter und hatte zwei Kinder. Ich, gerade mal 20 Jahre alt, hatte kaum eine Chance gehabt, die beiden richtig kennenzulernen. Wir waren erst einige Wochen zusammen gewesen. Wochen, die ich als glücklich empfunden hatte. Tina war eine spannende Frau, wir hatten uns nach einem unserer Konzerte mit der Rock'n'Roll-Band kennengelernt und schockverliebt. Bevor es nun richtig weitergehen sollte, war es nun plötzlich aus. Ohne Gespräch, ohne Erklärung und ohne eine zweite Chance für diese Liebe. Ich war am Boden zerstört. Zumindest kurz, dann übernahmen meine gedanklichen Reflexe das Regiment. Wenn eine Frau so mit mir Schluss machte, dann hätte das sowieso keine Zukunft gehabt. Wie soll das gehen? Die Tüte als Symbol offenbarte mir, wie verschieden wir doch waren. Das hätte nie auf Dauer klappen können. Wir hatten viele schöne Momente, verstanden uns prächtig, und ich hatte auch den Eindruck, dass sie eine wirklich intelligente

Frau war. Aber so – nicht mit mir. Da brauchte ich für mein inneres Gleichgewicht einen klaren Cut. Schluss, Aus und Ende. Da war jedes Hinterhertrauern fehl am Platz. So einer wollte ich nicht hinterhertelefonieren. Zumal das Anfang der Neunzigerjahre nun wirklich nicht ganz so einfach war. Ich hatte zwar ein Telefon auf meinem Zimmer, allerdings wie die meisten meiner Bekannten keinen Anrufbeantworter. Von der Vorstellung, mit einem Smartphone in der Tasche blitzschnell jeden Menschen auf dieser Welt per Videotelefon zu erreichen, waren wir da noch meilenweit entfernt. Wir schrieben uns noch Briefe und Postkarten statt SMS. Wer hip war, faxte. Ich hakte diese Beziehung ab. Schnell. Damit mein Innerstes wieder im Gleichklang war. Es hatte nicht gepasst, und die Trennung war gut, sagte ich mir. Da brauchte es keine tiefe Auseinandersetzung, denn die Lage war für mich sonnenklar. Ich war verärgert. Weil man sich so einfach nicht trennt. Das hatte ich anders gelernt. Dieser klare Cut, sinnbildlich in einer Tüte überbracht, schlug dem Fass den Boden aus. Wenn es denn Fehler gegeben hatte – und davon machte ich sicherlich einige –, dann hätte ich doch gerne darüber geredet. Wie sonst.

Nun werden Sie vielleicht denken: Wie, drüber reden? Das konnte der doch gar nicht! Stimmt. In meiner Welt wäre es auch keine klassische »erwachsene« Auseinandersetzung geworden. Ich hätte mir den Vorwurf angehört, eine Millisekunde abgewägt und mich dafür entschuldigt. Punkt. Und am Ende wäre alles wieder gut gewesen. »Wir wollen doch keinen Streit!« Was an meiner Tür hing, war kein Gesprächsangebot, das war eine Ansage. So suchte ich nicht den Dialog, sondern war vor den Kopf gestoßen und verärgert. Ich litt mal wieder still vor mich hin und tat das, was ich am besten konnte – verdrängen. Diese Art der »Auseinandersetzung«, egal auf welchen Gebieten, war in meinem Leben nie zielführend. Doch das stellte sich leider erst sehr viel später heraus. Da saß ich schon in der Falle und musste mich selbst befreien. Diese Beziehung war also nun vorbei. Und für mich war wenig später klar, dass dies der einzige Weg war, wie mein Leben weitergehen könnte: als Single. Was rückblickend auch eine schöne Zeit war. Aber eben nicht der Weisheit letzter Schluss. Denn meinen Familientraum gab es ja irgendwo tief in mir, ich hatte ihn nur anständig vergraben.

Tina sah ich nach unserer überraschenden Trennung jahrelang nicht wieder. Ich war viel unterwegs, arbeitete auch im Ausland und war selten im bayerischen Oberland. Doch rund zwei Jahre nach dem Abend mit der Tüte an der Tür passierte es. Ich war mal wieder allein im Nachtleben unterwegs, als ich sie plötzlich auf einem Barhocker sitzen sah. Sie lachte mich an, und ich lächelte unsicher zurück. O Gott, was nun? Ich dachte mir sofort, jetzt stelle ich sie zur Rede! Kühne Idee. Doch diese Konfrontation war für mich natürlich nur ein Gedankenspiel. Ich ging nicht mal auf sie zu, ich wäre an einer wie auch immer gearteten Diskussion ja nicht vorbeigekommen. Also untertauchen, weiträumiges Umschiffen. Doch als ich verstohlen in ihre Richtung blickte, staunte ich nicht schlecht. Sie stand auf, ging auf mich zu und grüßte mit einem freundlichen »Hallo«. Was sollte ich dazu nur sagen? Ich grüßte zurück, und noch ehe ich in Ruhe überlegen konnte, wie sich mein nächster Satz gestalten sollte, platzte es aus mir heraus: »Schon wirklich blöd, wie du damals mit mir Schluss gemacht hast.« Bumm, das saß und sollte offenbar raus. Ich musste diesen Vorwurf adressieren und erwartete nun die längst fällige Entschuldigung. So wollte ich mein inneres Gleichgewicht mit der Brechstange wieder herstellen. Doch ich wartete vergeblich.

»Was meinst du?«, fragte Tina.

»Na, du hast mir einfach die Tüte mit meiner Wäsche an die Tür gehängt. Ohne Nachricht. Ein blödes Ende. Wir haben uns doch ganz gut verstanden.«

Sie lachte, was mir echt unpassend erschien. Was war daran so lustig? Aber die Erklärung folgte.

»Du hast gesagt, immer wenn du deine Sachen brauchst, sind die bei mir. Deshalb habe ich sie gewaschen und vorbeigebracht. Falls du sie mal wieder brauchst. Du warst nicht da, ich musste schnell wieder nach Hause, da habe ich sie dir einfach an die Tür gehängt.«

Ja, was sollte ich dazu sagen? Sorry, mein Fehler? Ich versank vor Scham fast in den Discoboden.

»Das habe ich ganz anders interpretiert.«

»Jetzt verstehe ich auch, warum du dich nie mehr gemeldet hast«, sagte sie.

»Das, ähm, tut mir sehr leid«, entgegnete ich.

»Das sollte es auch«, lachte Tina und akzeptierte meine Entschuldigung. Mir war es unendlich peinlich, doch mir fiel in diesem Moment ein Stein vom Herzen. Wir nahmen uns in den Arm, drückten uns und redeten. Sie hatte damals wohl mehrfach bei mir angerufen, mich nie erreicht und schließlich ihre Versuche eingestellt. (Da hätte sich die Anschaffung eines Anrufbeantworters wirklich gelohnt.) An dem Abend waren wir wieder mit uns im Reinen. Doch sie war in einer glücklichen neuen Verbindung und auch ich mal wieder sehr verliebt – in eine andere. Meine Single-Phase hatte nicht besonders lange angehalten. Doch wir haben uns danach noch einige Briefe geschrieben, bevor wir uns endgültig aus den Augen verloren.

Bis zum bitteren Ende?

Schlussmachen hatte ich von meiner Agenda gestrichen. Das konnte ich einfach nicht. Also entwickelte ich unbewusst eine spezielle Strategie, damit ich diese undankbare Aufgabe nicht erfüllen musste.

Ich benahm mich einfach über längere Zeit so, dass es am Ende für meine Freundin keinen anderen Weg mehr gab, als sich von mir zu trennen. Wenn Beziehungsarbeit anklopfte, zog ich mich blitzschnell fast unmerklich zurück. Die Auflösung konnte beginnen. Geräuschlos, schmerzfrei, konfrontationsarm. Ich rief weniger an, hatte kaum Zeit, und bei jedem Treffen spürte mein Gegenüber schon eine angespannte Grundstimmung. Das Ende kam dann von ganz allein. Nicht zur Nachahmung empfohlen! Schlussmachen war für jemanden wie mich der ultimative Albtraum, ich wollte niemanden traurig machen oder lange Diskussionen führen. Wie befreiend es war, ehrlich zu sagen »Ich liebe dich nicht mehr«, erlebte ich erst Jahre später. Trotzdem fiel es mir auch danach schwer, wenn nötig, den Schlussstrich zu ziehen. Ich bin da sehr romantisch veranlagt und glaube immer an eine glückliche Fügung, die alles wieder ins Reine bringt. Die Harmoniefee fliegt vorbei und löst den bösen Streit in Luft auf. Schöne Vorstellung. Doch dem war natürlich nie so. Irgendwann war meist endgültig vorbei, was sich schon länger andeutete. Ich war jedes Mal aufs Neue geknickt und niedergeschlagen. Was mich danach wieder aus dem emotionalen Tief holte, war der feste Glaube, dass es in der neuen Verbindung nur schöner werden könnte. Und das war es anfangs natürlich auch immer. Doch den entscheidenden Schritt in Richtung eigene Familie konnte ich nie gehen. Mich bremsten Ängste, Zweifel und der Wunsch nach der perfekten Familie, die ich aus meiner Kindheit so in Erinnerung hatte. Diese Messlatte war zu hoch, ihr konnte keine Verbindung standhalten. Also machte ich mich jedes Mal durch die Hintertür davon. Natürlich nicht vorsätzlich, das alles ist mir erst sehr viel später bewusst geworden. Damals funktionierte ich so – und es funktionierte. Zu viel Nähe machte mir in solchen Phasen Angst. Obwohl ich Nähe sehr genossen habe. Auf der einen Seite stand der Wunsch nach dem Größten, was für mich die Liebe hergab: der eigenen Familie. Auf der anderen Seite trieb mich eine Angst vor zu viel Nähe und der ultimativen Verpflichtung in die entgegengesetzte Richtung. Vielleicht eine Altlast der vielen Bindungen, die ich immer wieder lösen musste. Verantwortung übernehmen war meine Sache nicht. Wenn ich früher Freundschaften hatte, musste ich dafür keine Verantwortung übernehmen. Irgendwann stand der Umzugswagen vor der Tür – und ich war wieder weg. Neues Spiel, neues Glück. Bis ich wirklich reif für eine Beziehung war, das wahre Glück finden sollte und Verantwortung übernahm, dauerte es noch. Aber wir wissen alle: Das Beste kommt häufig zum Schluss.

Auf Augenhöhe

Beim kleinen Reigen meiner ganz persönlichen »Liebesgeschichten« könnte Ihnen etwas aufgefallen sein: dieses schon beschriebene »Ambivalenzproblem«. Richtig! Da bekommt das Bild des Menschen, den man liebt, einen kleinen Kratzer, und schon gerät das große Ganze ins Wanken.

Ein falsches Wort beziehungsweise ein winziges Fehlverhalten führte zu einer inneren emotionalen Zwiespältigkeit, mit der ich nicht umgehen konnte. Daher ist das Aushalten von Ambivalenz gerade in Beziehungen natürlich das A und O. Beziehungen und Partnerinnen können nicht immer perfekt sein, da musst du auch mal mit Unwuchten leben können, ohne dass gleich *alles* infrage gestellt wird. Und natürlich können wir selbst auch nicht immer nett sein, wir müssen schon in Kauf nehmen, dass unsere Liebsten uns auch mal doof finden oder von uns enttäuscht sind. Und das müssen wir auch aushalten können. Wenn wir also unsere Liebesbeziehungen betrachten, können wir gut erkennen, welchen Part wir »Netten« dabei gerade einnehmen.

Oder sogar immer schon innehatten. Es gibt nicht wenige Menschen (meistens Frauen), die mit diesem Kümmer-Gen ausgestattet sind und das auch in ihren Beziehungen praktizieren. (Männer machen das auch, nur offensichtlich seltener.) Da werden immer zuerst die Wünsche der Partner erfüllt beziehungsweise deren Bedürfnisse befriedigt. Häufig sind es ganz banale Dinge: Essenswünsche, welchen Film wir im Kino anschauen oder was am Wochenende ansteht. Und weil das so schön konfliktfrei über die Bühne geht, wird das alles zur Gewohnheit. Bis einer von beiden vergessen hat, was er wirklich will. Nudeln? Oder doch lieber Reis? Italiener oder Chinese? Liebesfilm oder den Psychothriller? Ein Kurztrip an die See oder lieber Wandern in den Bergen? Da sich viele Menschen das selbst gar nicht mehr fragen, sondern einfach gleich (mit-)machen, was der Partner oder die Partnerin vorschlägt, geht das Gespür für die tiefen inneren Bedürfnisse immer mehr verloren. Und wenn er dann mal intensiv in sich hineinhorcht, ist da nichts. Und die simpelste Variante lautet: »Ach, mir ist das egal.« Oder ihre Alternative: »Mir ist alles recht. Wie du willst. Ich finde beides gut.« Solche Sätze sind typisch für nette Menschen. So kannst du es den anderen prima recht machen und musst keine (vermeintlich) unangenehme Diskussion führen. Leider werden so aber keine eigenen Wünsche erfüllt, das Ergebnis sind Unzufriedenheit und Frust. Da gerät dann schnell ein ganzes Beziehungskonstrukt in Schieflage. Denn der andere (mit seinen Wünschen und Bedürfnissen) ist immer wichtiger und hat Vorrang. Dabei muss uns Netten klar sein, dass wir diejenigen sind, die mit unserem Verhalten erheblich zu dieser Unwucht beitragen. Wir können unseren Partnern keinen Vorwurf machen, wenn sie sich gut fühlen, weil wir uns immer so nett um sie kümmern und ihre Wünsche erfüllen. Konfliktscheue in der Partnerschaft ist ein echt brisantes Thema – wenn Sie es so praktizieren, wie ich es lange tat. Stellen Sie sich mal vor, Sie sind in Ihrer Ehe oder Beziehung unglücklich. Sie müssten eigentlich in die Auseinandersetzung gehen und Dinge offen ansprechen, damit sie die Probleme auch lösen können. Notfalls müssten Sie sich vielleicht sogar trennen. Aber wie sollte das gehen? Sie sind eben ein netter Mensch, der es gerne schön harmonisch hat und niemandem auf die Füße treten will. Da gibt es nur zwei Möglichkeiten: einfach weitermachen und hoffen, dass alles gut wird. Keine gute Möglichkeit, wie ich heute finde. Oder Sie ziehen sich langsam zurück und hoffen, dass die Partnerin irgendwann die Nase voll hat und die erlösenden Worte ausspricht: »Ich glaube, es ist besser, wir trennen uns.« Eine Möglichkeit, die ich gern genutzt habe. Allerdings auch keine gute. Eine Beziehung oder Partnerschaft auf Augenhöhe ist nur mit Konfliktfähigkeit möglich. Wir müssen unsere Belange thematisieren und auch durchsetzen. Immer den Kürzeren zu ziehen, weil wir Streit vermeiden möchten, ist auf Dauer keine Lösung. Ich weiß, wovon ich spreche ...

Neustart!

Zurück ins Jahr 1997, in dem ich gegen Jahresende ordentlich durchhing. Und irgendwann war auch das in der BR-Zeit Gesparte weg. Mein finanzieller Rahmen wurde kleiner. Nun musste ich den Hintern hochkriegen. Ich musste und ich wollte. Es war oft so in meinem Leben, dass ich gerade unter Druck zur Höchstform auflief. Durchschütteln, aufrichten und weitermarschieren, zu neuen Zielen. In solchen Momenten mobilisierte ich ungeahnte Energien, die mir Kraft gaben, neue Wege zu gehen und über meinen Schatten zu springen. Das Arbeitsende bei Bayern 3 war nicht gerade optimal über die Bühne gegangen, doch für die vielen Erfahrungen bin ich dem Bayrischen Rundfunk ewig dankbar.

Durch das Ende meiner Radiokarriere ergaben sich neue Möglichkeiten, die mich am Ende zum ZDF führten. Doch der Reihe nach. Zunächst nahm ich mein Studium wieder auf. Was ich wohl nie getan hätte, wenn ich weiter Radio gemacht hätte. Studiert hatte ich letztendlich nur, um irgendwann ein Diplom in der Tasche zu haben. Nun begannen zweieinhalb umtriebige Jahre, die mich zurück zum Fernsehen und wieder an die Münchner Uni führten. Ich studierte weiter Journalistik und die Kurse in Kommunikationswissenschaft, Politik, Soziologie sowie Psychologie stellte ich mir so zusammen, dass es zum Rest meiner vollen Tage passte. Ich übernahm munter Gastrollen in Film- und Fernsehproduktionen und moderierte diverse Magazine bei RTL und tm3. In diese Zeit fiel auch das Casting von Herrn Elstner, der von Zeit zu Zeit immer mal wieder Talente sichtete. Auch ich bekam eine Einladung. Der Rest ist Geschichte. Seiner Meinung nach war ich zu nett. Ich hörte nichts mehr. Was nicht weiter schlimm war, ich hatte ja mittlerweile genug um die Ohren. Jobs als Synchronsprecher und als Sprecher für Werbung sowie ein tägliches Business-TV-Format, das ich ein, zwei Wochen im Monat bei der *Bavaria Film Interactive* moderierte. Eine dreißigminütige Live-Sendung, morgens um 7.30 Uhr. So konnte ich meine anderen Jobs wunderbar danach noch wahrnehmen. Da war viel los. Doch was war ich denn nun? Journalist, Schauspieler, Moderator oder doch Musiker – gerade ohne Band? Diese Frage sollte mich lange begleiten und später auch für innere Unzufriedenheit sorgen. Zu viel, zu unklar, zu undifferenziert?

Da sag ich nicht Nein

Zunächst einmal begab ich mich in die Welt der Schauspielerei. Nach meinem Frusterlebnis fünf Jahre zuvor hatte ich nun die Gelegenheit, endlich mit Freude zu spielen. Am Set war ich ein umgänglicher Zeitgenosse, ein netter Kerl, der keinen Grund zur Beschwerde hatte. Mir machten meine ersten Schauspieleinsätze unfassbar viel Spaß. Denn eines meiner unendlich vielen Etappenziele war erreicht. Ich konnte mir meine Rollen natürlich nicht aussuchen und nahm alles, was ich kriegen konnte. Und da gab es dann eben auch ein paar Einsätze, die so gar nicht meiner heilen friedlichen Welt entsprachen und bei denen ich manchmal die Hosen gestrichen voll hatte. Ich war ja nicht Chuck Norris oder Bruce Willis. Und so wäre ich bei einem meiner ersten Schauspieljobs am liebsten sofort geflüchtet. Ich war für den ZDF-Klassiker *Aktenzeichen XY ... ungelöst* engagiert worden und sollte den Anführer einer Räuberbande spielen (was ich in dieser Reihe übrigens öfter tat). Der nette Typ von nebenan als Bösewicht. Gut, das würde ich hinbekommen, mit einer Pumpgun wild um mich schießen, das machte mir Laune. Da hatte ich allerdings das Kleingedruckte nicht gelesen. Vor der entscheidenden Szene kam der Regisseur zu mir und erklärte lapidar: »Ingo, du sitzt auf dem Beifahrersitz. Die Autos rasen aufeinander zu, du lehnst dich aus dem Fenster und feuerst auf den anderen Wagen.« Mir rutschte schlagartig das Herz in die Hose. Ich sollte im offenen Autofenster hängend schießen, zwischendurch die Pumpgun durchladen und weiterfeuern. Bei voller Fahrt. Was für den Fahrer unseres Wagens erschwerend hinzukam: Die Autos sollten sich erst in letzter Sekunde ausweichen. Ich wäre am liebsten auf der Stelle nach Hause gegangen. Was ich natürlich nicht tat. Dagegen war ein Fotoshooting halb nackt in der Badewanne mit einem Plastikhai ja nun wirklich lächerlich. Auch hier schluckte ich und stieg mit weichen Knien in das Auto. »Ihr fahrt beide nach rechts«, wies der Regisseur die Fahrer an, »das ist wichtig!« Ich überlegte kurz und dachte, dass das in meinem Fall, mit dem Oberkörper in der Luft hängend, wohl überlebenswichtig wäre. Mir ging die Muffe. Klar war, dass es auf dem Filmset keinen Platz für große Diskussionen gab, besonders nicht mit einem Newcomer wie mir. Leider saß neben mir kein ausgebildeter Stuntfahrer, das hätte meinen Blutdruck vielleicht etwas gesenkt. Der Kollege stand sonst im Berliner Schillertheater auf der Bühne. Ein Profi ja, aber als Schauspieler. Dennoch fragte ich ihn, als wir bereits im Wagen saßen: »Du hast so etwas schon mal gemacht, oder?« In der Hoffnung, es würde ein cooles »Klar, schon hundertmal« kommen. »Nein.« Kurz und knapp. Dieses kleine Wörtchen reichte mir zu erkennen, dass ihm bei dieser Szene auch etwas mulmig war. Super, zwei Angsthasen als Actionhelden. Und nun die entscheidende Frage: Kann man in so einer Situation aussteigen und sagen: Hey, Leute, sorry, aber das ist mir echt zu gefährlich! Zumal es mitten in der Nacht war und sich Entfernungen in der Dunkelheit, trotz Scheinwerferlicht, noch schwerer abschätzen ließen. Könnte man schon. Ich tat es natürlich nicht. Zum Glück konnten wir üben. Die beiden Fahrer tasteten sich langsam heran, und ich begann allmählich, meinen Colt-Seavers-Moment zu genießen. Als Kinder hatten wir Szenen aus der Fernsehserie *Ein Colt für alle Fälle* nachgespielt. Jetzt hing ich »in echt« über der Straße und schoss um mein Leben. Was mir wirklich Spaß machte, es war wie Räuber und Gendarm spielen. Dass ich dabei mein Schicksal in die Hände eines Kollegen legte, wurde mir erst sehr viel später bewusst.

Vor der Kamera und auf der Bühne machte ich so einige Dinge, die ich privat sicher nicht gemacht hätte. Da geht's mir nur ums Publikum, da werden Ängste ausgeschaltet, und das Adrenalin übernimmt. Ich ließ mir schon eine Tigerpython um den Hals legen oder hielt einen Weißkopfseeadler auf dem Arm – der seinem Besitzer fast die Nase abgehackt hätte. Man setzte mir eine Vogelspinne auf die Hand, obwohl ich mich vor Spinnen jeglicher Art ekele. Ich kletterte an Steilhängen rum, fuhr mit Rollerskates über große Rampen und ließ mich vom deutschen Eishockeymeister an der Bande checken. Neben leichten Kratzern und kleinen Stauchungen ist mir nie etwas passiert. Alles Kollateralschäden. Egal, ich wollte es so – und bei jedem Job das Maximum rausholen.

Hauptsache spielen, sprechen, moderieren – jeder Drehtag finanzierte mir mein Journalistikstudium. Ich war immer einsatzbereit – und selbst wenn mir etwas total gegen den Strich ging: Ich machte die Faust in der Tasche, Augen zu und durch. Ich wollte andere nicht enttäuschen, vermied jede unangenehme Auseinandersetzung und wollte keine Konflikte provozieren. Den Preis dafür zahlte nur einer: Ich.

Dieses Phänomen kennen viele meiner »Leidensgenossen«. Sie beklagen sich, dass andere unsere Nettigkeit und Freundlichkeit viel zu oft ausnutzen. Ich finde, dass es nicht ganz so einfach ist. Dazu gehören immer zwei.

Wir können nicht erwarten, dass die anderen merken, wenn wir etwas nicht wollen, freudestrahlend Ja sagen und uns mit Verve ins Vergnügen stürzen. Grenzen müssen wir schon selbst setzen. Also stellt sich in solchen Momenten eine Frage immer wieder neu: Werde ich gerade ausgenutzt oder muss ich mir an die eigene Nase fassen? Wenn jemand unsere Gutmütigkeit »nutzt«, um einen Vorteil zu erlangen, ist das erst mal okay. Machen Menschen ja gerne. Auch ich nehme trotz meiner Ängste Spinnen auf die Hand, damit es spektakuläre Bilder gibt. Ich mache bei dem größten Mist mit, und andere sind happy, weil die Sendezeit mit tollen Themen gefüllt wird. Auch in unserem ganz normalen Alltag wimmelt es von diesen Situationen.

Wünsche und Bitten werden an uns herangetragen. Anderen helfen, sie entlasten, ihnen einen Gefallen tun ist eine schöne Sache. Nur zu welchem Preis? Das Gefühl des Ausgenutztwerdens entsteht dann, wenn die Bitte (oder Forderung) der anderen unseren eigenen Wünschen entgegensteht. Und das ist höchst individuell, weil es die Bedürfnisse und Wünsche eines Einzelnen auch sind. Der eine fühlt sich schon ausgenutzt, wenn die Kollegin ihn nach Feierabend bittet, sie mitzunehmen, weil das nämlich einen kleinen Umweg erfordert. Die andere fühlt sich erst dann ausgenutzt, wenn sie jahrelang den Vater gepflegt hat und dann im Testament nicht bedacht wird. Noch schlimmer ist es, wenn nicht nur unsere Gutmütigkeit und Freundlichkeit ausgenutzt werden, sondern tiefe Zuneigung. Wenn wir jemanden lieben, tun wir alles. Aber wenn dieser Jemand genau das für sich »nutzt«, wird es gefährlich. Wir sollten also in uns hineinhorchen und schauen, wo unsere Wohlfühlgrenze ist. Ab wann wird der Gefallen für mich zur Belastung? Wirklich auf seine Gefühle zu hören ist hier ein sehr guter Wegweiser. Wir tragen dafür Sorge, dass es uns gut geht und schlechte Gefühle keine Chance haben. Klar, es gibt diese Menschen, die uns Nette wie kleine Trüffelschweine aufspüren, aber am Ende liegt es in unserer Hand. Wir allein sind dafür verantwortlich, was wir tun oder nicht. Wann ein wohlüberlegtes Nein für unser eigenes Wohlbefinden besser ist als ein schnelles Ja.

Von wegen Work-Life-Balance

Als Nächstes stand mein Universitätsabschluss auf meiner Agenda, den ich im Juli 2000 auch bekam. Die formale Bestätigung, dass ich das war, als was ich mich nach meinem Volontariat beim Radio schon lange bezeichnete: Journalist. Den Abschluss habe ich mir hart erkämpft. Ich war längst in Diensten von RTL, machte Business-TV, und für die Abschlussarbeit fehlte eigentlich die Zeit. Eines Tages fasste ich mir ein Herz: Ich reichte innerhalb weniger Wochen meine gesamten fehlenden Hausarbeiten nach, bekam die nötigen Scheine und meldete mich gerade noch rechtzeitig zur Diplomprüfung an. Ich gab pünktlich ab und konnte meine abschließenden Prüfungen machen. Wie ich das genau geschafft habe, kann ich heute gar nicht mehr sagen. Aber Prokrastinationsfähigkeit ist scheinbar nicht nur schlecht. Auf den letzten Drücker konnte ich reichlich ungeahnte Energiereserven mobilisieren. Ich hoffte, dass ich mich nun mit dieser amtlichen Bestätigung langfristig in diesem Beruf würde bewegen können. Das sollte mir Sicherheit geben. Würde aber, wie wir noch feststellen werden, auch zu einer gewissen Unsicherheit führen.

Wie es das Schicksal wollte, begann nach meinem Studium fast auf die Minute genau ein neuer, für mich entscheidender Lebensabschnitt: meine Zeit beim ZDF. Der Übergang war nahtlos, ein ganz besonderer Flow. Schicksal oder doch harte Arbeit? Der Weg, der dieses nächste Kapitel öffnete, war mühsam gewesen. Heute weiß ich: Wenn es darum ging, meine Ziele zu verfolgen, war ich bereit, Opfer zu bringen. Verdammt viele. Ich stürzte mich in Angebote und Arbeit und vernachlässigte mich und meine Bedürfnisse teilweise radikal. Ich wurde oft belächelt und musste mich mühsam von einem Job zum nächsten kämpfen. Fühlte ich mich benachteiligt, zog ich mich beleidigt und gekränkt zurück. Ging mir etwas gegen den Strich, schwieg ich und schluckte jede noch so dicke Kröte. Hätte ich damals schon die Notbremse ziehen müssen? Innehalten oder weitermachen? Meine Entscheidung war immer klar: weitermachen. Für meine Träume. Zumindest beruflich war ich auf Zielkurs. Doch mich und mein Privatleben hatte ich auf ein Minimum reduziert.

Ecken und Kanten

Vielleicht ist es nun mal an der Zeit, diese berühmt-berüchtigten Ecken und Kanten unter die Lupe zu nehmen. Was ist das eigentlich? Braucht man die und wenn ja, wozu?

Mir ist bei meinem Rückblick klar geworden, dass ich in vielen Momenten eindeutig zu wenig Widerstand gezeigt habe. Ich beschwerte mich nicht, hielt stattdessen die Klappe und ärgerte mich. Augen zu und durch.

Zu glatt, zu brav? »Nur eine Null hat keine Ecken und Kanten« habe ich mal gehört. Was soll das heißen? Da hat jemand angeblich Ecken und Kanten. Oder eben nicht. Doch was bedeutet das genau? Einerseits sind »Ecken und Kanten« schon negativ behaftet: Damit sind häufig Typen mit (angeblich) unangenehmen charakterlichen Eigenarten gemeint. Männer und Frauen, deren Verhalten nicht den Erwartungen entspricht. Sie sind streitbar und eigenwillig, nicht leicht im Umgang – dafür aber zumindest ehrlich. »Eckige« Menschen stehen für Individualität, Ehrlichkeit und Selbstverwirklichung. Wenn ich ehrlich bin und sage, was andere nicht erwarten oder ihnen nicht gefällt, komme ich unbequem, schwierig, zickig und anstrengend rüber? Wird uns das Nettsein möglichweise als die bessere Option verkauft? Und ist dann der Eckige-Kanten-Typ automatisch nicht nett? Ich glaube, so einfach ist das mal wieder nicht.

Wann ist jemand also angeblich eckig und kantig? Schauen wir uns ein Miteinander im Privatleben doch mal genauer an:

Drei befreundete Paare machen zusammen Urlaub. Das bedeutet Absprachen, Kompromisse finden, sich einigen. Natürlich geht das nicht immer, alle möchten ja einen harmonischen Urlaub miteinander verbringen. Und wie wir wissen, taugen Kompromisse nicht dazu, dass alle immer hundertprozentig zufrieden sind. Claudia ist genervt von Iris, die immer nur vegetarisch kochen will. Tom hat keine Lust, jeden Abend »Therapie« zu spielen, und Mona würde gerne mal was für sich allein machen. Aber keiner sagt etwas, alle machen die berühmte Faust in der Tasche und wissen insgeheim, dass es der erste und letzte gemeinsame Urlaub ist. Einer der sechs hingegen, Peter, ist im Gegensatz zu den anderen etwas »eckiger«. Er hat keine Lust auf eine Wanderung, er möchte abends kein Gemüse-Fondue machen, und er sagt auch ehrlich, dass Susanne nach dem Duschen doch bitte ihre Haare entfernen solle. Ja, das »stört« die Harmonie, denn Peters Ehrlichkeit führt zu Diskussionen. Aber im Prinzip macht Peter nur das, was die anderen auch gerne täten: seinen Mund auf. Ist Peter deshalb weniger nett? Zumindest sorgt er dafür, dass er nicht ständig Dinge tut, die er gar nicht machen möchte (wie die anderen). Und er ärgert sich auch nicht im Stillen und grollt, sodass er wahrscheinlich der Einzige ist, der am Ende nicht frustriert feststellen muss, dass es ein »Scheißurlaub« war.

Noch so ein Beispiel, das die Gemengelage zwischen Ecken, Kanten und der netten Fraktion illustriert:

Stellen wir uns eine Hausgemeinschaft vor. Im Erdgeschoss wohnt eine Familie mit zwei Kindern, die Wildermanns, und neben Kinderwagen und Tretrollern, die kreuz und quer in der Gegend rumstehen, sammeln sich vor deren Haustür auch allerlei Stöcke, Gummistiefel und andere Utensilien an. Frau Schmidt zwängt sich regelmäßig an dem ganzen Zeug vorbei, mehrfach ist sie schon gestolpert, vor allem, wenn unerwartet im Hausflur das Licht ausging. Dann lauern da gefährliche Fallen. Doch Frau Schmidt sagt nichts. Sie geht in ihre Wohnung und flucht. Es ärgert sie wahnsinnig, tagein, tagaus. Aber wenn sie die Familie trifft, ist sie immer nett und freundlich. Kein Mensch würde ahnen, dass Frau Schmidt mittlerweile schon aus der Haut fahren könnte, wenn sie die ganze Bagage nur sieht. Mehrfach hat sie sich schon vorgestellt, wie es wäre, wenn sie die Wildermanns einfach mal auf das Chaos ansprechen würde. Aber das Gedankenspiel endet schnell. Denn Frau Schmidt möchte nicht als kinderfeindlich, spießig oder unfreundlich rüberkommen. (Was sie auch nicht ist.) Außerdem möchte sie ein gutes Verhältnis mit den Wildermanns, Frieden im Haus und um Himmels willen keinen Streit mit den Nachbarn. Dafür nimmt sie schlechte Gefühle in Kauf. Frust, Wut, Ohnmacht. Laut Ecken-und-Kanten-Definition ist Frau Schmidt a) nicht ehrlich und b) setzt sie ihre eigenen Belange nicht durch. Sie nimmt keine Rücksicht auf ihre Bedürfnisse: Angst zu stürzen zum Beispiel. Stattdessen ärgert sie sich täglich, was ihr Wohlbefinden erheblich beeinträchtigt. Was würde der Ecken-und-Kanten-Typ machen? Wahrscheinlich stellen sich die meisten diesen unfreundlich vor. Ein schlecht gelaunter motzender Typ, der die Kinder zusammenscheißt. Und den Eltern Vorwürfe vor die Füße knallt. Wieso denken wir das? Weil auch da die negativen Begleiterscheinungen gleich mitgeliefert werden: Angeblich ist der »Eckige« empathie- und taktlos. Echt? So ein Blödsinn. Der Ecken-und-Kanten-Typ muss nicht das Gegenteil eines netten Menschen sein. Kann ich nicht auch freundlich ganz offen meine Belange durchsetzen? Natürlich kann ich das:

»Liebe Familie Wildermann, könnten Sie vielleicht Ihre Sachen ein wenig zusammenräumen, ich bin schon mehrfach gestolpert und habe einfach Angst zu stürzen. Das wäre sehr nett von Ihnen, vielen Dank.«

Und beim nächsten Mal bringen wir den Kindern ein paar Gummibärchen mit. Ja, wir Netten sind empathisch und rücksichtsvoll. Aber wir sollten uns deshalb nicht verbiegen.

Klar ist doch, dass Individualität, Ehrlichkeit und Selbstverwirklichung erstrebenswert sind und das geht auch ohne Rücksichtslosigkeit und Egoismus. Wir müssen unsere persönlichen Merkmale, die uns besonders machen, im Blick behalten. Offen und ehrlich kommunizieren und unsere Wünsche und Bedürfnisse berücksichtigen. Wenn damit Ecken und Kanten gemeint sind, dann würde ich sagen: Ja, die brauchen wir.

Und wenn wir dann damit bei anderen »anecken«, dann haben die das Problem – und nicht wir.

Doch Sie wissen genauso gut wie ich, dass das nicht so einfach ist. Deshalb ist es ja auch so ein Kreuz mit dem Nettsein! Dabei kommt es in erster Linie darauf an, *wie* wir unsere Bedürfnisse kommunizieren! Bei mir war das sicher ein Problem. Ich hatte ja gar nicht gelernt, wie man Widerspruch und Widerstand anständig rüberbringt. Ich befürchtete, zu schnell aus der Haut zu fahren. Was mir leider auch oft genug passiert ist, wenn ich keinen Ausweg aus meinem Dilemma wusste. Nur: Wenn man wütend, beleidigt und frustriert ist, ist gute Kommunikation ein Ding der Unmöglichkeit.

Jetzt geht's richtig los

Für eine große Pause nach meinem Studienabschluss oder einen kleinen Urlaub fehlte die Zeit. Die erste Anfrage, ein Casting für diese kleine ZDF-Morningshow zu machen, kam noch auf dem Unigelände. Die Sendung firmierte damals noch unter dem Titel *Volle Kanne, Susanne* und war noch kein Jahr auf Sendung. Und plötzlich war ich dabei, eine dieser Sendungen als Casting zu moderieren. Der Anruf kam quasi direkt nach meiner letzten Diplomprüfung in Politik. Ich hatte mich um Kopf und Kragen geredet und glücklich bestanden – die zwei Kollegen vor mir waren durchgefallen. Ich hatte es um Haaresbreite geschafft – um ehrlich zu sein, fiel von mir so eine Last ab, dass ich sogar ein paar Tränen vergoss. Und dann ruft in genau diesem Moment auch noch das ZDF an und lässt fragen, ob ich nicht Lust auf Frühstück habe. Der Sender, mit dem ich aufgewachsen bin. Das *ZDF-Ferienprogramm für Kinder, Ein Colt für alle Fälle* oder *Na sowas!* habe ich geliebt – und natürlich *Wetten, dass..?* Ich habe diese Show so geliebt, dass sie sogar Gegenstand meiner Diplomarbeit an der LMU München war. Die Chance, nun als Moderator auch zu dieser ZDF-Familie zu gehören, haute mich um. Natürlich hatte ich Lust – so sehr, dass ich mir nach dem Auflegen einen spontanen Schrei des Glücks nicht verkneifen konnte.

Auf zum *Volle Kanne*-Casting. Wobei ich Castings nie besonders klasse fand, im Gegenteil. Ich mag den Kick einer echten Sendung, der Live-Situation – das setzt bei mir Energien frei. Im Casting war ich früher innerlich nur aufgeregt. Meine Kernfrage war oft: Wie muss ich sein, dass ich den Entscheidern wirklich gefalle? Was dazu führte, dass manchmal von Authentizität nur wenig übrig blieb. Beim *Volle Kanne*-Casting war vieles anders. Ich war entspannt, Talks und Moderationen hatte ich ja in Hunderten von *RTL München live*-Ausgaben trainiert. Ich fühlte mich sicher.

Und die ZDF-Kollegen haben es mir wirklich auch sehr angenehm gemacht. So flog ich nach der Probesendung, wie ich Castings lieber nenne, wieder zurück nach München. Ich wusste, dass es gut gelaufen war, doch ich hörte nach ersten positiven Rückmeldungen wochenlang nichts – erst als ich nachhakte, kam endlich ein Signal, dass es eine neue Probesendung geben sollte – quasi unter Realbedingungen. Da hatte ich richtig Lust. Und als die gut gelaufen war, konnte ich im Oktober 2000 meine erste Woche *Volle Kanne* moderieren. Thomas Hermanns war mein erster Gast – den Vater des *Quatsch Comedy Club* hatte ich schon in den 90ern als Moderator bewundert, damals in Unterföhring bei den ersten Aufzeichnungen, für die ich ab und an Karten ergattern konnte. Er machte es mir sehr leicht. Und die

Woche verging für mich wie im Flug. Ich war so berauscht von dieser Arbeit, dass ich bis heute nicht mehr weiß, wer damals sonst noch meine Gäste waren.

Der nette Gastgeber und seine Gäste

Eine gute Gelegenheit, an dieser Stelle endlich die Vorteile des Nettseins zu würdigen. Die gibt es ja auch reichlich. Nettsein als gute Charaktereigenschaft. Und: Nettsein als Methode. Beim Letzteren schwingt ein wenig die Berechnung mit, nicht wahr? Ganz so einfach ist das aber nicht. Da muss man fein differenzieren. Zum einen haben wir Netten es leichter, mit anderen ins Gespräch zu kommen, das liegt schon an unserer Physiognomie. Wir sehen netter aus als die Muffeligen, die Griesgrämigen und die Unfreundlichen. Bei uns macht man die Tür einfach gerne auf. Und zack sind wir drin. Der Weg zum Herzen des anderen ist für uns leichter zugänglich. Es sei denn, wir haben es mit einem echt harten Knochen zu tun. (Aber dazu kommen wir später.) Somit erwies sich meine heimische Grundausbildung in Nettigkeit und Gastfreundschaft als hervorragende Vorbereitung auf meine berufliche Zukunft. *Volle Kanne* war insofern der ideale Arbeitsplatz für mich! Jeden Tag nahm ein Mensch an meinem Frühstückstisch Platz. Beim netten Ingo. Hier war meine harmonische Prägung ganz klar von Vorteil. So einen Job kannst du als Arschloch nicht machen. Oder nur sehr kurz. Dann kommt nämlich niemand mehr. Nettsein kann auch eine wirksame »Methode« sein, wenn Menschen unsicher oder verängstigt sind. Die fühlen sich in Gegenwart eines Netten viel wohler und entspannen schneller. Das ist nicht nur bei Moderatoren so. »Nette« Menschen finden sich ja auch deshalb so häufig in sozialen oder Pflegeberufen. Auch ich habe in meinen Sendungen die Erfahrung gemacht, dass eine freundliche Art dem einen oder anderen Gast die Nervosität nimmt und sich alle zunehmend wohler fühlen. Und *last but not least* möchte ich nicht verschweigen, dass ich mein Nettsein auch ganz bewusst eingesetzt habe. Mea Culpa! Wenn du einen Gast hast, der nicht freundlich ist oder sich nicht gut benimmt, besteht ja immer die Gefahr, dass du ebenfalls unfreundlich wirst. Ob man sich auf so ein Niveau begibt, muss jeder selbst entscheiden. Bei mir bestand (und besteht) diese Gefahr zum Glück nicht. Ich finde, ein vom Grundgefühl netter Moderator wirkt für mich hier wie ein Verstärker: Der Gast kommt noch schlechter rüber. Das ist extrem entlarvend – und viel besser, als würde man mit ähnlichen Mitteln zurückschlagen und auf Konfrontation gehen. Im Notfall hilft auch ein entspannter launiger Spruch aus dem Handgelenk, das Gespräch wieder in die Spur zu bringen. Ich habe mein Freundlichkeitsniveau nie verlassen, egal wie »schwierig« oder »zickig« mein Gegenüber war. Das gibt mir ein sehr gutes Gefühl. Wir sollten also unser Nettsein nicht nur verfluchen.

Vor mir lagen nun rund 3000 Frühstückssendungen, mit Tausenden von Gästen und Gesprächen. Vor der Kamera war meine Harmonieausbildung Gold wert, dahinter leider nicht immer.

Immer volle Kanne

Schon wieder so ein Titel, der passender nicht sein konnte. Nach dem *HAIssen Stuhl* nun also *Volle Kanne*. »Mit vollem Einsatz« war sozusagen mein Lebensmotto. Und mit Stärke, Wucht und Intensität sollte es weitergehen.

Von da an moderierte ich mich fröhlich durch den Vormittag. Tag für Tag. Dass daraus 20 Jahre werden würden, konnte ich mir damals nicht vorstellen. Ich hatte ja noch so viele Pläne und unerfüllte Wünsche in der Schublade. Mit der Schauspielerei hatte ich noch nicht abgeschlossen, da sollte es natürlich weitergehen. Die große Show stand nach wie vor auf meinem Wunschzettel und meine geliebte Musik ebenfalls.

Zunächst moderierte ich drei Wochen im Monat *Volle Kanne*, dann zwei, zwischendurch auch mal nur eine Woche. Am Ende waren es jahrelang wieder drei Wochen monatlich, die vielen anderen Plänen einen Strich durch die Rechnung machten. Wirklich planen konnte ich nicht. Aber all das war mir egal, ich freute mich einfach. Vor der ZDF-Kamera fühlte ich mich von Anfang an pudelwohl. Die Arbeit machte Laune und ernährte mich gut. Die Resonanz war durchweg positiv, und ich fühlte mich immer mehr im Zweiten zu Hause. Ich versuchte, dieses kleine Fernsehfrühstück zu einer schönen Spielwiese zu machen, die es zu beackern galt. Viele Dinge, die sich dort mit den Jahren etablierten, erforderten anfangs großen Einsatz von mir. Ich versuchte, alle meine Leidenschaften auf diesem Spielfeld zu integrieren und im Sinne der Sendung einzusetzen. Die Musik zum Beispiel. Da wir auch immer Sängerinnen zu Gast hatten, bot es sich geradezu an, mit ihnen in der Sendung zu musizieren. Intern stieß das auf wenig Zustimmung. Doch ich ließ nicht locker, und später wurde es zum Standardprogramm, viele Musiker kamen in ganzer Bandstärke in unser kleines Studio. Schritt für Schritt auszuloten, was im Rahmen einer solch gemütlichen Frühstücksshow möglich war, erfüllte mich mit großer Freude. Und hier hatte ich die Kraft und Energie, Ideen auch gegen Widerstände durchzuboxen. Für eine gute Show und tolle Inhalte meiner Sendungen kämpfte ich ohne zu zögern bis zum bitteren Ende, auch mit Erfolg und der Konsequenz, hier »unbequem« zu sein. Wie war das möglich? Könnte es sein, dass damals schon in meinem Unterbewusstsein ein Aufbäumen, ein innerer Widerstand gegen das Nettsein stattfand? Denn die große emotionale Belohnung einer gelungenen Show schien mir offenbar wichtiger als die Konfliktvermeidung. Eine Erkenntnis, die mir später zeigte, dass ich durchaus in der Lage war, »gegen den Strom zu schwimmen«. Wenn auf der anderen Seite Freude und Glücksgefühle warteten.

Dennoch: Diskussionen waren mir nach wie vor ein Graus. Die oft endlos erscheinenden Sitzungen, in denen vieles von rechts auf links gedreht und ausdiskutiert wurde, widerstrebten mir. Diese Diskussionskultur war ich nicht gewohnt. Ich kannte klare Ansagen, etwas machen oder nicht machen – ich wollte arbeiten, nicht diskutieren. Diskussionen bewegten sich für mich sogar mit 30 oder 40 immer gefährlich nah an Streitereien. Konfrontation machte mir schlechte Laune. Das Verarbeiten von Konflikten, die nicht in einer Diskussion ausgetragen wurden, allerdings auch. Ich war da wirklich ein spezieller Fall. Unzufriedenheit, Frust und Ärger durften ja nicht raus, also wurden negative Gefühle konsequent in eine innere Kiste gepackt und schimmelten dort vor sich hin. Auch wenn es einmal kritische Stimmen zu meiner Arbeit als Moderator gab, konnte ich damit nicht umgehen. Ich war verletzt, fühlte mich ungerecht behandelt oder fuhr schlicht aus der Haut, wenn ich etwas völlig unangebracht fand. Reifes Verhalten eines Erwachsenen sah definitiv anders aus. Mit der Zeit verlor ich mich und meine Bedürfnisse immer mehr aus den Augen. Ich funktionierte einfach und hatte überhaupt keine Werkzeuge, diese ungute Entwicklung zu stoppen. Dazu hätte ich auch mal Nein sagen müssen. Das konnte ich überhaupt nicht. Was ich konnte, war Durchhalten. So viel zum Thema Disziplin. »Wenn man so einen Job annimmt, zieht man ihn auch durch!«

Wunschlos glücklich?

Vielleicht kennen Sie das ja auch: Sie stecken in Ihrem Job fest, aber immer wieder ploppen alte Träume und neue Sehnsüchte auf. Sie würden sich gerne beruflich verändern oder weiterentwickeln. Eine Fortbildung machen, endlich den Französisch- oder Malkurs belegen. Was auch immer. Alles Dinge, die Sie glücklich machen würden. Nur Sie schieben es vor sich her – und nichts passiert. Jahr für Jahr. Das Hamsterrad dreht sich munter weiter, eben alles okay, irgendwie. Der Job verdient das Geld, die Miete ist bezahlt, und dabei hängt man in einem Zustand der Unzufriedenheit fest. Die Leichtigkeit kommt abhanden, dieser Glückszustand, nach dem wir uns alle sehnen, fehlt dauerhaft. Sie vermissen das Lächeln auf Ihren Lippen. Das kann daran liegen, dass zu viele Wünsche und Träume brachliegen und irgendwo in uns langsam vergammeln. Das sind unsere Bedürfnisse. Die Dinge, die wir für unser ganz persönliches Wohlbefinden brauchen. Regelmäßig in die Sauna gehen, der Abend mit Freunden, Reisen. Wenn Sie sich die Zeit nehmen und tief in sich hineinhorchen, entdecken Sie sicher ein ganzes Bündel fantastischer Ideen.

Doch warum müssen wir die erst »ans Tageslicht« holen? Weil wir Netten zunächst immer schauen, dass alle anderen um uns herum zufrieden und glücklich sind. Wofür es wie besprochen die verschiedensten Gründe gibt: Wir wollen Erwartungen erfüllen. Oder wir wollen niemanden vor den Kopf stoßen.

Und dabei haben wir dann vergessen, was wir eigentlich wollen. Unsere Bedürfnisse sickern immer tiefer auf den Grund unseres Daseins, und da vergessen wir sie dann. Ich habe in meinem Leben viele Menschen getroffen, die sich mit diesem »Zustand« sehr gut auskennen. Allesamt nette Frauen und Männer, die empathisch und rücksichtsvoll sind.

Wie diese Frau, die wir mal Manuela nennen. Seit Jahren geht sie mit ihrer Freundin einmal die Woche zum Badmintonspielen. Eigentlich hat sie schon länger keine Lust mehr dazu, sie würde diesen freien Abend gerne anders nutzen. Sie möchte einen Salsa-Kurs machen. Manuela tanzt gerne, und die Bewegung zur Musik tut ihr gut. Aber sie möchte ihre Freundin nicht enttäuschen, weil die das Badmintonspiel so liebt. Statt also einmal die Woche mit Freude das Tanzbein zu schwingen, schwingt Manuela lustlos den Schläger. Immer öfter ärgert sie sich, dass sie ihren freien Abend so »vergeudet«. Nun treten verlässlich die eigenen Rechtfertigungen auf den Plan: Ich mache meiner Freundin ja eine Freude. Der Sport tut mir ja auch gut. Ich habe es irgendwann ja mal versprochen, und jetzt kann ich nicht einfach wieder absagen. Merken Sie was? Manuela ist eben eine nette Frau. Sie fährt auch seit Jahren mit ihrem Mann im Sommer an die Ostsee. Dabei träumt sie schon lange von einer Wanderung in den Bergen. Von einer echten Hüttentour. Allerdings ist das leider nichts für ihren Mann, der mag die Seeluft und die Strandspaziergänge. Manuela schaut sich sehnsüchtig Alpentouren im Internet an, um danach wie jedes Jahr zwei Wochen Usedom zu buchen. Und dann freut sie sich, dass ihr Mann so glücklich und voller Vorfreude ist. Und eigentlich ist es ja auch ganz schön an der Ostsee. Manuela arbeitet schon seit Jahren als Sachbearbeiterin im Finanzamt. Sie hat zahlreiche Fortbildungen gemacht, und sie könnte längst eine Sachgebietsleitung übernehmen. Doch immer zieht irgendjemand an ihr vorbei. Dabei mögen und schätzen sie alle, auch ihr Chef, vor allem weil sie eine gute Arbeit macht. Ordentlich, zuverlässig und immer mit vollem Einsatz. Aber bisher hat sich Manuela noch nicht getraut, mit ihrem Vorgesetzten mal über ihre beruflichen Ziele zu sprechen. Von Tag zu Tag ist sie unzufriedener und frustrierter. Mit Spaß geht sie schon lange nicht mehr zur Arbeit. Doch Manuela macht trotzdem einfach weiter. Sie will ja auch nicht unzufrieden erscheinen und ihren Chef nerven. Vielleicht mag er sie dann nicht mehr, das wäre nicht schön. Bei Manuela liegen also beruflich wie privat einige Wünsche schon seit Langem brach. Ob das schlimm und traurig ist? Ja, leider. Denn diese Bedürfnisse müssen beachtet werden, sonst schwelen sie in unserem Inneren vor sich hin. Frust und Unzufriedenheit sind zwangsläufige Folgen. Die eigenen Wünsche erfüllen sich dabei nicht von allein, Manuela müsste dafür kämpfen. Ihre Wünsche kommunizieren. Aber auch ihre Sorgen und Ängste. Und genau an der Stelle haben wir Netten häufig ein Problem.

Adrenalin und Todesangst

Apropos Problem. Meines wuchs stetig. Vor der Kamera war meine Welt in Ordnung, ich zündete immer noch eine zusätzliche Portion Adrenalin, die mich antrieb. Das kompensierte vieles. Doch ich geriet immer tiefer in die Nettigkeitsspirale. Ich hatte den Punkt verpasst, an dem ich hätte umkehren oder zumindest mal Nein sagen müssen. Egal wer wann was von mir wollte: Ich tat es. So kam es auch zu einer meiner größten persönlichen Herausforderungen im Showbiz.

Für die ZDF-Show *Das will ich wissen* sollte ich mit dem Fallschirm aus einem Hubschrauber springen. Es ging um die Frage: Warum wirkt es im Film immer so, als würde der Schirm den Fallschirmspringer in die Höhe reißen, sobald der Schirm aufgeht? Um dieses Phänomen zu klären, sollte ich aus Tausenden von Metern in die Tiefe springen. Mehrere Kameras in der Luft, am Boden und auf meinem Helm verfolgten das Geschehen. Wer mich kennt, weiß, dass ich privat so etwas nie machen würde. Da bin ich, was wir Franken einen »Schisser« nennen. Für eine gute Show ging ich allerdings gern an meine Grenzen (wenn ich denn überhaupt welche hatte). Also sagte ich schon am Telefon sofort zu, ohne nachzudenken: Klar, mache ich. Ich hatte noch nicht aufgelegt und bereute es schon. Doch einen Moment später wieder absagen, das konnte ich natürlich nicht mehr. Das hätte ich nie übers Herz gebracht. Niemals! Man hatte mich ja extra für diesen Job ausgesucht. Also redete ich mir den Sprung tagelang schön und versuchte, mich auf die tollen Bilder zu freuen, die es davon geben würde. Spektakuläre Aufnahmen, die sicher auch in meinem Showreel landen würden, ein Demoband, das eine Auswahl meiner (besten) Einsätze als Schauspieler oder Moderator zeigte. Der Tag kam, und mir ging ordentlich die Düse. Mit dem Heli ging es auf über 3000 Meter. Es war ein herrlicher sonniger Sommertag, der blaue Himmel nahezu wolkenlos. Ich sah die Welt von oben, und mein Angstpegel erreichte schon beim Aufstieg ungeahnte Höhen. Festgekettet an meinen Tandem-Sprungpartner, glücklicherweise diesmal ein echter Profi, stand ich dabei auf der Kufe des Helikopters. Mit dem Rücken zur Kabine stieg ich hoch und höher in die Luft. Ich blickte staunend auf die Erde, die in immer weitere Ferne rückte. Wir flogen durch die wenigen Wolken und standen plötzlich. Alles war ruhig, die Erdoberfläche unendlich weit weg und die Autos und Häuser so klein wie im Miniaturwunderland. »Was mache ich hier?«, dachte ich und schnaufte. Etwas unter uns, einige Kilometer versetzt, sah ich den anderen Hubschrauber, der mich beim Sturz in die Tiefe filmen sollte. Mein Sprungpartner gab mir ein Zeichen. Drei, zwo, eins! Ich wurde von hinten einfach in die Tiefe geschubst, kopfüber stürzte ich Richtung Erde. Es war wie ein Sprung vom Zehnmeterbrett, nur dass unten kein Wasser auf mich wartete. Da der Helikopter stand, spürte ich erst gar keinen Luftzug. Ein irres Gefühl, auf das mich keiner vorbereitet hatte.

Wo war der Wind? Flogen wir überhaupt? Was, wenn der Schirm nicht aufgeht? Und ich war nur mit drei kleinen Haken an meinem Tandempartner festgeschnallt. Ich dachte, ich sterbe. Ich schrie, weil ich in dem Moment wirklich Todesangst hatte. Kein schönes Gefühl. Und doch hatte ich einen winzigen Moment Zeit, zu überlegen, wo denn die Kamera war. Schon seltsam, dass ich ausgerechnet da an das mediale Ergebnis dachte. Hatte die Kamera das? Wie sah ich aus? Wahnsinn, selbst im Angesicht des Todes dachte ich noch an die Kamera. Auf einmal spürte ich den Luftzug, den freien Fall – da riss es auch schon kurz an mir, ich hing im Schirm und glitt durch die Luft. Ich hatte überlebt. Meine Emotionen drehten durch, ich begann zu weinen. Vor Erleichterung. Ein unglaubliches Glücksgefühl durchströmte mich. Den Flug genießen konnte ich natürlich nicht, was wirklich schade war. Der Blick war traumhaft, doch mich hatte die Angst im Griff. Würde der Schirm uns wirklich halten und nach unten gleiten lassen? Plötzlich nahm der Kollege hinter mir meine Hände und drückte mir rechts und links etwas zwischen die Finger. »Schau, jetzt kannst du den Schirm steuern«, sagte er zu mir.

Für mich war das nach dem Sturz in die Tiefe der nächste Schock. Das wollte ich nun überhaupt nicht. Ich wollte so schnell wie möglich sicher und gesund wieder auf der Erde sein. Im Geiste ging ich schon unsere vorher trocken geübte Choreografie der Landung durch. Aber jetzt hatte ich diese Steuerteile in der Hand. Panik kroch mir durch sämtliche Poren! »Neeeeeein!«, schrie ich, »nimm ihn, nimm ihn! Nimm den Schirm zurück! Ich will das nicht!« Das schien doch gewirkt zu haben, denn er erlöste mich und steuerte uns sicher nach unten. Als ich wieder festen Boden unter den Füßen hatte, war ich überglücklich – ich hatte meine Angst besiegt. Der Redakteur war zufrieden: »Das war klasse!« Prima, Lob konnte ich gut gebrauchen. »Super, war toll.« Ich bemühte mich um äußere Coolness und atmete innerlich tief durch. Ich hatte überlebt, jetzt nichts wie weg. Erwartung erfüllt – und tschüss. Weit gefehlt.

»Schön, ein Sprung wäre jetzt noch gut, damit wir alle Perspektiven im Kasten haben«, schob der Redakteur hinterher. Als sollte ich mal eben von rechts nach links an einer Kamera vorbeischlendern. O Gott, dachte ich, das darf nicht wahr sein! Schlagartig schoss mir neues Adrenalin durch den Körper, und mein Angstzentrum im Gehirn drehte durch. Und ich erwiderte fröhlich: »Klar!« Großartig. Das muss man auch erst mal draufhaben. Wenn man die Hosen gestrichen voll hat, macht der Gang à la John Wayne noch weniger Probleme. Ich machte mich also bereit, für *Stirb langsam*, zweiter Teil.

Mit neuem Schirm, altem Partner und bekannter Angst ging es also wieder nach oben. Ich war nicht einen Hauch entspannter als beim ersten Mal, auf mich wartete wieder ein Sprung in den Tod. Den ich natürlich überlebte, diesmal ohne eine Träne zu vergießen. Das wollte ich meinem Sprungpartner nicht noch einmal zumuten. Ich freute mich still und zitterte mich innerlich Richtung Boden.

Nach der Landung war ich der glücklichste Mann der Welt. Ich fühlte mich in meinem Overall wie Tom Cruise bei *Top Gun*. Ich war zum doppelten Helden der Lüfte geworden. Mein Sprungpartner und ich saßen im Gras des kleinen Flugplatzes, und mein Puls beruhigte sich langsam, ein Lächeln und Freude stellten sich ein. Der Redakteur kam auf uns zugerannt und streckte schon von Weitem den Daumen in die Höhe. »Klasse, wir haben euch gut eingefangen!« Okay, das war's. Mein Gehirn nahm die Information dankbar auf. Erleichterung. Alle Systeme konnten wieder runtergefahren werden. Ich wollte nur noch nach Hause, auf meinem sicheren Sofa liegen, mir vielleicht *Top Gun* oder irgendwas mit Bruce Willis anschauen.

»Wir müssen nur noch einmal mit dem anderen Heli näher ran.«

Hatte ich das richtig verstanden? Hatte der Redakteur wirklich mit mir gesprochen? Ja, eindeutig. Mein Partner sprang auf, der schien richtig Bock auf Teil drei zu haben. Ich war schockiert und musste mich sehr bemühen, ihn nicht entsetzt anzustarren. Wie bitte?! Nun war ich nicht mehr am Rande der Verzweiflung, sondern schon einen großen Schritt weiter. Alles in mir rebellierte. Ich wollte einfach nicht mehr. Und ich musste auch nicht mehr. Wahrscheinlich sah man mir die Verzweiflung an, denn der Redakteur sagte: »Kein Problem, wir können das doubeln.« Offenbar hatten sie für die noch benötigten Aufnahmen alternative Möglichkeiten. Doch bei dem Gedanken regte sich in mir eine andere Stimme. Die offenbar stärker war als meine Angst. Ehrgeiz und Ethos, da stand quasi meine Berufsehre auf dem Spiel. Also musste ich doch. Doubeln – nicht mit mir. Da bin ich, wie in alten *Aktenzeichen XY*-Tagen, lieber mein eigener Stuntman. Am Ende einen Film zu sehen, bei dem ich nicht wissen würde, ob ich da wirklich im Bild bin, hätte ich in dem Fall nicht ertragen. Eitelkeit muss Opfer bringen. Also stieg ich wieder in die Lüfte und konnte den dritten Sprung sogar richtig genießen. Konfrontationstherapie fruchtet offenbar. Man muss nur oft genug den inneren Schweinehund überwinden. An den beiden folgenden Tagen hatte ich allerdings Kopfweh. Kein Wunder. Für ein Hirn, das innerhalb von rund 90 Minuten mehrfach von null auf über 3000 Meter geht, ist das kein Sonntagsspaziergang.

Wäre es nun besser gewesen, den Job nicht zu machen oder beim zweiten Mal dankend abzulehnen? Rückblickend bin ich natürlich froh, die Nummer durchgezogen zu haben.

Trotzdem, und da hilft kein Schönreden: Für die gute Stimmung biss ich mir oft auf die Zunge. Und dann fehlte es an der Kommunikation. Ich hätte vielleicht im Vorfeld die Umstände des Fallschirmsprungs thematisieren sollen. Was ist geplant, wie läuft es ab? Dann hätte ich nämlich schon vorher eruieren können, an welcher Stelle es für mich problematisch wird, und entsprechend reagieren. Ich tat es nicht. Weder vorher noch nachher. Dieser Zustand war mein ständiger Begleiter. Aushalten, sich ärgern – und dann: einfach weitermachen.

Auf der sicheren Seite ...

Mit den Jahren wurden es immer mehr Einsätze für das ZDF. *Frühlingsshows*, *Kult am Sonntag*-Shows und mit *Hallo Deutschland* schließlich noch ein zweites tägliches Magazin. Oft war ich morgens in Düsseldorf und abends in Mainz im Einsatz. Ich war nun endgültig das, was man einen Workaholic nennt. Also »jemand, der sich nur schwer von seiner Arbeit lösen kann, übermäßigen Genuss bei der Arbeit verspürt und sein Leben auf die Arbeit ausrichtet«[13]. Mir fiel das überhaupt nicht auf. Ich machte eine Live-Sendung nach der anderen, zeichnete Shows in Blöcken auf und moderierte daneben regelmäßig Events und Galas. Eine wahre Freude! Ja, für mich war das ein großer Genuss. Das war mein Flow, aus dem es kein Entkommen gab. Ich war in der richtigen Spur, da hatte ich ja immer hingewollt. Auf die ganz große Bühne. Trotzdem lehnte ich auch einige Moderationen ab, die mir diesen Weg hätten ebnen können. Ich haderte einfach zu viel. Machen oder nicht machen? Je sicherer ich beim ZDF im Boot saß, desto schwerer fiel es mir, neue Perspektiven zu sehen und Möglichkeiten wahrzunehmen. Ich genoss die sichere Basis einer erfolgreichen täglichen Arbeit. Sicherheit blieb für mich ein beherrschendes Thema. Und: Ich war vielleicht auch etwas bequem geworden. Es heißt ja immer, das System, in dem du steckst, verändert dich. Ich machte über die Jahre einfach weiter mein Ding, doch meine Spielwiese war begrenzt. Das waren in erster Linie neunzig Minuten am Vormittag. Auf dieser Fläche konnte ich mich freispielen. Bei anderweitigen Experimenten sagte ich meist ab. Warum etwas Erfolgreiches verlassen, wo ich doch nicht wusste, was aus dem neuen Projekt werden sollte? Rückblickend betrachtet haderte ich viel zu oft und konnte innerlich keine klare Entscheidung fällen. Mir fehlte das Rüstzeug für einen inneren Dialog. Die Gedanken sprangen trotzdem reichlich hin und her und kosteten mich bei solchen Gelegenheiten viel Schlaf. Eine große Show für einen anderen Sender lehnte ich damals komplett ab, weil ich einfach keine Doppelmoderation machen wollte. Ich hatte einmal so schlechte Erfahrungen mit einer Kollegin gemacht, dass ich während der Moderation fast den Spaß an der Arbeit verloren hätte. Das war schlimm für mich und fühlte sich etwa so an, als wäre ich dabei, meinen eigenen Traum zu verraten. So etwas wollte ich nicht mehr erleben. Aus heutiger Sicht wäre es zielführender gewesen, das Gespräch zu suchen, die Dinge zu klären und dabei eine klare Haltung zu artikulieren. Das konnte ich nicht. Ich wäre wohl eher aus der Haut gefahren bei so viel Unkollegialität, die ich damals im Miteinander erfahren habe.

Ich fürchtete eine Eskalation, die mir und dem Projekt nicht gutgetan hätte, und versuchte im Anschluss, Doppelmoderationen, wo es ging, zu vermeiden. Eine meiner Exitstrategien in Sachen Problembewältigung. Leider nicht problemlösend und schon gar nicht zielführend. Ich wählte stets die sichere Seite, die mir aber trotzdem kein Gefühl von Sicherheit verschaffte. Eine offenbar tief sitzende Angst fällte hier die Entscheidungen. Mut und Selbstvertrauen hatten sich mit den Jahren immer weiter zurückgezogen. Und es dauerte auch noch, die beiden wieder rauszulassen und neu zu entdecken.

Hadern und zweifeln

Dennoch arbeitete ich stets auf die nächste Chance hin, die wie eine Karotte vor meiner Nase hing. Eines der größten Glücksgefühle bescherte mir die Moderation des *ZDF-Fernsehgarten*. Ich vertrat meine Kollegin Andrea Kiewel, die aus persönlichen Gründen verhindert war. Das war die ganz große Karotte, die ich in dem Fall auch bekam. Dabei war ich sehr dankbar, dass hier meinem zart formulierten Wunsch entsprochen wurde, die Show allein zu moderieren. Auf mich konnte ich mich verlassen. Die Bitte, als Moderator einzuspringen, erreichte mich freitagmittags. Keine 48 Stunden mehr bis zur Live-Show. Ich saß gerade im Zug. Wie immer, wenn ich nach der *Volle Kanne*-Sendung auf dem Weg zu *Hallo Deutschland* nach Mainz war. Als die Kollegin fragte, ob ich könnte, sagte ich ohne zu zögern »Ja!« Dabei hatte ich dieses Gänsehautgefühl. Das war die Chance, auf die ich gewartet hatte. Eine dreistündige Live-Show vor 6000 Menschen mit jeder Menge Action, Gästen und Musik. Das war mein Ding, das musste mein Ding sein! Die wenigen Stunden Vorlauf für Vorbereitungen und Proben waren meine persönliche Herausforderung. Für mich war es der ultimative Test, ob ich so eine Show auch wirklich locker und souverän präsentieren konnte. Eine Art Casting unter Live-Bedingungen. Es klappte. Auch wenn mich in den Minuten vor der Show plötzlich Selbstzweifel plagten und auch Versagensängste hochkamen: Konnte ich diesen Showdampfer wirklich sicher in den Hafen steuern? Hatte ich das wirklich im Kreuz? Als die Titelmusik lief, pumpte sich eine Extraportion Adrenalin in meine Adern. Mit dem Begrüßungsapplaus des Publikums waren meine Zweifel verflogen, und ich hatte den Spaß meines Lebens. Getragen von einem guten Team und einem fantastischen Publikum. Vorher hatte ich von solch einer Moderation nur geträumt, jetzt wusste ich, wie gut sich das anfühlt. Noch viel besser als erwartet. Emotional katapultierte mich die Show in solche Höhen, dass ich anschließend in meiner Garderobe bitterlich weinte. Vor Glück. Ich hatte sehr gehofft, dass mir das neue Perspektiven ermöglichte. Immerhin hatte ich nach meinem Empfinden nun live den ultimativen Beweis erbracht. Die Kollegen dankten herzlich, und eine Woche später moderierte ich die nächste Ausgabe. Doch das blieb als Moderator meine bisher letzte große Show für das ZDF. Damals, 2012, eine bittere Erfahrung. Und doch waren diese Sonntage in meinem Leben entscheidend gewesen. Denn ich hatte auch mir selbst bewiesen, dass ich auf dem richtigen Weg war. Doch ich zog daraus keine Kraft, sondern haderte mal wieder mit mir. Weil die erhofften neuen Perspektiven ausblieben, kamen verlässlich wie ein Uhrwerk die alten Selbstzweifel hoch: »*Ich bin zu dick, zu alt und zu dumm!*« Ich litt, aber ich hatte ja noch meine *Volle Kanne*-Spielwiese. Damit konnte ich mich ganz hervorragend von meinem Frust ablenken. Die Zeit war noch nicht reif, mein Leidensdruck offenbar nicht groß genug. Doch mit den Jahren kam die Unzufriedenheit in regelmäßigen Wellen zurück. Mit den Selbstzweifeln lief das ganz ähnlich. Du kannst sie zwar vergraben, sie schwelen aber auch unter der Oberfläche ungesund vor sich hin.

Die Angst, was zu verpassen

Die Zeit für eine innere Einkehr war noch nicht gekommen. Ich schob alles Unangenehme beiseite, nach der Sendung war vor der Sendung. Hier beackerte ich bekanntes Terrain, es machte Spaß und verlangte auch meine volle Konzentration. Ich hatte somit dauerhaft eine wunderbare Entschuldigung, mich nicht mit mir selbst und meinen Problemen zu beschäftigen. Zudem nahm mir mein Workaholismus lange Zeit jede Chance auf ein entspanntes Privatleben. Wenn das Geschäft als Moderator brummte, schaltete ich auf Autopilot, der sich auf das Wesentliche konzentrierte. Das hatte natürlich Folgen für meinen emotionalen Kontostand. Ich wurde zu einem Menschen, der mehr und mehr seinen Fokus weg vom Privaten hin zum Beruf verlagerte. Und es machte ja Spaß! Ich genoss das alles so sehr, dass ich die negativen Folgen einfach ausblendete. Ein kümmerliches Privatleben, ein mitunter ungesunder Lebenswandel und viel zu wenig Schlaf. In Verdrängung war ich geübt, das hatte ich über die Jahre perfektioniert. Bis irgendwann eine Freundin sagte: »Ingo, du musst auch mal Urlaub machen.« Für mich unvorstellbar. Ich kann doch nicht einfach vier Wochen Urlaub machen, was sollen die Kollegen denken? Und das Schlimmste: Womöglich verpasse ich dann etwas! Es dauerte eine Weile, bis ich so langsam den Gedanken wenigstens zuließ. Ich hatte nie Gelegenheit, in Ruhe meine Akkus wieder zu füllen. Zum Glück hörte ich irgendwann auf meine Freundin und machte dann zumindest einmal im Jahr Urlaub. Allerdings war es dann meist nur eine Woche, dafür aber gern auch am anderen Ende der Welt. Ich wollte nie zu lange weg sein und hatte permanent Angst, ich könnte etwas verpassen. Genauer gesagt: einen Auftrag. *Den* Auftrag. Hollywood ruft an, und ich liege auf einer Karibikinsel rum. Gut, mit Steven Spielberg oder Quentin Tarantino rechnete ich natürlich nicht. Aber egal wer oder was da anklopfte, ich wollte auf jeden Fall verfügbar sein.

Dass der nächste tolle Job um die Ecke kommt und ich gerade nicht greifbar bin – eine Horrorvorstellung! Eine neue Chance ungenutzt an mir vorüberziehen zu lassen, das hätte ich nicht ertragen können. Also war ich gedanklich immer auf Stand-by und wurde nicht müde, in jedem Urlaub mein Handy und meine E-Mails zu checken, um ja kein Angebot zu verpassen. Damals gehörte das zu meinen festen Ritualen. Schon als ich mit 17 Jahren bei den Bavaria Filmstudios an den Bürotüren klingelte, dachte ich, dass da wahrscheinlich der Zug bald abgefahren sein würde, wenn ich jetzt nicht langsam einen Job bekomme. Dieses Gefühl ist bis heute geblieben. Woher es kommt, kann ich nicht erklären. Auch nach mehreren Jahrzehnten im Mediengeschäft werde ich diesen Gedanken nicht los. Dabei ging meine berufliche Reise immer weiter. Je älter ich wurde, desto spannender wurden die Aufgaben. Dass das Gefühl trotzdem bleibt, irgendetwas hinterherzuhetzen, ist jedenfalls nicht besonders schön. Angst ist eine Art blinder Passagier, der nicht so einfach von Bord geht. Ein Klotz am Bein, den viele erst bemerken, wenn es zu spät ist. Ich hatte ihn zwar öfter gesehen, nur eben nicht über die Reling schubsen können.

Wovor haben wir eigentlich Angst?

Die Angst gehört zum Nettsein wie der Blitz zum Donner. Doch keine Angst vor der »Angst«! Es ist erst mal einfach nur ein ganz normales Grundgefühl, unser eingebautes Alarmsystem. Und das ist gut so. Ängste gehören zu uns, und jede Persönlichkeit hat ihre eigene Angst. Machen wir mal einen kleinen Ausflug in die Welt der Ängste:

Zu den oben beschriebenen Persönlichkeitsstrukturen (depressiv/sich selbst vernachlässigend, zwanghaft/ordnungsliebend, histrionisch/extrovertiert) ordnen die Profis drei Grundängste zu. Jeder Typ hat eine andere.

Bei der *sich selbst vernachlässigenden Persönlichkeit* ist es die *Angst vor der Selbstentfaltung*. Um das eigene wahre »Ich« zu werden, muss der Mensch Selbstständigkeit erlangen. Das wiederum erfordert natürlich Mut zur Trennung. Ein wichtiger Schritt in unserer

Entwicklung. Wir müssen Geborgenheit und Sicherheit verlassen, um eigenständig zu werden. Um dieser Angst zu entkommen, begeben wir uns in Abhängigkeit und verzichten auf unsere Freiheit. Jede Entscheidung ist somit auch immer ein wenig angstgesteuert und nicht vollkommen frei und unabhängig.

Bei der *ordnungsliebenden Persönlichkeit* ist es die *Angst vor der Veränderung*. Die Welt muss verlässlich sein, man möchte sein Leben »unter Kontrolle« haben. Menschen mit dieser Persönlichkeit versuchen, Veränderungen zu verhindern.

Und somit sind auch hier die Entscheidungen und das Verhalten von der Angst »eingefärbt«.

Histrionische, also extrovertierte Persönlichkeiten, haben Angst vor dem Endgültigen, Notwendigen und Verbindlichen. Alles soll in Bewegung bleiben, bloß kein Stillstand! Das Leben muss flirrend, bunt und aufregend sein. Für diese Persönlichkeit gilt: lieber ins schöne Wolkenkuckucksheim flüchten, statt sich der harten Realität zu stellen.

Ob wir wollen oder nicht, unser Denken und Handeln wird immer auch von unseren Ängsten beeinflusst. Das ist vollkommen normal. Wir haben Angst, verlassen, enttäuscht und verletzt zu werden. Angst vor Krankheit und Tod. Den Job zu verlieren oder zu scheitern. All das würde Schmerz, Leid und schlechte Gefühle erzeugen – und das wollen wir natürlich vermeiden. Je nach Persönlichkeit sind die verschiedenen Ängste stärker oder schwächer ausgebildet. Ängste müssen aber nicht unbedingt stark ausgeprägt sein und unser Leben dauerhaft negativ beeinträchtigen, doch sie beeinflussen unsere Entscheidungen und damit auch unser Verhalten. Wenn wir uns nicht trauen, Nein zu sagen, uns zu wehren oder vertraute Pfade zu verlassen, dann liegt auch das an unseren oft sehr tief sitzenden Ängsten.

Zu freundlich!

Ich segelte durchs Leben. Privatleben: Fehlanzeige.

Ich hatte keine Zeit und vor allem keine Lust, Konflikte auszutragen. Und ich war ja nicht nur im Job ein netter Kerl, ich versuchte, das immer durchzuziehen. Sagen, was andere hören wollen. Beziehungsweise nicht sagen, was andere nicht hören wollen. Im Restaurant schmeckte es selbstverständlich immer, so wie ich es beim familiären Gänseessen gelernt hatte.

Einmal wartete ich aufs Wechselgeld, doch der Kellner hatte beschlossen, sein Trinkgeld selbst zu bestimmen und behielt es einfach. Nun gut, dann eben nicht. Ich ging. Und rettete mich mit der Erklärung, dass es mir nicht wichtig genug wäre, mich deswegen zu streiten. Ich saß in versifften Taxis und war nicht in der Lage, wieder auszusteigen. Dazu hätte ich mich beschweren müssen, also ertrug ich den Ekel und öffnete das Fenster. Ein Beispiel meiner Nettigkeit, das mir besonders in Erinnerung ist, erlebte ich in einem Supermarkt. Ich liebe Supermärkte!

Beim Reinkommen sagte die Frau, die gerade fröhlich den Boden wischte: »Guten Tag.« Ich grüßte zurück und ging gut gelaunt mit ihr Richtung Wursttheke. Damals war Schinken noch ein Hochgenuss für mich. Inzwischen esse ich kaum noch welchen, aber das ist eine andere Geschichte. An diesem Tag sollte es Serrano sein, der teure, und ich freute mich auf meine kleine Brotzeit. Die freundliche Wischfrau huschte hinter die Theke, beförderte den Boden-Wisch-Putzlappen mit einem gekonnten Schlenker ins Waschbecken und fragte: »Was darf's sein?«

»Serrano«, antwortete ich fröhlich, »300 Gramm.«

»Gerne«, sagte sie und griff nach dem Schinken. Ohne sich vorher die Hände zu waschen, begann sie Scheibe für Scheibe aufzuschneiden.

Ich, ein Freund der Reinlichkeit, war vollkommen perplex und sprachlos. Bin ich im falschen Film? Sie schnitt, wog und verpackte. Mit den Händen, die gerade noch den Boden gewischt hatten.

»Darf's sonst noch etwas sein?«

»Nein danke.«

Ich war restlos bedient. Sie reichte mir den Serrano, ich bedankte mich höflich und ging. Unfähig zur Beschwerde war mir erst nicht klar, was ich mit dem Schinken machen sollte. Essen konnte ich den auf keinen Fall. Und bezahlen wollte ich ihn natürlich auch nicht. Um eine unnötige Diskussion zu vermeiden, hatte ich eine Idee: Ich deponierte die Wurst in einem unbeobachteten Moment in der Kühltheke. Ganz unauffällig zwischen Joghurt und Magerquark. Klar, dass ich mich dabei schlecht fühlte. Bist du zu nett, bist du gearscht. So einfach ist das. Doch ich wäre zu der Zeit niemals auf die Idee gekommen, das genauso freundlich wie deutlich anzusprechen. Die Dame an der Wursttheke zu bitten, sich die Hände zu waschen oder sich Handschuhe anzuziehen, war für mich undenkbar. Bei mir gab es nur nett sein oder, wenn gar nichts mehr ging, aus der Haut fahren. Ich entschied mich – schon aus guter alter Tradition – für den sanften Weg.

Auch bei der Arbeit bevorzugte ich selbstverständlich den fröhlichen Umgang. Wenn ich gute Laune verbreite, erfülle ich die Erwartungen, und alles ist gut. So dachte ich. Friede, Freude, Eierkuchen. Natürlich ging das nicht immer, auch ich hab mal schlechte Laune. Das Schlimmste: Wenn ich fokussiert und konzentriert arbeitete, dachten Kollegen manchmal, ich wäre schlecht drauf. Tja, wenn du dauernd nett bist, kann ein ernster Gesichtsausdruck böse Folgen haben. Permanentes Nettsein ist eben verdammt anstrengend.

In drohenden Konfliktsituationen war ich oft wie innerlich erstarrt. Ich konnte nicht denken, mich nicht in mein Gegenüber hineinversetzen und erst recht nicht das Gespräch suchen. Ich war wie gefangen im innerlichen Ärger und wusste nicht, wie ich damit umgehen sollte. Nach außen hin galt es dabei allerdings, weiter den Netten zu geben.

Eine andere Variante, mit der viele Nette kämpfen: Schuld und Fehler suchen sie oft nicht bei anderen, sondern bei sich. Wir Netten tappen reflexartig in die Rechtfertigungs- und Entschuldigungsfalle. Ach, der arme Taxifahrer hatte bestimmt heute noch keine Zeit, seinen Wagen sauber zu machen. Die Verkäuferin war sicher nur gedankenlos, das passiert schon mal. Und möglicherweise hat der Kellner einfach nur vergessen, mir das Wechselgeld zu geben. Und kein Wunder, dass die Kollegen mich für miesepetrig halten, wahrscheinlich habe ich wirklich unfreundlich geguckt. Vielleicht kennen Sie das auch von sich. Man möchte die unfreundliche Verkäuferin nicht zur Rede stellen. Kann ja sein, dass sie einfach nur einen schlechten Tag hat. Haben wir ja alle mal. Was soll ich mich jetzt beschweren, dass der Typ sich an der Kasse vorgedrängelt hat? Das macht mir nichts, ich hab ja Zeit. So können wir prima Ausreden finden und einmal mehr die Klappe halten. Um uns dann zu Hause trotzdem zu ärgern.

Die Nebenwirkungen

Wie lange kann man so weitermachen? Schwer zu sagen. Bei mir war es fast ein halbes Leben. Doch die in mir vergrabene Kiste war bis zum Bersten gefüllt, da gärte es.

Wir netten Menschen können ja prima verzichten und zurückstecken. Auch Kompromisse machen uns nicht so viel aus. Das hatte ich alles gelernt. Darin war ich spitze. Eine Einigung erzielen und Streit vermeiden. Aber es lässt sich eben nicht immer eine Einigung erzielen.

Kleine ungeklärte Meinungsverschiedenheiten wuchsen somit in mir zu Riesen heran und bescherten mir jede Menge schlaflose Nächte. Konfrontationen und Klärung ging ich konsequent aus dem Weg. Ich wollte der Nette bleiben. »Immer besser sein als die anderen« war schon das Credo meines Opas mütterlicherseits, wenn es darum ging, Ungerechtigkeiten und Ärgernisse gegen einen selbst wegzustecken. Auch ich ertrug viele Ungerechtigkeiten und ging harten Auseinandersetzungen eher aus dem Weg, als mit Menschen zu diskutieren oder Überzeugungsarbeit zu leisten, die sowieso nie auf fruchtbaren Boden fallen würde. Zumindest dachte ich so. Weil ich mir diesen Frust ersparen wollte, machte ich die Dinge mit mir selbst aus. Kurz und schmerzlos packte ich Negatives innerlich in kleine Schubladen, die mit den Jahren immer voller wurden. Darin stapelten sich ungeklärte Konflikte und die damit einhergehenden negativen Gefühle. Und mit jedem Tag, an dem ich sie weiter wegdrücken wollte, wurden die Probleme größer. Lange Zeit schwollen sie an, und ich ertrug sie mit dem Glauben, das müsste so sein. Durchhalten war meine Parole, nicht aufgeben. Ich glaubte manchmal sogar, ich müsste das ertragen. Weil Erfolg eben auch Opferbereitschaft bedeutet. Heute glaube ich, dass die Erklärung eine andere ist: Mein fehlender Glaube, dass sich Konflikte auch anders lösen lassen könnten. Für eine solche Herangehensweise fehlte mir jede Idee. Geschweige denn hatte ich die Ruhe und Energie, aktiv nach einem Ausweg zu suchen und daran zu arbeiten, dass sich meine Gemütslage verbesserte.

Bei aller Leidenschaft im Beruf war nun mittlerweile fast keine Energie mehr für Neues vorhanden, geschweige denn für Familie und Freunde. Ich arbeitete viel zu viel, hatte zu wenig Urlaub und wollte auch nicht gegen Dienstpläne intervenieren. Ich war der Typ, der egal ob beim Radio oder später beim Fernsehen auch an Brückentagen im Einsatz war, zwischen den Jahren zur Verfügung stand, eigentlich immer verfügbar war – und dabei stets freundlich. Nebenbei warteten tausend Ideen auf ihre Umsetzung und schmorten vor sich hin, was zu einer noch größeren Unzufriedenheit führte. Ich verzettelte mich häufig zwischen zu vielen Optionen. Ich wollte dieses und jenes, und am Ende machte ich zu viel oder zu wenig. Auch ein Problem, das ich erst später erkannte. Ich hatte so viele Wünsche und Ideen, dass ich oft den roten Faden verlor. Mein Hang zur Prokrastination erwies sich hier neben der täglichen Arbeit als zusätzliche Bremse. Ich ließ mich von Filmen, Eis und Chips ablenken, während die Leidenschaft für die Filme, die ich schaute, immer mehr abnahm. Dabei wurde später auch Freizeitstress mit Sport, Kurzurlauben, Theater- und Konzertbesuchen zur Herausforderung. Ablenkungen, mit denen ich mich in der Hektik des Alltags kurzfristig gut betäuben konnte, die mir aber nicht wirklich Freude bereiteten. Ein kleiner Teufelskreis. Zunehmend machte ich mich vom Erfolg abhängig. Morgens der erste Check: Wie war die Quote gestern? War sie einmal nur etwas schlechter als sonst, fragte ich mich, woran es gelegen hat. An mir? Und schon erwachten in mir die Selbstzweifel und begleiteten mich durch den Tag. Ich war zunehmend abhängig von äußeren Faktoren. Von Zuschauerzahlen, positiver Kritik und dem Wohlwollen anderer.

Persönliches dabei von sachlicher Kritik zu trennen fiel mir unendlich schwer. Ich wollte ja weiterkommen, meine Sache gut machen und allen gefallen. Wirklich allen zu gefallen ist ein Ding der Unmöglichkeit, was ich allerdings erst spät begriffen habe. Regelmäßig nahm ich so Probleme von der Arbeit mit nach Hause. War ich wirklich nicht gut? Kritik an meiner Arbeit war Kritik an meiner Person. Eine Portion Selbstbewusstsein hätte ich gut gebrauchen können. Hatte ich das nicht mal gehabt? Wo war es hin? Statt Kritik anzunehmen und sie zu analysieren, gab ich einem internen Rechtfertigungszwang nach und erklärte mich Kollegen in Dauerschleife:

»Ich wollte doch nur …«

»Ich hatte das ganz anders geplant …«

»Das war keine böse Absicht …«

Ja, ich tat auch das in bester Absicht. Ich muss mich verhalten haben wie ein Teenager. Für Außenstehende passte das sicher nicht so recht zu dem erwachsenen Mann, der da souverän eine Sendung nach der anderen moderierte. Vielleicht war ich das gar nicht: erwachsen. Vor lauter Ehrgeiz hatte ich im Eifer des Gefechts vielleicht einen wichtigen Reifeprozess verpasst. Denn dabei hätte ich mich ganz sicher mit meiner Harmoniesucht und Konfliktvermeidung auseinandersetzen müssen.

Da ein Unglück selten allein kommt, gesellte sich zur Unzufriedenheit mit der Gesamtsituation auch noch der Neid hinzu. Dieses negative Gefühl kannte ich ja schon aus jungen Jahren, nun klopfte es wieder an. Wenn ich von Kollegen las, die eine neue Sendung bekamen, dachte ich oft: »Warum der und nicht ich?« Ich mag mir gar nicht ausdenken, wie viel Kraft mich diese Gedanken gekostet haben. Woher kamen die nur? War ich nicht zufrieden oder schlicht überambitioniert? Ich konnte doch eigentlich mit meiner Entwicklung zufrieden sein, oder etwa doch nicht? Das ewige Zaudern und Hadern rund um diese Fragestellung kostete reichlich Energie. Ganz zu schweigen von dem ganzen Gedankenmüll, der mich abends im Bett nicht schlafen ließ. Und ich nervte auch andere damit: Ich will mehr! Größer, satter, leckerer! Das kann nicht immer gut angekommen sein. Wo ich doch auf den ersten Blick einen super zufriedenen Eindruck machte. Und genau das war rundum auch das Credo: Sei doch zufrieden, sei doch froh! Wer einmal eine gute Sendung hat, der soll doch bitte damit zufrieden sein. Ein Satz, den viele Moderatoren kennen. So wurden viele schon vertröstet. Allerdings kann ich gut verstehen, dass es für einen Sender klug ist, Sendungen, die gut laufen, so zu lassen. Ich steckte jedenfalls in meiner netten Rolle fest. Die Reise zu mir selbst schien das eindrucksvoll zu bestätigen. 45 Jahre meines Lebens Revue passieren zu lassen hat Kraft gekostet. Mich mit Argusaugen zu betrachten ließ mich dabei eine Menge Geschichten und wertvolle Erkenntnisse sammeln. Vom kleinen braven Bub bis zum viel zu netten Moderator, der alles war, nur nicht glücklich. Dabei hatte ich beruflich noch nicht einmal das erreicht, was ich mir früher einmal vorgenommen und erträumt hatte. Ich wollte das große Kino und stieß dabei immer wieder an meine Grenzen. Sowohl im Job als auch in Beziehungen regelmäßig gegen Wände zu rennen macht einfach keinen Spaß. Das war alles andere als cool.

Ans Eingemachte

Puh, da tat sich mit mir selbst ein ganz neues Konfliktfeld auf. Die Erkenntnisse nach meiner Reise zu mir selbst waren ernüchternd bis erschreckend. Aber erhellend! Denn nur wenn ich um die Schwächen und Defizite wusste, konnte ich sie auch angehen und verändern.

Ja, meine Bereitschaft zur Selbstkritik war begrenzt, aber wenn ich aus meinem Tief herauswollte, musste ich wohl oder übel alles noch einmal in anderem Licht betrachten. Die negativen Gefühle aus der Schachtel lagen nun vor mir. Stück für Stück hatte ich alles auseinandergenommen. Zeit, Bilanz zu ziehen.

Mir fehlte es an Disziplin. Ideen haben ist das eine, sie umzusetzen das andere. Viele Träume waren auf der Strecke geblieben. Doch ich wusste nicht, wo ich ansetzen sollte. Ob ich es wahrhaben wollte oder nicht: Ich hatte einen Hang zur Bequemlichkeit.

Ich haderte und schielte neidisch auf andere. Aber niemand war schuld daran, wenn ich mich nicht gut oder sexy genug fand.

Vielleicht lag es ja an mir? Ich trauerte verpassten Chancen hinterher und haderte regelmäßig mit mir und meiner Karriere, statt den Blick nach vorne zu richten.

Ich ging mit meinen Emotionen kindlich und unerwachsen um. Lief es nicht so, wie ich es wollte, zog ich mich beleidigt und gekränkt zurück.

Für mich gab es nur Schwarz und Weiß. Optionen und eigene Kompromissvorschläge entwickeln und ausdiskutieren konnte ich nicht. Ich war für Dinge schnell zu begeistern oder lehnte etwas total ab.

Ich wollte es allen recht machen. Das konnte nicht klappen.

An einem harmonischen Miteinander war mir so sehr gelegen, dass es immer wieder ungelöste Konflikte mit sich brachte, die sich aufstauten, irgendwann ausbrachen und neue, größere Probleme erzeugten.

Meine Selbstwahrnehmung schwankte zwischen »Ich kann alles« und »Ich kann gar nichts«. Die Realität liegt natürlich genau in der Mitte, zwischen bescheidener Zurückhaltung und Maßlosigkeit. Beides Dinge, die ich konnte, den Mittelweg beherrschte ich nicht so gut.

Ich war zu passiv. Zu oft hatte ich die Verantwortung in fremde Hände gelegt und mich meinem Schicksal ergeben. Das Ziel stand über allem. »Irgendjemand entdeckt mich schon.« Dabei hatte ich immer schon die Erfahrung gemacht, dass ich durchaus die Dinge selbst in die Hand nehmen konnte. Das hatte ich allerdings vergessen. In der Hardcore-Arbeitsphase surfte ich auf dieser Welle und agierte gegen mein ursprüngliches Naturell.

Ich brauchte Sicherheit, sie stand über allem. Sicherheit traf die Entscheidungen – nicht ich. Eingefahrene Bahnen zu verlassen fiel mir schwer. Ich hatte mich auf vieles eingerichtet und mir meine eigenen Rituale zurechtgelegt.

Ich war unzufrieden und unglücklich. Ja, ich habe viele Dinge erreicht in meinen Beruf. Ja, ich moderierte das erfolgreichste tägliche Fernsehfrühstück. Nur wirklich glücklich machte mich die Situation nicht. Nicht mehr. Glücksgefühle waren über die Jahre nur noch punktuell vorhanden.

Ich konnte meine persönlichen Interessen nicht gut durchsetzen. Meine Meinung auf eine Weise zu artikulieren, die andere auch gut annehmen können, war mir selten gelungen. Und oft ließ ich mich auch gerne vom Gegenteil überzeugen. Zur Not musste ich eben meine Meinung hintenanstellen. Die Folgen spürte ich über Wochen. Die nicht geführten, aber notwendigen Diskussionen lagen mir schwer im Magen und verursachten Bauchschmerzen.

Ich grübelte stundenlang vor mich hin und drehte alles immer wieder neu von links nach rechts. Auf diese Art und Weise versuchte ich, die Dinge mit mir selbst auszumachen. Auch wenn das außer einem faden Nachgeschmack kein Ergebnis brachte.

Da lagen jetzt ein paar ordentliche Brocken vor mir. Mit meinem Talent zur Prokrastination, Verdrängung und Disziplinlosigkeit hätte ich alles wieder sorgfältig in die Kiste packen können. Aber dazu war es nun zu spät. Mir war klar geworden: Selbsterkenntnis ist eine der wichtigsten Voraussetzungen für Beziehungsfähigkeit, für Empathie und ein funktionierendes Miteinander, beruflich wie privat. Da wollte ich hin. Wirklich erwachsen werden. Mein Leben selbst in der Hand haben und Entscheidungen treffen, die neue Wege möglich machten.

Ich hatte ja nun Klarheit: Meine Gedanken waren zu düster, zu viel Negatives bevölkerte meine Gehirnzellen, und das wiederum beeinflusste mein Handeln. Zu oft ärgerte ich mich, dass ich Dinge tat, die ich nicht tun wollte. Meine Bedürfnisse wollten beachtet werden, und Angst und Sicherheitsdenken bestimmten mein Leben. Ich musste handeln. Dringend.

Denn ich war immer noch jung genug, all meine Träume in die Tat umzusetzen. Dabei würden mir vor allem die positiven Erkenntnisse meiner Reise zu mir selbst helfen, denn die gab es ja auch. Also, auf zu neuen Ufern!

Gute Erkenntnisse

Nun hatte ich wirklich etwas in mir gefunden! Es war schon überraschend, was wir alles in uns (wieder-)entdecken können, wenn wir nur gründlich danach graben. Da war eine ganze Menge Potenzial vorhanden – und mit dem Fluchen sollte nun endgültig Schluss sein.

Ich war sehr gut darin, meine Träume anzugehen und auch zu verwirklichen. Zumindest teilweise. Außerdem hatte ich mehr als einmal auch »mein Ding« durchgezogen, zum Beispiel früher, als ich lieber in Bands spielte, als für die Schule zu lernen. Oder lieber früh auf eigenen Beinen stehen wollte, als im Schoß der Familie zu bleiben. Ich hatte mich für das »unsichere« Terrain Kunst, Musik und Film entschieden. Das war alles andere als angepasst. Also doch eher eckig und kantig. Ich hatte die riskantere Variante des Lebens gewählt, die mir mehr Freude versprach als die »sichere« Banklehre.

Ich konnte also bei mir durchaus histrionische Persönlichkeitsanteile identifizieren, das liegt wohl klar auf der Hand. Und das war ja nicht schlecht. Schon gar nicht in meinem Job. Gut, ich neigte außerdem dazu, meine Bedürfnisse und Belange hintenanzustellen. Beides gehörte zu mir, hatte aber eben auch mit meinem Nettigkeitsproblem zu tun. Doch auch das Nettsein war ja nicht nur Fluch, es konnte auch ein Vorteil sein. Ist es nicht verblüffend, wie durchaus positive Eigenschaften wie das »Sich-selbst-Zurücknehmen« ins Negative abdriften können? Oder dass aus der Freude an der Unterhaltung etwas wird, dem man vieles unterordnet? Und dann wird es zur Belastung, und die Freude währt nur noch kurz. Der Akku wird schnell aufgeladen, entleert sich aber mindestens genauso schnell wieder.

Ganz gleich zu welchem persönlichen Fazit jeder Einzelne von uns kommt, wichtig ist, dass wir mit diesen Erkenntnissen etwas Sinnvolles anstellen: Welche Stärken habe ich, welche Schwächen? Was fällt mir schwer, was geht mir leicht von der Hand? Worüber ärgere ich mich im Alltag und wie verhalte ich mich dann? Welche Gedanken plagen mich und was macht Freude? Welche Wünsche und Träume liegen eigentlich schon seit Ewigkeiten brach? Kenne ich meine Bedürfnisse und befriedige ich sie auch? Wie wäre ich gerne und welche Eigenschaften gefallen mir nicht?

Das alles kann man herausfinden, und das sollte man auch, wenn man ein glückliches und ausgeglichenes Leben führen will. Natürlich möchten wir Netten nicht plötzlich Egomanen werden, wir wollen ja weiter gemocht werden. Das wollen übrigens die meisten Menschen. Soziopathen mal ausgenommen.

Wir könnten damit beginnen zu akzeptieren, dass wir nicht immer nur »nett« sind und gar nicht sein können. Nein, wir haben auch »un-nette« Seiten, wir haben Aggressionen und Wut, wir wünschen auch mal jemandem die »Pest an den Hals«, alles ganz normal. Andere Menschen machen uns wütend, wir fühlen uns verarscht, missverstanden und sind enttäuscht. Darauf dürfen wir entsprechend (und angemessen!) reagieren. Du musst nicht alles schlucken, nicken und Ja sagen.

Sich um andere kümmern und sich selbst dabei nicht vergessen, das wäre der Idealzustand.

Nur wie kommen wir da hin? Über sich selbst besser Bescheid zu wissen ist gut, allerdings nur ein erster Schritt. Die Dinge, die uns stören, dann auch zu verändern, kann unsere Lebensqualität merklich verbessern. Doch wie kann das gelingen? Auf dem Weg dorthin hat mir eine kleine Checkliste geholfen.

Wir »Netten« sollten

- unsere Ängste identifizieren,
- Nein sagen lernen,
- unsere Bedürfnisse befriedigen,
- unsere Werte kennen und leben,
- unsere Stärken und Schwächen analysieren,
- unsere Ziele und Wünsche formulieren.

Damit konnte ich mich an die Arbeit machen. Auf geht's!

IV. Werde, der du bist!

oder
Wie man sich Stück für Stück erneuert

Erst mal schlaumachen ...

Nun hatte ich mich also selbst beobachtet und wertvolle (und leider auch schmerzhafte) Erkenntnisse gewonnen. Nur das reichte ja nicht. Das wäre in etwa so, als würden wir zwar wissen, woher unsere Schmerzen kommen, die Ursache aber nicht bekämpfen. Super, ich weiß jetzt, warum es bei jedem Schritt wehtut: Ich habe einen Reißnagel im Fußballen! Alles klar. Damit es nicht weiter pikst, muss das Ding nun auch entfernt werden. Bei mir bedeutete das:

Ich musste und wollte etwas an mir und meinem Verhalten verändern. Das war der schwerste Teil meiner Reise. Reißnägel kannst du rausziehen. Störende Eigenschaften und unerwünschtes Verhalten sind da eindeutig hartnäckiger und schwerer zu eliminieren. Könnte ich mit meinem neuen Wissen nun einfach in die Welt hinausgehen und nicht mehr so wahnsinnig nett sein? Ich würde ganz easy Nein sagen und meine Meinung klar kommunizieren, für meine Belange einstehen und ein ausgeglichenes, gesundes Verhältnis zwischen Arbeit und Freizeit herstellen. Ich wäre super konfliktfähig und Harmonie wäre zwar erstrebenswert, aber nicht zu jedem Preis. Und natürlich: Ich würde sofort auch meine Ängste abstellen. Ja, denkste. Schön wär's. Wenn man sich auf Recherchetour durchs weltweit gewebte Datennetz begibt, wird beim Thema Verhaltensänderung die

Desillusionierung gleich mitgeliefert. Das gilt oft als schwierig bis unmöglich. Ich wollte wissen, warum das angeblich so ist. Bevor ich also praktisch bei mir anfing, erkundete ich schon mal theoretisch die größten Hürden, die hier auf mich warten würden. Denn auch wenn du dir bei solch gravierenden Veränderungen Tipps von Profis holen solltest, am Ende bist du im Alltag auf dich allein gestellt. Umsetzen musst du die Dinge selbst. Und auch mit den Konsequenzen leben. Der Einzige, der für dein Leben wirklich die Verantwortung trägt, bist immer du.

Das Problem war mein Gehirn. Also, nicht meins im Speziellen, sondern die Funktionsweise unseres Denkapparates. Hier liegt generell der Knackpunkt, wenn wir eingefahrene Muster und Gewohnheiten verändern wollen. Wenn die Schaltzentrale in unserem Kopf erst mal über Jahre und Jahrzehnte »falsch« programmiert wurde, kannst du sie nur sehr schwer umprogrammieren. Eine besondere Herausforderung ist, dass wir dabei gleich vier unterschiedliche Gehirnareale berücksichtigen müssen. Alle vier Abteilungen sind nämlich an der Entwicklung und Bildung unserer Persönlichkeit beteiligt. Und wie sich meine Persönlichkeit im fränkischen Bullerbü entwickelt hat, wissen wir ja nun. Mein heiles Harmonieweltbild hatte sich in meinen Gehirnwindungen gemütlich eingerichtet und dachte gar nicht daran, sich zu verändern. Warum auch? War doch bis hierher prima gelaufen, oder etwa nicht? Na ja, im Gesamtbild war da noch Luft nach oben. Um die nötigen Korrekturen vorzunehmen, musste ich tiefer in die grauen Zellen eintauchen. Und in diesem faszinierenden Gehirn steckt mehr, als die meisten denken. Kleine Tour gefällig?

Die eigene Festplatte

Ganz tief unten verankert, Ebene eins, sind die gefühlsbetonten und unbewusst ablaufenden Vorgänge, die bereits in der siebten Schwangerschaftswoche entstehen und weitgehend genetisch bedingt sind. Da lassen sie dich später gar nicht mehr rein. Da kommst du nicht so leicht ran, um mal eben ein paar alte Erfahrungen oder Prägungen auszuwechseln. Du kannst nur ahnen, was da tatsächlich los ist. Auf meiner untersten Ebene sieht es – glaube ich – ganz gut aus. Ein Wunschkind mit absolut passablen Genen.

Eine Ebene höher wohnen ebenfalls genetische Vorgaben, aber auch Prägungen und frühkindliche psychosoziale Erfahrungen. Hier haben sich bei mir reichlich Liebe, Zuwendung, Aufmerksamkeit und Wertschätzung angesammelt. Aber ebenfalls mangelnde Konfliktfähigkeit, Harmoniesucht und Trennungserfahrungen. Auch diese Etage ist eher schwer zugänglich. Da kannst du nicht einfach reinspazieren und die Bude umräumen.

Erst eine Stufe höher wird es interessanter, da sitzen Sozialverhalten und Aufmerksamkeitssteuerung. Hier wird entschieden, auf welche Reize ich reagiere und welche ich unterdrücke. Begleitet von der erlernten Risikoeinschätzung und dem bewussten Gefühlsleben. Im Prinzip all das, was sich von der frühen Kindheit bis zum Erwachsenenalter entwickelt hat. Klar, dass auch ich da fündig wurde. Wie wir wissen, reagiere ich eindeutig auf Belohnungsreize wie Applaus und wohlwollende Aufmerksamkeit. Auf Auseinandersetzungen oder gar Streit kann ich bewusst wahrscheinlich gar nicht reagieren – und wenn, dann nur fluchtartig. Und Risikoeinschätzung? Privat wägte ich sorgfältig ab, beruflich ging ich oft aufs Ganze. Da fallen mir meine lebensgefährlichen nächtlichen Autobahnfahrten ein, riskante Stuntaktionen beim Filmdreh oder »Todessprünge« aus 3000 Metern ...

Und auf der letzten Ebene, auf die wir den besten Zugriff haben, sitzen Verstand und Intelligenz. Diese Ebene hat übrigens am wenigsten mit unserer Persönlichkeitsentwicklung zu tun, weil sie in den späten Phasen der vorgeburtlichen Entwicklung entsteht und bis ins Erwachsenenalter hineinreicht.

Was bedeutete diese persönliche Hirnerforschung nun für mich? Die Wirkung der unteren Ebenen, also eins und zwei, auf die oberen Ebenen (drei und vier) ist wesentlich größer als umgekehrt. Um es mal ganz klar zu sagen: Harmoniesucht und Konfliktscheue waren bei mir so dermaßen fest einbetoniert, da musste ich schon mit schwerem Gerät ran. Nur wie? Da kommst du sowieso nie hin! Als ich mich angesichts dieser Tatsache fragte, ob Verhaltensänderung dann überhaupt wirklich möglich ist, kam der nächste dicke Hammer. Ich erfuhr, dass neben den grundlegenden Faktoren wie genetische Veranlagung, Mutter-Kind-Beziehung, Prägungen und soziale Faktoren auch neurobiologische Defizite nicht zu unterschätzen sind. Ganz schlechte Nachrichten für mich. Denn hier werden dann Stress, Leistungsdruck, falsche Ernährung, mangelnde Bewegung oder fehlende Entspannung als Ursachen aufgeführt, wenn es mit der Änderung nicht klappt. Bingo, Volltreffer auf der gesamten Palette! Was für ermutigende Aussichten! Grund ist ein Mangel an Serotonin, auch Glückshormon genannt. Hat man zu wenig von dem Zeug, kann es zu Antriebslosigkeit, Müdigkeit, Reizbarkeit, schlechter Laune und Ängstlichkeit führen. Der perfekte Teufelskreis. Um aktiv zu werden und die Dinge in Angriff zu nehmen, brauchst du Power. Dazu müsste dein Gehirn ein paar Rauschmittel ausschütten. Wenn du aber gerade nicht viel zu lachen hast, dann wird da wenig bis gar nichts ausgeschüttet. Sollte meine Ausgangsposition wirklich so übel sein? Zum Glück stieß ich auf eine Möglichkeit, diese sogenannten limbischen Ebenen »aufzuweichen«: die Selbstmotivation. Großartig! Da liegst du ausgepowert und antriebslos auf dem Sofa, ernährst dich von Chips und Schokoladeneis und sollst dich selbst motivieren. Dein Serotoninspiegel ist im Keller, die Laune miserabel, und Existenzängste und Selbstzweifel sind deine besten Freunde. Klar, kein Problem: Mach ich mal Selbstmotivation! Überflüssig zu erwähnen, dass das ein harter Brocken war. Ich brauchte einen Plan und Hilfe, das war zu viel Zeug auf einmal, wie sollte ich das allein schaffen?

Wir halten mal kurz fest: Es war Ende 2017, mein Vater war vor einigen Monaten gestorben, was mich emotional ordentlich gefordert und mein ganzes Leben durchgeschüttelt hatte. Ich hing beruflich in einer Art Dauerschleife fest, und mein Privatleben befand sich im Winterschlaf, über alle Jahreszeiten hinweg. Nur mein Liebesleben war plötzlich in Bewegung geraten. Ja, Wunder gibt es also doch immer wieder. Ein paar Wochen nach dem Tod meines Vaters sorgte eine Frau für einen Lichtblick in meinem Leben, der mich fast geblendet hätte. Die damit verbundenen Dosen an Dopamin und Serotonin, die ich nur zu gut gebrauchen konnte, schossen nun reichlich durch meinen Körper. Gut, ich gebe zu – auch etwas Testosteron. Ich war zu der Zeit ja für jedes (natürliche) Aufputschmittel dankbar. Dieser wunderbare Mensch schickte sich an, mich von nun an auf meinem Lebensweg zu begleiten. Sie bestärkte und unterstützte mich, ganz zu schweigen von der Liebe, die bekanntlich die größten Flügel verleiht. Das war mein Ausgangspunkt. Und reflexartig arbeiteten die unteren Gehirnebenen gewohnt zuverlässig. Die riefen nun alle bekannten und bis dato bewährten Verhaltensmuster ab. Ich versuchte es mit den üblichen Ausreden. Ich könnte ja die Heftzwecke einfach im Fuß lassen und weiterhumpeln. Oder sie morgen rausziehen. Oder nächste Woche. Wie früher in der Schule: Je näher die Prüfung kam, desto weniger lernte ich. Also Aufschieberitis. Morgen ist auch noch ein Tag, vorher schaue ich noch zehn Folgen der neuen skandinavischen Super-Serie, dann fang ich an. Wirklich! Nur gab es diesmal leider kein Prüfungsdatum, da war kein Tag X, der mich zwang, irgendwann aktiv zu werden. Und mir wurde klar: Wenn es um dein eigenes Leben geht, musst du vor dir selbst Rechenschaft ablegen, da fragt dich keiner ab, da gibt's keinen Termin – den Arsch musst du schon selbst hochkriegen. Also auch ich, der Verdrängungs- und Prokrastinationsweltmeister mit latentem Hang zur Bequemlichkeit. Eher kriegst du einen Bär im Winter zum Tanzen. Aber mittlerweile pikste es an allen Enden, es war kaum noch auszuhalten. Tatsache ist: Ich habe diese erste wichtige Hürde genommen. Denn wenn du am Ende angekommen bist und dir die große Sinnfrage stellst, ist der eigene Antrieb das Einzige, was du noch hast. Selbst wenn es nur ein ganz kleines Rädchen ist, das sich da noch langsam dreht. Solange das Gehirn, deine Kommandozentrale im Oberstübchen funktioniert, ist noch nicht alles verloren. Mein innerer Nebel begann sich zu lichten, durch den intensiven Blick auf mich und mein Leben wurde mir vieles klarer. Und genau in dieser Klarheit lag für mich auch der Schlüssel zu einer positiven Veränderung in meinem Leben. Nach dem Blick zurück konnte ich meinen Fokus jetzt nach vorn richten und meine Ziele konsequent verfolgen. Was für eine unglaubliche Kraft das entfalten würde, hätte ich nie erwartet. Dazu musste ich meine Ziele neu justieren und genauer definieren, ihnen vertrauen und mich auch auf neue Abenteuer einlassen, die mich zufriedener und glücklicher machen sollten.

Und falls Sie jetzt Lust haben, bei sich ein paar Dinge praktisch in Angriff zu nehmen und zum Besseren zu verändern, kommen Sie doch einfach mit. Das Zauberwort heißt: Selbstmotivation!

Ich habe einen Plan

Nun lautete meine Devise:

»Werde, der du bist.«

Ein Zitat, das Friedrich Nietzsche inspirierte. Der Philosoph fasste einen guten Vorsatz in einfachen Worten zusammen, seine kurze Übersetzung einer Maxime des griechischen Dichters Pindar, die er für den Untertitel von »Ecce Homo« adaptierte. Sie hatte für mich eine simple Botschaft: Alles ist in dir angelegt, du musst es nur erkennen und freilassen. »Nur«. Klingt wie Erleuchtung *to go*. Ist es aber leider nicht. Der Trip bis hierher war ja schon kein Kindergeburtstag gewesen. Punkt eins, »das Erkennen«, hatte ich ja sowohl durch meinen Blick zurück in die Kindheit und Jugend als auch mittels Rückbetrachtung auf meine über 20-jährige Karriere weitgehend erledigt. Und das war beileibe nicht nur spaßig gewesen. Es gibt schönere Beschäftigungen, als sich selbst auf diese Weise in die Mangel und auseinanderzunehmen. Nun kam der praktische Teil. Der Tag der Wahrheit. Einer reichte natürlich nicht, aber du musst ja irgendwann anfangen. Aufstehen, Licht anmachen, einen Plan fassen. Und aktiv werden.

Wie gesagt: Hilfe und Unterstützung sind dabei nicht zu unterschätzen, jemand, mit dem du reden kannst, der dich bestärkt und dir notfalls auch in den Hintern tritt.

Das Ziel lautete: Ich wollte künftig auch meine eigenen Bedürfnisse befriedigen und nicht immer nur die der anderen. Ich wollte wieder zu mir zurückfinden, mich auf meine Ziele und Wünsche fokussieren. Nicht neidisch auf andere schielen, keinen Frust mehr schieben. Ich wollte mich nicht mehr über mich selbst ärgern, weil ich mal wieder zu nett war, um Nein zu sagen. Ich wollte mich an dem erfreuen, was ich tue, Spaß haben am Leben. Kurz gesagt: Ich wollte wieder rundum glücklich sein!

Und ich hatte große Lust dazu! Ich war aktiv, verharrte nicht mehr im Selbstmitleidssumpf, sondern nahm mein Glück in die Hand. Glauben Sie mir: Das tut verdammt gut!

Back to the roots

Große Denker, Psychologen und Philosophen haben im Laufe ihres Schaffens eine Menge schlauer Sprüche rausgehauen. Simple Erklärungen haben sie dazu leider nie mitgeliefert. Eine einfache Gebrauchsanweisung zur Selbsterkenntnis wäre auch zu schön gewesen. Werde, der du bist – ich war also schon jemand. Und den hatte ich offenbar entweder irgendwann verloren oder noch gar nicht richtig kennengelernt. Ein glückliches und zufriedenes Leben ist so wohl kaum möglich. Das kannst du nur erreichen, wenn du weißt, wer du bist und dich auch entsprechend verhältst. Mein Blick zurück in die Kindheit und die intensivere Selbstbeobachtung lieferten mir dafür die ersten wertvollen Puzzlesteine. Die Basis, das Fundament meines Ichs sozusagen. Und am Ende würde ich ein komplettes Bild von mir haben. Ich machte zunächst eine Bestandsaufnahme meiner Ressourcen, also meines natürlichen Vorrats an Stärken und Fähigkeiten. Die Ressourcen waren das, was laut Pindar in mir an Gutem »angelegt« ist. Wir richten unseren Blick leider viel zu oft auf unsere Mängel und Defizite, dabei gibt es ja auch Stärken. Und hier lag der Schlüssel zur erfolgreichen Veränderung. Ich brauchte meine »starken« Werkzeuge, um die »Schwachstellen« zu bearbeiten. Ich legte zwei Spalten in meinem Plan an, für die guten und die schlechten Eigenschaften. Die Problemfelder hatte ich bereits identifiziert und notiert, nun listete ich daneben jene positiven Fähigkeiten auf, die ich auf meiner nostalgischen Reise identifiziert hatte: Ich war zielstrebig und ehrgeizig (gewesen!). Meine Hartnäckigkeit und mein »Biss« hatten mich von Job zu Job getragen. Ich hatte Klinken geputzt, jede Chance wahrgenommen und mich bis zu meinem Traumjob beim Radio durchgearbeitet. Meine »Karriere« war mein Lohn dafür. (Okay, vielleicht bin ich manchmal mit meinem Ehrgeiz etwas übers Ziel hinausgeschossen.) Doch diese Eigenschaften konnte ich mir mit Fug und Recht auf die Fahne schreiben.

In meiner Jugend hatte ich oft genug Mut und Selbstvertrauen bewiesen. Alle zwei Jahre stiefelte ich in eine neue Schule und überwand meine Unsicherheit. Ich stellte mich schon als Teenager selbstbewusst auf Bühnen und performte als Musiker munter drauflos. Und nur mit einer guten Portion Zutrauen war es möglich gewesen, mein sicheres Zuhause nach dem Abitur zu verlassen. Ich hatte großen Spaß an meiner Arbeit und vor allem daran, Menschen Freude zu bereiten. Schon seit meiner frühesten Kindheit liebte ich das Entertainment. Hier war ich immer schon richtig gewesen. Ja, ich war ein freundlicher, aufgeschlossener und netter Mensch, daran war erst mal nichts verkehrt. Wenn ich an meine beruflichen Anfänge zurückdenke, fällt mir vor allem auf, dass ich eine große Konsequenz an den Tag gelegt habe. Weil ich mir ganz klar über das war, was ich wollte. War das jetzt alles futsch? Früher hatte ich viele wertvolle Eigenschaften besessen, die ich identifizieren und wiederbeleben musste. Nun hatte ich sie zurückgeholt: Da standen sie, schwarz auf weiß. Viele waren verloren gegangen (beziehungsweise in den Hintergrund gedrängt worden), weil ich auf der anderen Seite zu nett, zu konfliktscheu und harmoniesüchtig war.

Doch sollte ich nun ein Arschloch werden mit spitzen Ellbogen, egoistisch und selbstsüchtig? Allzeit volles Risiko? Nein, da musste es noch etwas dazwischen geben. Die Gegenüberstellung meiner Eigenschaften war schon mal ein super Ergebnis, es schaffte Klarheit.

So war ich, das alles gehörte zu mir. Der ganz spezielle Ingo-Mix. Meine erlernten (unerwünschten) Verhaltensmuster sollten durch verstärkende und vermeidende Faktoren verändert werden. Praktisch gesagt: Meine Stärken mussten wieder aktiviert werden, das waren die besten »Waffen« gegen meine Schwächen.

Da gab es doch ein paar veritable Werkzeuge, mit denen ich meinen lästigen Weggefährten zu Leibe rücken konnte.

Ich weiß nicht, wie Ihre Liste aussieht, aber das habe ich mir notiert:

Stärken	Schwächen
Zielstrebigkeit	Harmoniesucht
Ehrgeiz	Kritikscheu
Mut & Optimismus	Prokrastination
Selbstvertrauen	Selbstzweifel
Kreativität	Neid
Durchhaltevermögen	Konfliktunfähigkeit

Damit konnte ich arbeiten. Denn mentale Muster lassen sich gut an- und auch wieder wegtrainieren. Logisch, dass das im Guten wie im Schlechten funktioniert. Vielleicht kamen Ihnen Ihre positiven Eigenschaften ja auch im Laufe Ihres Lebens teilweise abhanden. Die gute Nachricht: Sie können alle wiederkommen oder sich neu entwickeln. Probieren Sie es einfach aus. Wenn Sie Lust haben zu erfahren, wie ich hier angesetzt habe, sollten Sie sich die nächste Etappe

meiner kleinen Reise zu mir selbst anschauen. Und einfach weitermachen!

Es gibt einiges zu tun ...

Wie wir mittlerweile wissen, hängt das leidige Zunettsein mit vielen Dingen zusammen. Eine komplexe Angelegenheit. Hier geht vieles Hand in
Hand. Ich musste die unerwünschten Faktoren wie ein Wollknäuel ent-
wirren und jeden Faden einzeln aufrollen und genau betrachten. Das
hilft einem enorm, hier nicht den Überblick zu verlieren und im Chaos
zu versinken. Danach sortierte ich die anstehenden Aufgaben. Und bevor wir jeden einzelnen Schritt ausführlich betrachten, zeige ich Ihnen,
was mir dabei sehr geholfen hat: mein persönlicher 6-Punkte-Plan. Er
lieferte mir eine erste Orientierung, die vielleicht auch Ihnen nützt.

1. Ich musste mir darüber klar werden, welche *Werte* ich eigent-
    lich hatte. Was ist mir wichtig, welche Wertvorstellungen lei-
    ten mich? Sie sollten meine konstanten Wegweiser werden.

2. Ich wollte mir entscheidende Phasen meines Lebens noch
    mal genauer anschauen. Denn diese *Wendepunkte* würden mir
    Aufschluss darüber geben, wie ich tatsächlich mit Krisen oder
    schwierigen Ausnahmesituationen umgehe.

3. Ich musste meine diversen Ängste einer gründlichen Reali-
    tätsprüfung unterziehen. Ein ganz wichtiger Punkt, denn die-
    ses Nettsein war ja in vielen Fällen nicht nur der Harmonie-
    sucht geschuldet, sondern auch meinen Ängsten.

4. Ich musste aktiv lernen, *Nein* zu sagen. Der Praxistest würde
    sicher eine meiner schwersten Aufgaben werden, aber an die-
    ser Verhaltensänderung führte kein Weg vorbei.

5. Mein *Denken* sollte sich verändern. Schlechte Gedanken erzeugen schlechte Gefühle. Und davon hatte ich ja wirklich zu viele.

6. Und zu guter Letzt: Meine *Pläne, Wünsche* und *Ziele* mussten neu geordnet und priorisiert werden. Damit ich endlich wieder durchblickte. Und das Prokrastinieren ein Ende hatte.

Eine Anmerkung vorweg: Alle Maßnahmen zur Verhaltensänderung, die ich fortan ergriff, liefen natürlich nicht nacheinander, sondern parallel ab. Sie griffen ineinander und ergänzten sich. Bei alldem half mir immer wieder, alles auch aufzuschreiben. Notizen und Pläne aus dem Kopf zu Papier bringen. Allein das hat mein Gedankenkarussell oft gestoppt. Und natürlich hat mir auch meine neue Liebe geholfen – emotional, praktisch und professionell. Gut, wenn du einen Coachingprofi in der Nähe hast. Sollten Sie allerdings glauben, dass ein guter Coach die ganze Geschichte für Sie regeln kann, muss ich Ihnen leider sagen: Nein. Aktiv werden müssen Sie schon selbst. Und ein Coach entscheidet auch nichts. Die Entscheidungen treffen – richtig – Sie allein. Wie gern hätte ich oft die Verantwortung auf anderen Schultern abgelegt. Das funktioniert nicht. Ein Coach hilft dir nur auf dem Weg, deine eigene Entscheidung zu treffen. Und eines kann ich aus meiner Erfahrung sagen: Die Entscheidungen, die ich aus mir heraus in voller Überzeugung getroffen habe, waren in diesem Moment auch immer die nötigen und richtigen.

Ein guter Coach, ein guter Freund und ein gutes Umfeld werden gerade in solchen wichtigen Abschnitten des Lebens super wichtig. Weil sie deinem Leben aus einer wohlwollenden Perspektive ehrlich den Spiegel vorhalten können, in dem du dich auch selbst plötzlich ganz anders sehen und entdecken kannst.

Wert und wichtig

Haben Sie eigentlich einen Lebenskompass? Normen, Moralvorstellungen und Werte, nach denen Sie Ihr Leben ausrichten? Spontan habe ich diese Frage mit »selbstverständlich« beantwortet. Nur, als ich sie dann konkret benennen sollte, kam ich ganz schön ins Schleudern. Was ist mir eigentlich wichtig im Leben? Welche Werte bestimmen mein Denken und Handeln? Die Fragen kommen harmlos daher, sind aber gar nicht so leicht zu beantworten. Welche Werte beziehungsweise Wertvorstellungen habe ich? Und was ist das eigentlich, ein Wert? Über Werte wurden schon ganze Wälzer geschrieben. Werte sind erstrebenswerte, für moralisch oder ethisch gut befundene spezifische Wesensmerkmale. Für große Gruppen wie das Abendland oder die viel zitierten europäischen Werte gilt das genauso wie für unsere individuellen Werte. Wenn aus Normen persönliche Glaubenssätze entstehen, die zu Denk- und Handlungsmustern führen.

Quer durchs Internet geistern unzählige Listen mit zum Teil Hunderten von Werten, die wir individuell für mehr oder weniger wichtig halten. Und keine Sorge, ich werde jetzt nicht alle aufzählen. Ihre ganz persönliche Werteliste sollte am Ende aus fünf Werten bestehen, die für Ihr Leben zentral sind. Das sind nicht zu viele und nicht zu wenig. Damit lässt sich gut leben. Hier ein paar Anregungen: Anerkennung, Besitz, Respekt, Pünktlichkeit, Schönheit, Disziplin, Aktivität, Freiheit, Integrität, Fleiß, Vergnügen, Leistung, Erfolg, Verantwortung, Frieden, Wohlstand …

Was hat das nun mit unserem Problem zu tun? Eine ganze Menge: Wenn jemand sein Leben nach ganz bestimmten Werten ausrichtet, zum Beispiel Fleiß, Disziplin und Leistung, dann wird es ihm Unbehagen bereiten, wenn er faul, undiszipliniert und erfolglos ist.

Vielleicht sind ihm diese Werte gar nicht bewusst. Weil einige davon in den tiefen Gehirnebenen sitzen und genetischer beziehungsweise früher sozialer Prägung entstammen.

Wir empfinden unsere Handlungsentscheidungen und unser Verhalten dann als stimmig, wenn es sich an den persönlichen, individuellen Werten orientiert. Harmonie ist natürlich auch so ein Wert. Und genau da sind wir wieder beim Jasagen und Zunettsein. Wenn ich aus Harmoniesucht und Angst vor Konflikten meine eigenen Werte dauernd mit Füßen trete, kriege ich über kurz oder lang ein Problem. Wenn zum Beispiel »Familie« und »Zugehörigkeit« zwei wichtige Werte für mich sind, ich aber immer zu viel arbeite und deshalb meine Eltern und Geschwister vernachlässige, entsteht hier ein Konflikt.

Kennen Sie Ihre Werte? Wissen Sie, was Sie leitet? Oder sollten Sie vielleicht erstmal schauen, nach welchen Werten Sie überhaupt in Zukunft leben wollen? Egal ob neu definierte oder fest zementierte alte Werte, Sie sollten sie alle einem Realitätscheck unterziehen. Passt das überhaupt noch zu mir? Bin das ich? Will ich so sein? Vielleicht leiten mich da in meinem Unterbewusstsein noch Werte, die gar nicht (mehr) meine sind? Werte sind wandelbar und verändern sich. Ja, Sie selbst können sie aktiv verändern. Was früher wichtig war, ist es heute vielleicht nicht mehr. Oder umgekehrt. Die Werte, die wir von den Eltern oder engen Bezugspersonen mitbekommen haben, werden unwichtiger und durch andere ersetzt.

Mit der Identifizierung der eigenen Werte ist es ein wenig so wie mit der Selbstbetrachtung. Der Mensch neigt dazu, sich an dieser Stelle selbst gerne ein wenig zu veräppeln, und die Werte fallen vielleicht »edler« aus, als sie es tatsächlich sind. Da wir die kritische Selbstbeobachtung schon hinter uns haben, können wir nun auch hier ehrlich sein, alles andere macht ja keinen Sinn. Deshalb sollten wir uns unsere Werteauswahl genau anschauen. Kleiner Vorschlag:

Diskutieren Sie Ihre Werte doch in Ihrem Freundeskreis oder in der Familie. Das könnte Garant für ein Gespräch sein, das tiefer geht und nachwirkt. Vielleicht überrascht Sie ja auch, was die anderen darüber denken.

Mir ist Empathie wichtig! Und Freundschaft ebenfalls! Das lässt sich leicht sagen. Aber verhalte ich mich auch entsprechend? Wann war ich das letzte Mal empathisch? Sie denken, dass Ihnen Freundschaften wichtig sind, die in der Realität aber gar nicht stattfinden? Also keine schlechte Idee, das einmal zu überprüfen. Habe ich gemacht. Sich über die persönlichen Leitplanken auf dem Lebensweg Gedanken zu machen ist eine Arbeit, die sich lohnt. Die eigenen Werte erwiesen sich bei mir als perfekte Checkliste, um in der Folge gute Entscheidungen zu treffen. Entscheidungen, über die ich nicht ansatzweise so viel grübeln musste wie in früheren Jahren. Dazu wühlte ich mich durch Hunderte von Werten. Am Ende erwiesen sich bei mir diese fünf Werte als passend:

MEINE WERTE
Liebe
Kreativität
Begeisterung
Erfolg
Genuss

Klar, dass ich anfangs dachte, Harmonie müsste ganz oben stehen. Und die Harmonie ist mir nach wie vor wichtig, sie schimmert in meiner Werteliste nach wie vor durch. Nur zu meinen Top Fünf gehörte sie zu dem Zeitpunkt nicht mehr.

Herauszufinden, was zu meinen Top Fünf zählt, hat einige Wochen und Dutzende von Post-its gedauert. Ob ein Wert auf die Liste gehört oder nicht und was dieser Wert wirklich für Sie bedeutet, können Sie am besten an Beispielen aus Ihrem Leben und Ihren Zielen und Träumen, also an dem, das noch vor Ihnen liegt, herausarbeiten. Für Werte sollten wir uns Zeit nehmen, sie überprüfen und am Ende eventuell auch wieder austauschen, weil ein anderer Wert vielleicht doch noch besser zu uns passt. Ich wählte Liebe, weil ich dieses Gefühl in meinem Leben haben will. Auch ohne kreativ sein zu können, würde ich vor die Hunde gehen. Musik, Bühne, Medien – ich habe große Freude daran, auf den unterschiedlichsten Spielwiesen unterwegs zu sein. Begeisterung für Menschen und das, was mein Leben ausmacht, ist für mich auch elementar. Ich bin ein Genussmensch, ich genieße gern, das muss sein. Und ich könnte auch nicht glücklich werden, wenn das Thema »Erfolg« in meinem Leben keine Rolle spielen würde. Auch wenn dieser Wert meist durch die Außenwirkung bestimmt wird. Doch genau dafür sollte ich schon bald eine für mich neue Definition entwickeln. Diese fünf Werte begleiteten mich von nun an durch meinen Prozess und mein Leben. Zusammen wirken sie wie ein Kompass, der privat wie beruflich die Richtung vorgibt. Werte sind, ob bewusst oder unbewusst, Grundlage einer erfüllenden Lebensgestaltung. Bin ich mich ihrer bewusst, kann ich erkennen, welche Handlungen zu meiner Motivation passen. Was mache ich, was lasse ich lieber sein? Meine Werte sollten meine Entscheidungen klarer und einfacher machen. Und mir ermöglichen, mich auf das Wesentliche zu konzentrieren.

Das Schöne ist, dass sich unsere Werte und damit unsere Werteliste verändern können. Wir müssen an ihnen nicht dogmatisch und starr festhalten. Unsere Werte bleiben so individuell wie wir selbst. Daher macht es Sinn, sie immer wieder zu überprüfen: Was genau bedeutet dieser Wert für *mich*? Nicht für andere. Und ist er noch aktuell? Oder kann der weg? Nun hingen auch diese Werte als kleine Post-it-Zettel an meiner Wand. Bei allen Entscheidungen und Überlegungen zog ich sie zu Rate. Agierte ich an meinen Werten vorbei oder waren sie ein verlässliches Navigationssystem? Bei vielen Entscheidungen sah ich plötzlich klarer, weil ich schwarz auf weiß festgezurrt hatte, was mir wichtig war. Musste ich wirklich auf die x-te Promi-Party, um mit einem Bild in den einschlägigen Magazinen zu landen und etwas Öffentlichkeit zu bekommen? Oder waren tägliche Fernsehsendungen nicht Öffentlichkeit genug? Plötzlich überlegte ich mir genau, wann ich für derlei Events aus dem Haus ging. Freundin, Familie und mein privater Freundeskreis waren mir wichtiger. Ich koche lieber entspannt für meine Lieben, als mich an Buffets zu drängeln. Wobei ich Buffets bei Events sowieso seit Jahren meide – oder mit dem Dessert anfange: Der Buffet-Andrang bei VIP-Events kann furchtbar sein. Nicht umsonst gehen viele vorher oder nachher woanders essen. Wenn ich heute zu einem Empfang oder Ähnlichem gehe, dann weil ich die Menschen mag, die ich dort treffe – oder weil ich dort arbeite. Die Zahl der Veranstaltungen, auf denen ich in den letzten Jahren als Gast unterwegs war, ist merklich zurückgegangen. Früher flitzte oder flog ich an meinen freien Tagen schnell noch hierhin und dorthin, um irgendwelchen Einladungen zu folgen. Und mal eben schnell in die Berge oder ans Meer. Doch meist konnte ich die schönste Umgebung nicht genießen, weil ich am nächsten Morgen wieder früh zurück in Richtung Studio musste. Freizeitstress. Das gehört der Vergangenheit an. Und die uns nahen Menschen verstehen gut, wenn wir mit unseren Kräften haushalten. Sogar die bunten Bilder in der Welt der Magazine sind mir nicht mehr so wichtig. Statt Promi-Party oder Häppchen im neuen Wellnesstempel entspanne ich lieber zu Hause und genieße meine Freizeit. Auch was die Arbeit angeht, sage ich nach einem Blick auf meine Werteliste viel mehr ab als früher. Damals haderte ich nach Zusagen schon mal, zuletzt hatte ich nach der Absage einer Show, die nun gar nicht zu mir passte, ein sehr gutes Gefühl. Die Zeit, in der ich Dinge machte, die ich eigentlich gar nicht wollte, ist vorbei. Weil ich für mich entscheide und nicht in erster Linie anderen gefallen will. Ich bin viel klarer als früher. Das setzt eine nie gekannte Energie frei und macht mich heute stark.

Wenn's drauf ankam

Im nächsten Schritt schaute ich mir die Wendepunkte in meinem Leben an. Wo waren sie, wie hatte ich sie erlebt und auf welche Art bewältigt? Denn daraus würden sich auch noch mal ein paar interessante und vor allem brauchbare Eigenschaften ableiten lassen. Dazu rief ich mir noch mal alle entscheidenden Lebenssituationen ins Gedächtnis und erkannte, dass in allen Tiefschlägen auch immer Chancen gesteckt hatten. Wie beim Tod meines Vaters. Als er starb, wurde mir die Endlichkeit des Lebens bewusst. Doch dieser traurige Moment hatte auch etwas Schönes in sich. Etwas Neues begann, und nach der Trauerphase kamen auch wieder schöne Momente. Der Tod hatte mich am Ende lebendiger gemacht. Klingt vielleicht seltsam, war aber so.

Das leidige Thema Trennungen. Davon gab es ja einige. Wenn ich mich von jemandem oder etwas getrennt hatte, war es am Ende gut gewesen, es tatsächlich zu tun, auch wenn es manchmal gedauert hat und ich oft eine etwas zweifelhafte »Methode« hatte. Nur hinterher war es immer besser. Ich wusste, dass ich auch allein klarkomme – und es konnte sogar richtig schön sein. Die dauernden Umzüge und die damit verbundenen Abschiede. Ich musste immer wieder von vorne starten, mich neu erfinden und in einer fremden Welt zurechtfinden. Auch das gelang mir, wenngleich es auch mit Schmerz, Abschied und Kraftanstrengung verbunden gewesen war. Und wenn sich in meinem Leben etwas zum Positiven veränderte, dann nachdem ich die Dinge selbst in die Hand genommen hatte.

Klar, dass auch große Enttäuschungen wie ein Jobverlust entscheidende Wendepunkte sind. Die Rauswurferfahrung beim Radio war bitter gewesen, aber ich war daran nicht gescheitert. Ohne diese schmerzvolle Erfahrung hätte ich mein Studium wahrscheinlich nie beendet und auch keine Laufbahn beim Fernsehen begonnen und neue Erfahrungen als Schauspieler sammeln können.

All diese Wendepunkte zeigten mir: Ich konnte immer auf mich und aufs Leben vertrauen, das durfte ich schon mehrfach erfahren. Du musst dich nur drauf einlassen! Manchmal musste ich zwar Geduld haben, nichts passiert auf Knopfdruck, aber es kommt. Eine Tür geht auf, ein neuer Weg bahnt sich, eine Chance wartet darauf, ergriffen zu werden. Irgendwie gibt es doch so etwas wie Schicksal. Das Leben meint es gut mit mir, und es lohnt sich zu warten. Am Ende wird alles gut.

Was waren Ihre Wendepunkte im Leben? Wie sind Sie damit umgegangen? Vielleicht haben Sie mal einen Job verloren? Oder mussten Sie eine Trennung verkraften? Ist ein geliebter Mensch gestorben? Die Tatsache, dass Sie hier und heute dieses Buch lesen, zeigt auf jeden Fall, dass Sie dadurch nicht untergegangen sind. Sie haben diese Krisen gemeistert. Erinnern Sie sich daran, wie es war und welche Stärken Sie mobilisiert haben.

Sie haben den Mut nicht verloren und neue Ziele in Angriff genommen? Vielleicht waren Sie traurig und niedergeschlagen, aber Sie haben diesen Gefühlen die Stirn geboten und sich wieder aufgerafft. Glückwunsch! Das sind Ihre Werkzeuge! Die sollten Sie gut pflegen!

Gegen die Angst

Ängste sind nicht besonders gesellschaftsfähig. Wer will schon gerne ein Angsthase sein? Ich glaube, nur wer auch Licht in diese dunklen Ecken bringt, lernt sich wirklich kennen. Und Hand aus Herz: Wir haben doch alle unsere Ängste – der eine mehr, der andere weniger. Wer behauptet, vollkommen angstfrei zu sein, sollte sich mal dringend mit einem Therapeuten unterhalten. Die ungesunden Ängste sind echte Mieslinge, die es immer schaffen, dich da hinzubekommen, wo sie dich haben wollen. In den Schraubstock. Dann bist du nicht mehr fähig, frei und selbstbestimmt dein Ding zu machen. Und das machen sie auf eine sehr niederträchtige und heimtückische Weise.

Warum war es so wichtig, sich mit dem Thema zu beschäftigen? Weil ich meine persönlichen Ziele und Wünsche der Angst untergeordnet hatte. Ich war Konflikten aus dem Weg gegangen, weil ich Angst hatte. Und aus dem Grund hatte ich auch meine Ziele nicht – mehr – in Angriff genommen.

Angst, nicht gemocht zu werden. Angst, andere zu enttäuschen. Angst, nicht gut genug zu sein. Angst, zu versagen, Fehler zu machen, nicht perfekt zu sein. Angst, meine existenzielle Grundlage zu gefährden. Ich musste diesen Ängsten ins Auge blicken. Waren sie überhaupt berechtigt? Was würde passieren, wenn …? Was wäre denn die schlimmste aller möglichen Folgen?

Hier half mir auch wieder der Blick zurück. Eigentlich war ich nie besonders ängstlich gewesen. Wäre ich als Bub sonst allein mit auf diese Skifreizeit gefahren? Auch Lampenfieber war mir immer fremd. Ich empfinde dieses kribbelige Gefühl eher als eine gesunde Portion Extra-Adrenalin, bevor es losgeht. Meine einzige Sorge war immer, dass ich den Text vergessen könnte. Bei der Moderation großer Galas und schlimmer noch bei meinen Drehtagen als Schauspieler. Da konnte ich mich anfangs nicht auf das Spielen konzentrieren, weil ich immer wieder befürchtete, mir würde der Text nicht einfallen. Doch ein Blackout war mir nie passiert. Auch eine Erkenntnis: Diese Angst war völlig unbegründet.

Mit den Antworten im Gepäck konnte ich wieder mit Mut und Selbstvertrauen meinen Weg gehen. Dazu musste ich lernen, mich zu wehren und meine Interessen auf meine Art durchzusetzen. (Ohne Fäuste natürlich.) Meinen Mund aufmachen und Nein sagen. Wer immer klein beigibt, fühlt sich schnell als Verlierer, sein Selbstwertgefühl geht Stück für Stück flöten. Logisch. Nicht der Konflikt ist am Ende das Problem, sondern die Angst, die dahintersteht. Angst ist ein Gemütszustand in Erwartung einer Bedrohung. Aber wer oder was bedrohte mich? Was würde passieren, wenn ich fortan nicht mehr zu allem Ja und Amen sagen würde? Das galt es herauszufinden und war sicher ein heikler Punkt in der praktischen Alltagsumsetzung. Denn das Angstzentrum im Gehirn war ja permanent im Alarmzustand und würde mich jedes Mal warnen. Noch so eine hartnäckige Programmierung, die uns ja letztendlich nur vor Gefahr oder Schmerzen bewahren will. Aber auch meine Ängste waren ja diffus und letztendlich unbewiesen.

Konflikt = Streit = schlecht. War das tatsächlich so? Würde jedes offen und ehrlich ausgesprochene (kontroverse) Wort zu einer Eskalation führen? Und würde man mich dann plötzlich nicht mehr mögen, mich ablehnen oder gar verstoßen? Auch hier musste ich ganz praktisch Erfahrungen machen, nur so würde das Angstzentrum in meinem Gehirn in Zukunft Ruhe geben.

Kleines Wort, große Wirkung

Nein! Es führte kein Weg dran vorbei: Endlich auch Nein sagen können sollte mir einen entscheidenden Schritt weiterhelfen. Denn ohne diese vier entscheidenden Buchstaben wäre die ganze bisherige Arbeit umsonst gewesen. Ich selbst wusste zwar sehr genau, was ich wollte beziehungsweise nicht wollte, aber die Kommunikation draußen in der freien Wildbahn funktionierte nicht. Laut und deutlich Nein sagen, wenn mir etwas gegen den Strich ging, fiel mir unendlich schwer. Als ich Stück für Stück lernte, meine Wünsche klarer zu formulieren, durchbrach ich diesen Teufelskreis. Gerade das Wort »Nein« spielte dabei eine ganz zentrale Rolle. Etwas bewusst abzusagen und nicht zu tun gab mir viel Kraft für die wirklich wichtigen Aufgaben. Das Tolle daran war, dass die befürchteten Katastrophen gar nicht eintraten. Kein Streit, keine schlimmen Wortgefechte, keine unschönen Konsequenzen. Im Gegenteil. Meine Ängste waren völlig unbegründet gewesen.

Meine klare Kommunikation wurde von anderen sogar positiv aufgenommen. Das hatte ich nun wirklich nie und nimmer erwartet. Wenn wir von uns selbst ausgehen, ist das allerdings mehr als logisch. Es ist doch viel schöner, wenn dir dein Gegenüber klar sagt, was er oder sie will. Wenn ich das Gefühl habe, da eiert einer rum und äußert nicht, was er wirklich denkt und fühlt, weiß ich einfach nicht, woran ich bin. Und der andere sendet dabei natürlich auch jede Menge ambivalente Gefühle aus. Das hilft niemandem. Noch blöder ist es, wenn einer Ja sagt und du spürst, dass er eigentlich Nein sagen will – und sich nicht traut. Oder du hast im Nachhinein den Eindruck, dass die Zusage nicht wirklich gerne gegeben wurde und von Herzen kam. So entstehen zwischenmenschliche Missverständnisse und auch innere Konflikte. Damit wollte ich nun endgültig Schluss machen. Und Nein sagen können wir alle wirklich lernen. Sogar ich.

Jetzt mal ganz praktisch ...

Irgendwo habe ich gelesen, »Nein« sei ein kompletter Satz. Er brauche weder Erklärung noch Rechtfertigung. Das ist richtig, aber manchmal kann ein zusätzlicher Halbsatz nicht schaden. Vielleicht ist das meiner Höflichkeit und freundlichen Art geschuldet, ich finde, der Trend sollte zum netten Nein gehen.

»Die Fähigkeit, das Wort Nein auszusprechen,
ist der erste Schritt zur Freiheit.«

So soll es ein Mann formuliert haben, der heute als eine der wichtigsten Figuren der Französischen Revolution gilt: der Schriftsteller Nicolas Chamfort. Ein wahrer Satz, denn genau das ist ja das Ziel: Durch ein Nein zur rechten Zeit freier und selbstbestimmter werden. Doch wie lernen wir, Nein zu sagen? Es gibt so viele Situationen, in denen uns ein »Nein« retten und vor unangenehmen Folgen bewahren kann. Doch so gerne wir es täten, wir schaffen es oft einfach nicht. Was übrigens vielerlei Gründe hat. Wer fragt uns? Warum fragt der- oder diejenige? In welchen Situationen geschieht das? Mit welcher Absicht tritt man an uns heran? Und wie geschieht das?

Diese Fragen konnte ich für mich nicht ad hoc beantworten. Dazu musste ich mich wirklich intensiv mit dem Problem auseinandersetzen. Eine Analyse dieser typischen Momente, in denen mir ein »Nein« nicht über die Lippen kommen wollte, erwies sich als enorm hilfreich. Eigentlich ist die Grundfrage wahnsinnig einfach: Wann wollen wir Nein sagen? Klar. Wenn jemand uns um etwas bittet, was wir gar nicht tun wollen. Wir alle kennen diese Situationen, und es ist gut, sie uns vor Augen zu führen.

- Der Kollege will uns wieder einmal eine unangenehme Aufgabe zuschustern.
- Verkäuferinnen bedrängen uns, etwas zu kaufen, was wir weder brauchen noch wollen.
- Ein Freund leiht sich schon wieder Geld und zahlt es sowieso nie zurück.
- Die Bekannte lädt mal wieder ihre Kinder bei uns ab, damit sie in Ruhe einkaufen gehen kann.
- Die Familie möchte Weihnachten zusammen feiern, aber du willst einfach nicht, weil es nämlich in Stress ausartet und es am Ende wie immer einen großen Krach geben wird.
- Du freust dich auf einen entspannten Abend mit Freundinnen, und dein Mann kündigt spontan ein paar Kollegen zum Abendessen an – und bittet dich, doch noch ein paar Leckereien vorzubereiten.

Vielleicht stellen Sie einfach mal Ihre eigene Liste auf. Privat wie beruflich sammeln wir leidgeplagten Jasager in unserem Leben Momente, in denen wir gern anders agiert hätten. Auch ich hatte über die Jahrzehnte reichlich davon angesammelt. Vom kleinen Jungen bis zum erwachsenen Mann. Momente, in denen ich

Nein sagen wollte, es nicht konnte und am Ende mit den Konsequenzen leben musste: Ärger, Frust, Unzufriedenheit.

Die erste Maßnahme lautet:

Wir sollten in solchen Situationen zunächst mal innehalten. Kein Stress, kein Druck, nur die Ruhe! Du musst nicht sofort eine Entscheidung treffen. Egal ob die Antwort Ja oder Nein lauten soll, wir haben immer das Recht auf eine Bedenkzeit.

Und die nutzen wir für ein paar wichtige Fragen, die wir uns selbst stellen:

- Wer bittet mich da um einen Gefallen? Welche Bedeutung hat er oder sie für mich, in meinem Leben?
- Was genau soll ich eigentlich tun? Und warum *ich*?
- Möchte ich das tun oder ist es mir zuwider?
- Wie viel Zeit, Kraft, Energie und Lust habe ich eigentlich gerade? Oder bin ich selbst schon am Limit?
- Was muss eventuell leiden oder worauf muss ich verzichten, wenn ich der Bitte nachkomme?
- Wie oft habe ich schon etwas für diese Person getan und wenn das schon öfter der Fall war – möchte ich es tatsächlich noch einmal tun? Wie habe ich mich bei den anderen Malen denn gefühlt?

Da wird einem einiges bewusst. Und das schnelle »Klar, kein Problem« kommt einem schon nicht mehr so leicht über die Lippen. Es kann natürlich auch sein, dass man mit Freude »Ja« sagt. Prima, umso besser! Dann werden wir hinterher auch kein schlechtes Gefühl haben. Wenn wir hier aber schon feststellen, dass der Wunsch nach einem »Nein« groß ist, dann sollten wir das Gefühl unbedingt ernst nehmen.

Nun tritt meiner Erfahrung nach die Phase zwei in Kraft. In meinem Kopf taucht die Frage auf: Was wäre, wenn ...? Die Frage nach den Konsequenzen, die direkt in meiner Amygdala, meinem Angstzentrum entsteht. Und genau da sind wir bei dieser Angst, die dem Nettsein und der Harmoniesucht ja leider häufig zugrunde liegt. Doch wovor habe ich konkret Angst?

Angst, abgelehnt und nicht (mehr) gemocht zu werden?

Dann käme es auf einen Versuch an. Wird der Mann, der seine Kollegen mit nach Hause bringt, sauer auf seine Frau sein, weil sie mit ihren Freundinnen verabredet ist und seiner Bitte bedauerlicherweise nicht nachkommen kann? Findet die Nachbarin uns tatsächlich doof, wenn wir mal nicht babysitten? Wird die liebe Kollegin uns ihre Zuneigung entziehen, wenn wir ihre Spätschicht nicht übernehmen? Das müssen wir Netten riskieren. Um aus der daraus resultierenden Erfahrung zu lernen. Sonst kommen wir nicht weiter. *No risk, no fun!* Keiner sagt, dass dieser Trip ein Sonntagnachmittagsspaziergang ist. Ein bisschen Überwindung gehört schon dazu! Und auch diese fiese Stimme, die dir dabei permanent ins Ohr raunt: »Du könntest egoistisch oder herzlos wirken! Willst du das?« Kleiner Vorschlag: Sie sollten dieser Stimme einfach mal den Mund verbieten! Es ist ja Ihr Kopf und es sind Ihre Gedanken. Da können Sie bestimmen, was für ein Text produziert wird. Außerdem können Sie – nach einem ehrlichen tiefen Blick in Ihr Innerstes – ganz sicher am besten beurteilen, ob Sie wirklich so egoistisch und herzlos sind. Oder? Vielleicht sagen Sie aber auch immer »Ja«, weil Sie Angst haben, etwas zu versäumen? Und genau deshalb gehen Sie widerwillig mit auf diese Party. Selbst, wenn es dort schon die Jahre zuvor immer stinklangweilig war und die Gäste ätzend. Was genau sollten Sie da verpassen? Langeweile und einen Pulk Stinkstiefel?

Sie sagen bei einem Projekt zu, obwohl Sie überhaupt keine Lust und vor allem keine Zeit dazu haben? Könnte der Grund dafür sein, dass Sie Angst vor den Konsequenzen haben? Denn es wird vielleicht eine unangenehme Situation geben, vielleicht sogar einen Konflikt, wenn Sie ablehnen. Genau das wollen Sie vermeiden? Dann erinnern Sie sich daran, dass Sie Konflikte durchaus schon bewältigt haben, sie gehören nämlich zum Leben dazu. (Schauen Sie sich Ihre Wendepunkte noch mal an!) Und da gab es mit Sicherheit hervorragende Beispiele guter Lösungsmöglichkeiten. Also: nur Mut! Sie können das.

Die nächste böse Falle, in die man tappen kann, ist das Wohlgefühl. Denn es fühlt sich einfach gut an, wenn man gebraucht wird, nicht wahr? Das ist nicht schlimm und auch kein Grund, sein Verhalten zu ändern. Aber wenn das »Gebrauchtwerden« ein tiefes Bedürfnis ist, dann seien Sie auf der Hut! Da lauert das Helfersyndrom! Hier geht es nämlich nicht darum, anderen einen Gefallen zu tun, sondern sich selbst! Vielleicht gibt es ein Bedürfnisdefizit, ein emotionales Loch, das gefüllt werden will. Das sollte man aufspüren und anderweitig schließen. Anderen helfen (statt sich selbst!), ewiges Jasagen und dauerndes Nettsein werden dieses Problem nicht lösen. Okay, wir müssen uns also beim Thema Neinsagen noch viel mehr mit uns selbst beschäftigen. Ohne Selbstbeobachtung und Innenansicht geht es nicht. Warum verhalten wir uns so? Was (oder welche Angst) treibt uns an? Und welchen Preis zahle ich, wenn ich Ja sage?

Im nächsten Schritt sollten wir einen intensiveren Blick auf unser »bittendes« Gegenüber richten: Da hat jeder nämlich ganz eigene Strategien, um uns um den Finger zu wickeln, damit wir nicht Nein sagen. Das kann man aber durchschauen:

Will jemand bei mir Schuldgefühle auslösen? Dann ruhig durchatmen und freundlich kontern: »Ich kann verstehen, dass es dir nicht gefällt, wenn ich jetzt Nein sage. Ich möchte mir aber deswegen keine Schuldgefühle machen lassen.«

Oder ist Überrumpelung der Trick, der zum gewünschten Ergebnis führt? Die Nachbarin, die immer dann die Tür aufmacht, wenn ich gerade zum Müll gehe? Und dann irgendwas will. Am liebsten sofort.

Oder der Kollege, der mich regelmäßig in der Teeküche »kalt« erwischt: »Könntest du gerade mal eben schnell für mich die Kalkulation für das Projekt X machen, ich habe tierisch viel um die Ohren, und es muss heute Nachmittag fertig sein.«

Auch hier gilt: nicht unter Druck setzen lassen. Die Antwort könnte so aussehen: »Oh, ich fühle mich gerade ein wenig überrumpelt. Gib mir bitte etwas Zeit, dann sage ich dir nachher Bescheid, ob ich das machen kann.«

Eine oft ziemlich wirkungsvolle Variante ist das Schmeicheln. Darauf fallen viele von uns rein. Natürlich – weil Anerkennung und Wertschätzung menschliche Bedürfnisse sind. Seelennahrung.

»Du kannst die Grafiken für die Präsentation viel besser als ich! Ich finde es beeindruckend, wie schnell und gut du das immer machst!« »Du bist die Einzige, der ich meine Tochter anvertraue!« »Ich hab sofort an dich gedacht, jemand Besseres würde mir gar nicht einfallen!«

Puh, nicht so einfach, da die Kurve zum Nein zu bekommen! Es geht aber: »Danke, dein Lob freut mich sehr! Trotzdem kann ich das leider heute nicht mehr erledigen.« Oder, in Kombination mit der Überrumpelungstaktik: »Danke, das ist sehr nett von dir. Ich denk drüber nach und melde mich.«

Ganz übel für uns nette Harmoniesüchtige ist die Mitleidstour:

»Ich muss noch zu meiner Schwiegermutter, und das Auto ist kaputt ... Ich habe schon seit Tagen Rückenschmerzen ... Ich bin ratlos und brauche deine Hilfe ...!«

Da wir ja auf Friede, Freude, Eierkuchen geeicht sind, springt sofort das Verantwortungsgefühl an, alles »in Ordnung« bringen zu müssen. Wir sind aber nicht für alles verantwortlich. Auch hier unbedingt die Checkliste von oben abarbeiten! Wer will da was von mir und will ich das? Kann ich das überhaupt, muss ich das? Wenn nicht, tief durchatmen und freundlich lächeln: »Das tut mir leid für dich, aber ich bin sicher, du wirst das Problem lösen.«

Es gibt noch zahlreiche üble Varianten: Werde ich subtil erpresst? Wird Druck ausgeübt? Wenn wir hier etwas verändern wollen, müssen wir uns die Menschen und Situationen ganz konkret beleuchten. Und uns eine Maxime auf einen großen Zettel schreiben:

»Nein sagen kann man sich erlauben! Und man kann es auch sanft und freundlich tun!«

Nun heißt es: üben, üben, üben. Was wir brauchen, ist Geduld. Wir verändern unser Verhalten nicht von heute auf morgen. Unser Gehirn muss langsam umprogrammiert werden. Es braucht positive Erfahrungen, nur so wird es das Verhalten auch wiederholen wollen. Und eins kann ich versprechen: Es wird von Tag zu Tag leichter. Sie werden darin immer sicherer und besser.

Geht doch!

»Der hat leicht reden«, denken Sie jetzt vielleicht. Natürlich habe ich diese Punkte nicht einfach locker abgehakt, und alles war gut. Nein, auch ich musste üben. Und tue es immer noch.

Klare Kommunikation hilft. Ihnen und Ihrem Gegenüber. Beide Seiten wissen, woran sie sind. Für mich die wirklich wichtigste Erfahrung: Ich habe mich seitdem mit keiner Entscheidung schlecht gefühlt. Es war immer richtig, weil es aus mir herauskam. Ich habe in Verhandlungen nun klare Vorstellungen und bei Verträgen meine Grenzen. Wenn es nicht geht, dann eben nicht. Sogar meine Traumwohnung habe ich vor einigen Jahren nicht gekauft, weil die Bedingungen eben nicht die waren, die ich mir als Rahmen gesetzt hatte. Und obwohl es in dem Moment sicher keine einfache Entscheidung war, den Kauf abzusagen, es war richtig. Wenig später fand ich ein Büro, das nur neunzig Sekunden von meiner Wohnungstür entfernt ist – perfekt! Jetzt habe ich Wohnen und Arbeiten schön getrennt und kann im Büro sehr entspannt arbeiten. Auch diese Zeilen schreibe ich in einer unglaublich ruhigen kreativen Atmosphäre.

Früher hätte ich meine Traumwohnung vielleicht gekauft, Kompromisse zähneknirschend akzeptiert und Tag für Tag in meinem Arbeitszimmer mit der Entscheidung gehadert. Mein Lebensgefühl änderte sich mit dem Tag, in dem ich klarer und angstfreier durchs Leben ging.

Ich weiß, bis zu welchem Punkt etwas für mich okay ist und wann eben nicht mehr. Klare Grenzen. Von nun an stieg ich auch nicht mehr in versiffte Taxis. Sondern suchte mir eins aus, mit dem ich einverstanden war. Was übrigens unser gutes Recht als Verbraucher ist. »Sorry, ich fahre heute gern beim Kollegen mit. Das sieht mir etwas sauberer aus.«

Klar, dann kann ein Taxifahrer schon mal sauer sein oder auf uns schimpfen. Na und? Hatte ich nicht ein Recht auf ein sauberes Gefährt, für das ich schließlich bezahlen würde? Das sollten wir uns wert sein! Ebenso dürfte mir heute keine Fleischereifachverkäuferin mehr mit Putzlappenhänden eine Wurst aufschneiden. Das würde ich jetzt klar ansprechen. Diesen schnellen Reflexen der Konfliktflucht und des Nettseins widerstand ich mehr und mehr.

Auch als ich mir durch ein kleines Steinchen im Brötchen den halben Backenzahn weggebissen hatte. Diesen Krach beim Biss in mein selbst gebautes Käse-Schinken-Sandwich habe ich noch gut im Ohr. Ein Wahnsinnslärm, und plötzlich fehlte da ein Teil vom Zahn. Früher wäre ich einfach nur zum Zahnarzt gegangen – jetzt schlug ich beim Bäcker auf. Auch wenn die Angst, dass mich der nun wohl nicht mehr so freundlich bedienen würde, mitschwang. Ich wollte wissen, wie es dazu kommen konnte und wie wir das regeln könnten.

Das Ende vom Lied: Der Bäcker war freundlich, entschuldigte sich (»So etwas kann leider vorkommen.«) und war sogar versichert. Ich kaufe meine Brötchen immer noch da, und der Zahn ist wieder heil.

Auch beruflich sprang ich zugunsten meiner Familie nun immer wieder über meine Schatten, sagte Dinge ab und sprach meine Dienstplanwünsche deutlich aus. Was dazu führte, dass ich wieder Urlaub machte. Auch Feiertage wurden entspannter, ich konnte so deutlich mehr Zeit bei Familienfesten verbringen. Schnell noch nachts oder am frühen Morgen zurück zum nächsten Job, das gehörte der Vergangenheit an. Die Klarheit war ganz praktisch in meiner kompletten Lebensplanung angekommen.

Ich kommunizierte deutlich – aber durchaus freundlich, wenn mir was nicht gefiel. Es geht nämlich beides, man muss es nur mal versuchen.

Brainwash

Als Nächstes stattete ich meinem Gehirn einen Besuch ab. Diesmal lautete die Maßnahme: Gehirn ausmisten! Das Ding musste dringend von düsteren Gedanken befreit werden. Sie führen zu schlechten Gefühlen, und daraus kann nichts Gutes und Fruchtbares entstehen. Denn sämtliche körpereigenen »Drogen«, die Neurotransmitter,

Hormone und Botenstoffe, die uns glücklich, euphorisch und zufrieden machen, entstehen in unseren grauen Zellen. Da wirken Freude, Sex, Sport, gesunde Ernährung, Erfolg und Belohnung ähnlich wie Koks – ist aber billiger und gesünder. In meinem Oberstübchen war es ja nun eine Zeit lang ziemlich freudlos zugegangen. Ich musste mein Gehirn durchlüften und von überflüssigem Müll befreien. Da hatte sich einiges angesammelt. Neid, Eifersucht, Selbstzweifel und Frust hatten nur eine Folge: Sie erzeugten miese Gefühle. Also musste ich diese Gedanken stoppen, bevor sie sich einnisten konnten, und durch positive ersetzen.

Wenn wir uns in schlaflosen Nächten den Kopf zermartern, führt das zu nichts. Es belastet nur. Diese Gedanken sind, Sie ahnen es, nur Teil unserer großen Angstfamilie. Wir können sie beiseiteschieben und einmal drüber schlafen. Am nächsten Morgen, bei Licht betrachtet, sieht vieles anders aus. Das hat bei mir viele innere Konflikte wie von selbst kleiner gemacht – und mich einer Lösung näher gebracht.

Bei der sogenannten kognitiven Umstrukturierung geht es darum, bestimmte negative Gedanken zu identifizieren, die häufig mitverantwortlich für die Auslösung oder Verschlechterung von Ängsten und anderen psychischen Beschwerden sind. Es ist ein Automatismus, der sich über Jahre in unserem Gehirn festgesetzt hat. Den kann man aber durchbrechen. Doch erst mal muss man sie erkennen. Fangen Sie mal damit an. Wenn Sie morgens aufwachen, Blick ins Oberstübchen: Was denken Sie als Erstes? Welche Gedanken begleiten Sie durch den Tag? Wenn Sie mit den Kollegen in die Kantine gehen. Wenn Sie in der U-Bahn sitzen. Beim Elternabend, beim Yoga, beim Einkaufen. Am Abend vor dem Einschlafen. Ich bin mir sicher, da gibt es ein paar immer wiederkehrende Gedanken. Das ist keine schnöde Behauptung, das weiß ich aus eigener Erfahrung. Auch ich habe negative Gedanken identifiziert. Und sie mir der Reihe nach vorgeknöpft. Nicht: Ich bin zu alt, zu dick und zu dumm. Ich kann dies und jenes nicht. Warum der und nicht ich? Stattdessen: Ich bin zielstrebig und mutig. Ich habe Vertrauen in meine Fähigkeiten. Und in mich. Das ist das Geheimnis: Es reicht nicht, die negativen Gedanken wegzuschicken, wir müssen dafür ganz bewusst gute hereinholen. Was mir dabei unglaublich geholfen hat, ist eine kleine Dankbarkeitsübung. Ich lasse jeden Abend die Dinge Revue passieren, für die ich an diesem Tag dankbar bin. Das kann ein schönes Mittagessen sein, eine schöne Sendung, ein lieber Anruf von alten Freunden oder eine tolle Serie, die ich auf Netflix oder Amazon entdeckt habe.

Natürlich spielen dabei auch große und kleine berufliche Glücksmomente eine Rolle. Ein tolles Interview, eine neue Galamoderation oder eine Schauspielanfrage. Am Ende sind es aber auch viele kleine Dinge, wie eine gute Joggingrunde oder die Freude über einen Regenbogen, die mich am Ende eines Tages als sehr glücklichen Menschen in den Schlaf gleiten lassen. Mit guten Gedanken. Zeitweise habe ich sogar ein Dankbarkeitstagebuch geführt, in das ich heute noch gerne schaue, um mich an viele schöne Momente zu erinnern. Unser Leben ist eben ein Geschenk, das wir Tag für Tag genießen sollten. Wer seinen Blick auf die schönen Dinge lenkt, lebt dankbarer und wie ich finde viel entspannter. Dankbarkeit macht glücklich. Vielen Menschen hilft es auch, neue Glaubenssätze als Mantra an den Spiegel oder die Küchentür zu hängen. Worte, die uns erinnern, dass positives Denken guttut. Sie sind auch eine wirksame Waffe gegen negative Gedanken (»Das schaffst du nie!«), die sich oft über Jahrzehnte in uns festbetoniert haben. Wann immer sie im Anmarsch sind, sollten wir uns die guten Gedanken ins Gedächtnis rufen.

Bei mir hängt ein ganz besonderer Zettel am Computer. Da steht in Großbuchstaben:

SCHREIBEN!
NICHT TRÖDELN!
KUSS

Den hatte mir meine Freundin an den Rechner geklebt, als ich gerade mein erstes Buch schrieb. Und da hängt er heute noch – und leistet gute Dienste. Wann immer ich draufschaue, bekomme ich bessere Laune. Und Lust zu schreiben.

Dieser kleine Zettel riss mich oft aus meinen gedanklichen Karussellfahrten. Denn Zweifel, Ängste, Grübeleien und stundenlanges mentales Achterbahnfahren brachten mich nicht weiter. Als würde ich in einem Kreisverkehr immer die richtige Ausfahrt verpassen. Also visualisierte ich genau diese Ausfahrt. Stopp, Ingo, hier bitte rausfahren!

Meine Wunsch-»Zettel«

Ein weiteres Aufgabenfeld, das zu beackern war: meine Wünsche, Ziele und Träume. Hier lag einiges im Argen, weshalb der Frust mein bester Freund geworden war. Unzufriedenheit und Selbstzweifel waren entstanden, weil ich so vieles in meinem Leben nicht realisiert hatte.

Also schrieb ich meine unerreichten Ziele auf. Ein jedes auf einen Post-it-Zettel:

EIN EIGENER
PODCAST

EIN BUCH
SCHREIBEN

MIT EINEM
STAND-UP-
PROGRAMM
AUF DIE BÜHNE
GEHEN

EINEN WASCH-
BRETTBAUCH
BEKOMMEN

MUSIK
MACHEN

EINE ABENDSHOW
MIT LIVE-PUBLIKUM
MODERIEREN

AUF INSTAGRAM
EINEN EIGENEN
KANAL MIT
INHALTEN
BESTÜCKEN

GESANGS-
UNTERRICHT
NEHMEN

Damit waren sie aus meinem Kopf ins Leben gekommen. Da hingen sie nun an der Wand, Ideen, die das Licht der Welt erblickt hatten. Es reicht nicht, sie in seinem Gehirn spazieren zu tragen. In meinem Kopf war wieder mehr Platz für andere Dinge und neue Ideen. Irgendwie kam da ständig etwas nach, Ideen zu Büchern, Fernsehserien oder Videokolumnen. Deshalb habe ich mir eine große Wand als Ideenparkplatz eingerichtet – voller Post-its, schön geordnet. Wann immer ich Zeit habe, schnappe ich mir eine, um ihr in der Umsetzung einen Schritt weiterzuhelfen. So habe ich auch meinen lang geplanten und vor mir hergeschobenen Podcast im Herbst 2019 endlich starten können. Eine Gesprächsreihe, die mir unglaublich viel gibt. Zum einen gab es dabei bis heute eine ganze Reihe unglaublich inspirierender, lustiger und erkenntnisreicher Begegnungen. Zum anderen erinnert mich die Arbeit an meine Anfänge beim Radio – ich habe jetzt quasi mein eigenes Talk-Radio. Und – das nur am Rande – aus dem kann mich keiner mehr rausschmeißen. Ein großes Glücksgefühl.

Wenn du immer nur auf deinen theoretischen und unerfüllten Wünschen mental rumknabberst, passiert genau das Gegenteil: Du wirst frustriert, und es nimmt unnötig Raum ein, den du gut gebrauchen könntest. Für Schönes.

Ich finde, dass zu viele Ideen die Synapsen verstopfen und uns blockieren können. Wenn sie aber sichtbar an der Wand kleben, kannst du sie *step by step* angehen. Ja, bloß nicht alle auf einmal! Ich hatte auch die Idee zu meinem ersten Buch lange mit mir rumgetragen, doch auch sie nie umgesetzt. Es spukte durch meinen Kopf, aber die altbekannten Geister hielten mich davon ab. Ich schob es auf die lange Bank, und dann war ich wieder verunsichert, ob ich es überhaupt könnte – und war die Idee vielleicht gar nicht so gut? Doch ich war ja nun einen Schritt weiter. Die negativen Gedanken kamen zwar noch (nichts passiert von heute auf morgen), aber ich erkannte und stellte sie. Stopp! Nun überwand ich die Lähmung und tat es einfach. Schritt für Schritt. Ich schrieb ein Exposé, schickte es einer Agentin, die nahm mich unter Vertrag, und plötzlich gab es auch Verlage, die sich dafür interessierten. So erschien im Herbst 2018 mein Buch »Erfolgsmenschen«. Mein eigentlicher Erfolg dabei war, dass ich es tatsächlich geschafft hatte. Mein erstes Buch! Dieses Erfolgsgefühl war großartig. Machen macht glücklich! Das Aufschieben und Vor-sich-Hertragen kann dich fertigmachen. Die Dinge in die Hand nehmen, sie zu tun, egal, was daraus wird, hier liegt der Schlüssel zum Glück. Für einen Prokrastinierer wie mich hat das noch einen Vorteil: Sobald ein Plan gefasst und die Dinge auf die Spur gebracht werden, ist das Handeln zwingend der nächste Schritt. Solange Ziele, Wünsche und Ideen nur in deinem Kopf sind, können sie da munter vor sich hin kreisen, ohne dass etwas passiert. Im Falle des Buchprojekts bedeutete es: Der Vertrag war unterschrieben, nun musste ich das Buch auch schreiben! Ich konnte nichts mehr aufschieben. Dieser Druck war absolut positiv. Eins wurde mir immer klarer: Zögern und Zaudern war eng mit meinen Ängsten verbunden.

Sie hinderten mich am *Machen*. Aber genau dieses »Machen« bedeutet Aktivität. Und aktiv sein macht glücklich, Passivität lähmt uns. Weil wir keine Ergebnisse erzielen. Dieses leidige Prokrastinieren. Das dauernde Aufschieben zog mich lange richtig runter. Doch wenn es dann passiert, löst sich unheimlich viel auf. Wie viel Emotionen sich da ihren Weg nach draußen bahnen können, habe ich erlebt, als ich mein Studium beendete. Davor hatte es eineinhalb Jahre auf Eis gelegen. Nach der letzten bestandenen Prüfung habe ich vor Freude geweint. Denn ich hatte Beharrlichkeit bewiesen, eben auch eine besondere Stärke von mir. Nächste wichtige Erkenntnis: Selbst wenn das Ziel in weiter Ferne liegt und es aussichtslos erscheint: Ich kann es schaffen. Und es macht glücklich, Dinge durchzuziehen!

Neben dem Buch nahm ich auch ein paar Träume auf meinem privaten Wunschzettel in Angriff: Ich habe doch tatsächlich geheiratet! Die Frau, die da so unerwartet nach dem Tod meines Vaters in mein Leben trat, ist ein fantastischer Motivator und sorgt dafür, dass ich heute weiß: Ich bin ein echtes Glückskind! Dass diese Verbindung von Dauer sein würde, war uns beiden nach wenigen Monaten klar – doch Heirat? Ich wusste, dass ich genau das diesmal durchziehen wollte. Nur wie? Ich hatte ja keine Ahnung, wie man einen Antrag macht. Der sollte schon besonders sein. Schließlich ist es völlig unerwartet einfach passiert: nach einem Kinobesuch, einem Film über die Liebe. »Auch über uns sollten wir noch mal in Ruhe reden«, sagte meine zukünftige Frau, als die Schlussmusik und der Abspann liefen und alle anderen Gäste das Kino schon verlassen hatten. In Ruhe reden?! Was das hieß, war mir sofort klar: Sie wollte Schluss machen. Aus, Ende, vorbei! (Da waren sie wieder! Alte Reflexe. Tiefe Gehirnschichten. Hartnäckige Weggefährten.)

»Das können wir doch jetzt besprechen«, meinte ich.

»Nein, ich würde das gerne entspannt mit dir klären«, antwortete sie.

Das konnte in meinen Augen nur bedeuten, dass sie es mir schonend beibringen wollte. Nein, das musste sofort geklärt werden. Ich hakte nach, ließ nicht locker, und nach für mich quälenden Minuten ließ sie die Katze aus dem Sack: Sie wollte entspannt über unsere Zukunft als Paar sprechen. Mir fiel ein Stein vom Herzen. Und es platzte einfach so aus mir heraus. Die Frage aller Fragen: »Willst du meine Frau werden?« Die Worte flossen einfach so aus meinem Mund. O Gott?! Was, wenn sie jetzt Nein sagt? »Ja, das will ich«, antwortete sie. Wir nahmen uns in den Arm, küssten uns und stießen bei ihrem Berliner Lieblings-Inder auf unsere Verlobung an. Eigentlich sollte die Hochzeit im Frühjahr 2019 sein. Das bedeutete noch über ein halbes Jahr warten. Doch ich fühlte mich in dieser Zwischenwelt als Verlobter nicht wohl. Ich wollte heiraten. So schnell wie möglich. Zum Glück ging es meiner Frau genauso. Was dazu führte, dass wir mit insgesamt sieben Wochen Vorlauf allein eine Hochzeit planten und auf die Beine stellten, die traumhafter nicht hätte sein können. Der sicher bis dahin schönste Tag in unserem Leben. Auch wenn viele vorher sagten, das sei in der Zeit unmöglich zu schaffen. Wir erfüllten uns unseren Traum. So wie wir es wollten. Für unser Glück. Mit festem Willen und einem guten Plan geht eben alles!

Welche Ihrer Wünsche und Ziele sind im Laufe der Jahre liegen geblieben? Hadern Sie nicht mehr, nehmen Sie sie in Angriff! Vielleicht wollten Sie schon immer mal aus dem Alltag ausscheren und ein Wellnesswochenende ganz allein verbringen? Sie träumen von einer Trekkingtour im Himalaja? Oder noch mal eine Sprache lernen? Für einen Marathon trainieren? Das muss geplant werden. Das realisiert sich nicht irgendwie irgendwo irgendwann von allein. Wünsche müssen klar kommuniziert werden, wir können nicht erwarten, dass unser Umfeld unsere Gedanken liest und Träume erfüllt. Das müssen wir schon selbst machen. Auch Sie können Ihrem Leben eine neue Richtung geben. *Wetten, dass..?*

Alles ist möglich

Für meinen nächsten persönlichen großen Erfolgsschritt auf meinem neuen Weg hole ich etwas weiter aus, denn im folgenden Ereignis kumulierten sich nun alle Faktoren, die ich bis zu diesem Zeitpunkt erfolgreich »bearbeitet« hatte.

Fast ein Jahr lang hatte ich fleißig an mir gearbeitet. Die negativen Gedanken hatten sich stark dezimiert, ich lernte zunehmend Nein zu sagen, meine Werte waren ein verlässlicher Kompass geworden. Alles in mir und meinem Leben war klarer geworden. Und da stand ich nun vor meiner »Selbstverwirklichungs-Pinnwand«, an der noch ein paar Wunschzettel klebten. Einer davon: ein eigenes Stand-up-Programm. Mein lang gehegter und bislang unerfüllter Traum. Doch war das überhaupt möglich? Konnte ich auch noch Comedian sein? Keine Ahnung, aber ich wollte es probieren. Ein anderes dringendes Bedürfnis lautete: Auszeit! Ich musste mal aus meinem Hamsterrad aussteigen, ohne Ängste und Sorgen. Dass sich beides auf so wundervolle Weise verbinden würde, hat auch mich überrascht.

Ich sprach – nach langem Hin und Her – mit meinem Arbeitgeber, dem ZDF, und kündigte mit rund einem halben Jahr Vorlauf eine vierwöchige Pause an. Einfach mal durchatmen und neue Perspektiven ausloten. Das allein war für mich schon ein Meilenstein und wäre noch ein paar Monate zuvor undenkbar gewesen! Nun setzte ich noch einen drauf. (Ja, ein bisschen Maßlosigkeit darf schon sein!) Ich wollte meine kreative Auszeit in New York verbringen. Die amerikanische Mega-Metropole war schon immer ein Traum von mir gewesen. Kühn, nicht wahr? Ich wollte im Big Apple Schauspiel- und Comedy-Workshops besuchen. Wie heißt das so schön: »*If you can make it there …!*« Am 1. April 2019 (kein Scherz) moderierte ich noch den Live Entertainment Award in der Frankfurter Festhalle. Am nächsten Morgen sollte es losgehen. Alles war geplant, es gab kein Zurück mehr. Oder doch? Denn kurz vor dem Abflug in die USA (ich saß am Frankfurter Flughafen und verscheuchte erfolgreich Ängste und Selbstzweifel) klingelte mein Handy. Mein persönlicher Super-GAU trat ein: Ich bekam das Angebot, als Moderator mehrere Gala-abende einer Eventreihe zu moderieren, ein exquisites Programm mit musikalischen Stargästen. Shows, die ganz nach meinem Geschmack und genau deshalb meine Achillesferse waren. Oh, Mann! Was sollte ich da bloß tun? Tief durchatmen und all das, was ich seit Monaten durchexerziert hatte, beherzigen. Nicht panisch werden, sondern in Ruhe abwägen. Auf der einen Seite hätte ich bei diesem Jobangebot meiner Kreativität freien Lauf lassen können, ich wusste, ich würde diese Aufgabe lieben. Das wäre ein schöner Erfolg auf meiner Haben-seite geworden. Allerdings hätte mein großer Traum von New York gelitten – einfach mal die Hauptstadt des Entertainments genießen. Einen ganzen Monat lang. Mich bewusst und voller Genuss in diese Stadt zu werfen hatte ich lange geplant – und genau das wollte ich auch mit allen Sinnen genießen. Es dauerte zwar einen Moment, aber mir war sehr schnell klar: Diese Jobs würden an mir vorüberziehen müssen. Das Wichtigste war – ich habe danach nie mit dieser Ent-scheidung gehadert. Auch wenn ich zu dem Zeitpunkt nicht wusste, was mich in New York an Überraschungen und ganz neuen Bühnen-erfahrungen erwarten würde. Ich sagte ab und stieg in den Flieger. Schweren Herzens und doch mit einer von mir selten zuvor empfun-denen Klarheit.

Glücklicherweise habe ich einige Bekannte in den USA, und so hatte ich die Möglichkeit, über drei Ecken eine Wohnung in Brooklyn zu bekommen. In Bed-Stuy, einem New Yorker Stadtteil, der sich gerade zum angesagten Viertel entwickelte. Für mich war das ein bisschen wie im Film. Du siehst Rapper, die auf der Straße üben. Vor deiner Haustür werden die Subwoofer in die Autos eingebaut, Tag und Nacht heulen die Polizeisirenen. Am Anfang war es ein bisschen gewöhnungsbedürftig, und ich hatte ein komisches Gefühl, wenn ich spät abends nach Hause kam. Das war hier eben nicht Bullerbü. Aber ich gewöhnte mich schnell ein. Außerdem stand eine Menge auf meinem Plan. Zunächst hatte ich das Glück, dass Robert McKee, der Godfather des Storytellings, eine Woche in der Stadt war und ich bei ihm studieren konnte. Er gilt als der Mann, der den meisten Oscar- und Emmy-Gewinnern, unter anderem den Autoren von *Sex and the City* oder *Breaking Bad*, das Geschichtenerzählen beigebracht hat.

An den Seminar- und Workshoptagen herrschte eine ganz wunderbare Lernatmosphäre. Ich liebte dieses positive Grundgefühl, was ich genau in dieser Phase meines Lebens dringend brauchte. Zuspruch, Zuversicht, Optimismus. Da sagte keiner: »Na ja, du willst jetzt ein Drehbuch schreiben? Noch nie gemacht? Okay, dann musst du erst mal ein paar Jahre in die Lehre gehen.« Nein, die Menschen dort sagten: »Ja! Mach! Schreib!« Es war genau das, was ich brauchte. Power! Machen!

Anschließend ging ich ans *ACI*, das *American Comedy Institute*. Hier wollte ich das Comedy Writing, das Gagschreiben, lernen.

Es war das erste Mal seit über 25 Jahren, dass ich aus meinem Moderationsmarathon ausgestiegen war. Ich saß in New York und tat Dinge, die mir einen Wahnsinnsspaß machten. Ich war überglücklich. Wie gesagt: Machen macht glücklich! Es war schon traurig, sich noch einmal zu vergegenwärtigen, wie lange ich auf solche erfüllenden

Momente verzichtet hatte. Aus Bequemlichkeit und Angst. Und weil Selbstzweifel mich zur Passivität verdammt hatten. Doch das war nun vorbei.

Mein Glück war, dass die Teilnehmenden ihre Gags auch präsentieren mussten. Obwohl ich anfangs ganz schön stutzte, als mir plötzlich klar wurde, dass alle im Workshop hier auch das selbst geschriebene Material vor der Klasse performen mussten. Wir blickten auf einen roten Vorhang, davor stand ein Stativ samt Mikro und kleiner Box. *Back to Basic.* Das war ein Stand-up-Comedy-Setting von der pursten Sorte. Und nach einigen Kollegen war dann ich dran. Ich dachte, ich würde mich bis aufs Hemd blamieren. Kaum Erfahrung, und mein Englisch war zuletzt über Jahre nur in Interviews mit internationalen Gästen trainiert worden. Wäre es jetzt vielleicht gar nicht so schlecht, ausgelacht zu werden? Nach dem Motto: egal, warum sie lachen! Hauptsache, sie haben Spaß! Ich war selten so aufgeregt. Diese Art Bühne kannte ich nicht. Und im Publikum saßen immerhin Comedians, die zum Großteil schon in der New Yorker Clubszene aktiv waren oder sogar größere Auftritte hatten. Wer in Big Apple unterwegs ist, bildet sich nämlich immer weiter. Ich hatte jedenfalls mehr als einen Kloß im Hals, als ich nach vorne zum Mikro ging. Und dann begann ich: »Hello. I'm Ingo from Germany and I'm trying to be funny.« Ich bin Ingo aus Deutschland und versuche, jetzt mal lustig zu sein. Schon mein erster Satz sorgte für einen herzhaften Lacher im Publikum. Eine Zeile, die ich so nicht notiert hatte, die spontan aus der Verlegenheit der Situation entstanden war. Das Eis war gebrochen. Tag für Tag machten mir die kleinen Ausflüge nach vorne auf die Bühne mehr Freude, ich bekam Sicherheit und Selbstbewusstsein. Ich ging im wahrsten Sinne des Wortes »nach vorne«. Das Feedback wurde besser – und nach einigen Tagen fragten mich unsere Lehrer, ob ich mit meiner Performance nicht Teil einer Comedy-Show werden wollte. Wollte ich das wirklich? Mein Set (also meinen Kurzauftritt) öffentlich präsentieren? Vor echtem Publikum, in einem echten Club? Ich fühlte mich geschmeichelt, überlegte kurz und sagte zu. Ja, diesen Kick wollte ich erleben. Was das wohl mit mir machen würde? Und im Zweifelsfall würde das in Deutschland eh niemand mitbekommen, wenn ich in einem kleinen Club am Broadway vor vollem Haus versagen würde. Eine kleine Angst schwang weiter mit. Zwei Tage hatte ich noch, um meine Geschichten zu verfeinern. Die Geschichte vom Deutschen, der da plötzlich in der fremden Welt New York unterwegs war. Und dann: Licht an! Ich stand im traditionsreichen New Yorker Gotham Comedy Club auf der Bühne. Schon beim Reingehen wurde mir ganz anders. An der Wand hingen die Bilder der Comedy-Stars, die hier ihre Karriere begonnen hatten. Und jetzt sollte ich hier auf die Bühne gehen. Gerade noch niedergeschlagen auf dem Sofa und nun das: »Bitte begrüßt einen sehr witzigen Mann aus Deutschland – Ingooooo!«, sagte die Moderatorin, und dann sprang ich voller Energie und begleitet von wohlwollendem Applaus auf die Bühne. Ein fantastischer Cocktail aus Glücksgefühlen rauschte durch meinen Körper. Ich ließ mich einfach reinfallen und entdeckte das Kind in mir wieder, das spielerische, ungezwungene. Der kleine Ingo auf den Baumstämmen! Hört mal alle her! Und es funktionierte echt gut! »You nailed it!«, sagte einer der Kollegen, was ein großes Kompliment war. Und einer der Comedy-Coaches lud mich ein, gleich am nächsten Tag in einem anderen Club aufzutreten. So ging das munter weiter. Eine Woche lang stand ich nun Tag für Tag auf einer neuen Comedy-Bühne. Ein australischer Comedian lud mich in seine Show ein, ein anderer empfahl mich woanders hin. Der lustige Deutsche war entlang des Broadway unterwegs. Für mich jeden Abend unfassbar. Ich schwebte Nacht für Nacht glücklich zurück nach Brooklyn.

Bei all den Auftritten fand ich Stück für Stück meinen inneren Frieden wieder. Werde, der du bist. Da war wieder der Ingo, der sich traute, der einfach machte. Das war es, was ich wollte. Das war ich. Die Bühne, Menschen unterhalten, ihnen für eine kurze Zeit Freude bereiten. Ich konnte ihnen vielleicht helfen, für kurze Zeit Sorgen und Nöte zu vergessen. Gibt es etwas Schöneres? Einen Tag vor meiner Abreise hieß es dann: »Vorhang auf für Ingo aus Germany« im Broadway Comedy Club. Das Tolle an New York ist, dass du diese Chancen einfach bekommst. Du kannst dich ausprobieren. Nun stand ich mit unfassbar großartigen Comedians auf der Bühne, die teilweise eigene Shows auf HBO[14] oder Comedy Central hatten. Und wenn vor dir ein Mann spielt, der gerade bei *America's Got Talent* im TV die Bühne gerockt hat, wird dir schon ein bisschen mulmig. Und da machte sich auch eine alte Bekannte bemerkbar: die Angst zu versagen. Doch ich überwand sie. Ich fragte mich, was könnte schlimmstenfalls passieren – dass ich hier als »Ingo from Germany« versage und keiner lacht? Na und?! Wusste ja niemand, dass ich überhaupt hier auftreten würde. Gut, meine Frau. Die allerdings freute sich jeden Abend mit mir, wenn ich ihr eine neue kleine Glücksgeschichte erzählen konnte. Sogar die Momente, in denen keiner lachte, habe ich gut in den Griff bekommen. Einfach weitermachen. Pausen aushalten. Der nächste Lacher ist nur einen Satz entfernt. Zu sehen, wie auch erfahrene Comedians an so einem Clubabend damit umgehen, hat mich da nur bestärkt. Die ziehen es durch, überwinden Ängste, die sie sicher auch haben. Nur du siehst sie eben oft nicht. Meine Ängste habe ich gerade in dieser Woche gut gespürt. Sie wahrzunehmen und ganz bewusst weiter und auf die Bühne zu gehen hat sich gelohnt: Das war eine Herausforderung in meinem neuen Leben, die ich gemeistert hatte. Und es machte so ungeheuer viel Spaß! Leider neigte sich meine amerikanische Auszeit dem Ende entgegen. Ich wäre gern noch länger geblieben, denn diese tollen Abende hatten mir Gefühle beschert, die ich schon lange nicht mehr hatte.

Ich war ohne Gäste, kleine Filme und das Medium Fernsehen einfach pur und allein vor ein Publikum gegangen. Ich konnte es mit eigenen Geschichten auf eine kleine Reise nehmen und offenbar auch ganz gut unterhalten. Das hat mich unglaublich erfüllt. Dieses Glücksgefühl hat mich auch nach der Rückkehr in Deutschland weiter durchs Leben getragen. Allein der Gedanke, dass du selbst auch genug sein kannst, hat mir großes Selbstbewusstsein gegeben. Du brauchst manchmal nicht mehr als du selbst zu sein, um andere zu begeistern. Du bist genug.

Ich hatte meine Komfortzone verlassen, dieser erste Schritt sollte eine unfassbare Entwicklung in Gang setzen.

Ich hoffte, dass ich diesen Spirit in mir weitertragen würde, und versuchte, mit meinem neuen Selbstvertrauen auch anderen gegenüberzutreten. Plötzlich traute ich mich in meiner neuen Rolle als Comedian auch hier auf die Bühne. Bei kleinen Mix-Shows und offenen Bühnen tankte ich Selbstvertrauen, auch vor deutschem Publikum. In meiner Muttersprache ist es natürlich noch etwas einfacher. Obgleich ich im Publikum anfangs oft auch dieses »Okay, Fernsehfuzzi, jetzt zeig mal, was du kannst« zu spüren glaubte. Inzwischen habe ich auch da meinen Weg gefunden – ich lasse mich nicht mehr in Schubladen stecken. Ich mache einfach. Auch, wenn das für Zuschauer manchmal schwer ist:

»Sie sehen genauso aus wie ein Moderator im Fernsehen, dieser Ingo.«

»Ja, ich bin das.«

»Ne, wirklich, Sie haben da enorme Ähnlichkeit ...«

»Genau ...«

225

Bis es der Herr nach einem Auftritt in der Krefelder Kulturfabrik verstanden hatte, vergingen einige Minuten. Da musste sogar ein Kollege helfen, ihn am Ende von meiner Identität zu überzeugen.

Ob in kleinen Clubs oder größeren Hallen, du weißt nie, wie das Publikum an diesem Abend gestrickt ist. Ein Zuschauerraum, sagen die Amerikaner, ist wie ein eigener Organismus. Damit zu arbeiten erfordert viel Erfahrung, die ich mir nun Schritt für Schritt erarbeite. Was mir viele Überraschungen beschert. Einmal hatte ich mich unglaublich schlecht auf einen Abend vorbereitet und ging mit mehr als gemischten Gefühlen auf die Bühne. Ich dachte, das wird nie was. Schon über die guten Gags des Moderators lachte keiner. Und dann kündigt er mich auch noch als den »Mann vom Fernsehen« an. Hilfe! Doch es kam anders, die Stimmung war gut, ja fast schon ausgelassen. Und auch, dass ich suboptimal vorbereitet war, spielte für meinen Auftritt keine Rolle. Der Flow war da. Seitdem versuche ich, unvoreingenommen auf die Bühne zu gehen. Ich will Spaß haben und freue mich, wenn diese Freude auch beim Gegenüber ankommt. Ich habe gelernt, dass mich auch hier ein negatives Gedankenkarussell gebremst hat. Ich will bei allem Adrenalin und innerer Anspannung Spaß haben! Und genießen.

Einfach machen!

Erfolgsgeheimnis: Dranbleiben

Von der Krise über die Selbsterkenntnis bis zur Selbstverwirklichung. Was für ein Weg! Aber er hat sich gelohnt. Ich hatte meinem Leben nun eine neue Richtung gegeben. Vieles hat mich Überwindung gekostet, ja, und einiges ging auch mal schief. Allerdings begriff ich: Scheitern ist kein Rückschritt, es bringt dich weiter. Dazu brauchte es diesen klaren Plan, an mir und meinen Problemen gezielt zu arbeiten.

Ich identifizierte auch Momente, in denen ich eine Entscheidung getroffen hatte, mit der ich nicht zufrieden war. Wenn ich etwa den Netten in mir so rabiat verdrängen wollte, dass ich plötzlich in einem Gespräch mit Kollegen ungewohnt laut wurde, um meine Interessen durchzusetzen. Das überraschte mich selbst. Doch ich haderte nicht mehr, ich würde es beim nächsten Mal einfach anders und besser machen. Diese innere Klarheit und meine Werteliste waren ein super Kompass, der mich leitete. Ich verlor meine Wünsche nicht aus den Augen, sondern nahm sie nacheinander in Angriff. Ich machte!

Meine neu gewonnene Erfolgsdefinition lautete: Ich bin ich, ich gehe meinen Weg ganz individuell und mache mich unabhängig – sowohl von anderen als auch vom Erfolg. Nicht die Quote, nicht der Applaus, alles, was zählt, sind meine ganz persönlichen Kriterien. Ich habe mich aus Abhängigkeiten befreit. Und diese Möglichkeit haben wir alle. Wir können machen, was gut für uns ist, unsere Nische und Wege finden, Träume umzusetzen.

In meiner jugendlichen Unersättlichkeit hatte ich Lust gehabt, alles auszuprobieren, das war nicht schlecht gewesen, nur etwas planlos. Heute habe ich einen Plan und Werkzeuge, die mir helfen. Ich bin noch nicht am Ziel angekommen, habe aber schon verdammt viel erreicht. Doch da geht noch mehr, es gibt eine Menge auszuprobieren, viele Felder, auf denen ich mich gerne tummeln möchte. Doch eins nach dem anderen.

Unsere Bedürfnisse erkennen und befriedigen. Unsere Stärken identifizieren und sie bewusst einsetzen. Schwächen akzeptieren oder gezielt verändern. Mithilfe der Ressourcen, die in uns schlummern. Persönliches Glück und Zufriedenheit sind auch Arbeit. Die hört nie auf. Vieles wird Ihnen – wie mir – sicher in Fleisch und Blut übergehen. Aber wir Netten müssen auf der Hut sein, dass wir nicht wieder in alte Muster verfallen.

Denken Sie dran:

Machen macht glücklich!

Nicht nur für andere – sondern gerade für sich selbst.

V. Zurück in der Spur

**oder
Wie das gute Gefühl bleibt**

Mehr »Ich«

Endlich bin ich so, wie ich immer war. Ich habe mir meine positiven Eigenschaften zurückgeholt, die im Hamsterrad des Alltags über die Jahre verloren gegangen waren.

Heute weiß ich: Ich bin zurück in der Spur, *back on track!* Mein Weg war nicht einfach, aber auch das hatte sich ausgezahlt.

Die Suche nach dem eigenen Platz im Leben ist am Ende immer eine spannende Suche nach uns selbst, aus der wir gestärkt hervorgehen. Wer sich selbst findet, erfährt aus meiner Sicht eine nie gekannte Sicherheit in allem, was er nun macht. Entscheidungen fallen leichter, Ziele werden klarer, und es wird einfacher, sich in einer Welt des permanenten Wandels zurechtzufinden. Weil sich unsere Umgebung im Zuge der Herausforderungen der modernen Welt weiter verändert, müssen auch wir uns immer wieder neu justieren. Wer dabei mit sich selbst im Reinen ist und weiß, was ihn ausmacht, kann sich meiner Ansicht nach viel besser in dieser Welt voller neuer Entwicklungen zurechtfinden. Berufliche und private Veränderungen sind dann mehr Chance als Risiko.

Seid mutig und macht etwas mit und aus eurem Leben! Und habt dabei keine Angst, zu Egoisten zu werden. Ja, auch ich bin im positiven Sinne »egoistischer« geworden. Egoismus als gesunde

Wunscherfüllung und Bedürfnisbefriedigung. Wir müssen keine Angst haben, dass wir nach so einem Prozess egozentrische Fieslinge werden, die nur noch auf ihr eigenes Wohl bedacht sind. Eine Portion Egoismus kann durchaus gesund sein. »Egoismus bezeichnet eine Haltung, die gekennzeichnet ist durch das Streben nach Erlangung von Vorteilen für die eigene Person.«[15] Eine Definition, die zwar nicht schön klingt, in einem gesunden Rahmen nach meiner Ansicht allerdings völlig normal ist. Natürlich wollen Menschen Vorteile. Wer nimmt schon freiwillig Nachteile in Kauf? Da wäre man doch schön blöd – oder eben zu nett ...

Und die Ego-Definition geht ja noch weiter: »Egoismus bezeichnet eine Haltung, die gekennzeichnet ist durch das Streben nach Erfüllung der die eigene Person betreffenden Wünsche ohne Rücksicht auf die Ansprüche anderer.«[16] Ja, willkommen im Land der Arschlöcher. Prost Mahlzeit! Wie wäre es, wenn wir hier einfach den letzten Teil umformulieren? Wenn es nach mir geht, sollten wir uns unsere Wünsche erfüllen *und* dabei Rücksicht auf die anderen nehmen. So hört sich das gut an. Dann helfen wir auch gerne anderen, dann kümmern wir uns auch mit Freude um unsere Mitmenschen. Dann können wir auch mal auf etwas verzichten, ohne frustriert oder wütend zu sein. Denn beim nächsten Mal sind wir wieder dran.

Meine Vorstellung von Egoismus bedeutet nichts anderes, als dass wir uns um *uns* kümmern. Um unser Wohlbefinden, um unser Seelenheil. Sich mit seinem Leben wohlzufühlen, dabei im besten Sinne authentisch zu bleiben und sich eben nicht verbiegen zu lassen. Die innere Ruhe, die wir dabei erreichen, strahlt aus. Wer sich um sich kümmert, wird auch für andere viel erträglicher.

Neue Lebensqualität

Weil ich mich besser kennenlernen konnte und nun mehr auf meine innere Stimme höre, bin ich auf eine bisher nicht gekannte Art mit mir im Reinen. Viele Gedanken, die sonst meinen Tag über Stunden bestimmten, sind heute vollkommen unnötig, weil ich mit Konflikten und Problemen ganz anders umgehen kann. Die schrittweisen Veränderungen haben etwas mit mir gemacht. Ich habe mich im Zuge meiner Beschäftigung mit mir selbst positiv verändert. Durch die neue Selbsterkenntnis wurde ich *selbstbewusster*. Das Lösen von Problemen, die ich lange nicht identifizieren und benennen konnte, hat mein Leben reicher gemacht.

Ich bin auf meinem Weg *einfühlsamer* geworden und kann mich nun auch in andere besser hineinversetzen. Was zu einem empathischeren und achtsameren Umgang mit mir und meinem Umfeld führt, der das Miteinander sofort entspannter macht.

Ich bin *zufriedener* geworden, weil ich eine ungeahnte Klarheit im Hinblick auf mein Leben bekommen habe. Ich weiß, was ich privat will und welche beruflichen Perspektiven für mich Sinn machen. Meine Werte geben mir dabei einen konkreten Rahmen vor.

Ich bin *ein viel glücklicherer und auch mutigerer Mensch* geworden, weil sich mir viele Konfliktfelder von früher heute gar nicht mehr als Problem in den Weg stellen. Und ich die Wege, die ich voller Leidenschaft einschlage, heute mit viel mehr Energie gehen kann als früher. Viele unnötige wiederkehrende Hürden sind aus dem Weg geräumt. Ich kann meine Energie konzentriert da einsetzen, wo ich sie brauche. Das lässt mich meine Ideen erfolgreicher oder überhaupt erst umsetzen.

Am Ende fühle ich mich an dem aktuellen Punkt meiner Reise zu mir selbst viel *erwachsener* als an ihrem Beginn vor gut drei Jahren.

Weil ich Verantwortung für mein Leben übernommen habe, gerade weil ich auch negative Erfahrungen als Möglichkeit zu wachsen angenommen habe.

Erwachsen sein und das Kind in sich selbst bewahren. »Irgendwo tief in mir bin ich ein Kind geblieben«, ist eine schöne Songzeile von Peter Maffay. Sinnigerweise beginnt die Nummer namens *Nessaja* mit den Worten »Ich wollte nie erwachsen sein«. Doch das genau wollte ich und dabei das Kind in mir nicht aus den Augen verlieren.

Seine eigene Kindheit und die damit verbundenen Qualitäten wiederentdecken, positive Eigenschaften wie Neugier, Unbekümmertheit und Spaß freizusetzen, das war und ist mein Ziel. Mit Sinn und Verstand in einem erwachsenen Rahmen Lust und Freude ihren Raum zu geben.

Dieser Prozess führte mich wieder zurück zu meinen Träumen.

Heute blicke ich nicht nur auf einen langen erfolgreichen Weg zurück, sondern auch nach vorne auf das, was da noch kommen soll. Auf meinem Ideen-Parkplatz, der Wand hinter meinem Schreibtisch, kleben immer noch zahlreiche Zettelchen.

Ich hatte tatsächlich viel umgesetzt, und meine Amerikaerfahrung war sicher ein Höhepunkt, aber es geht nicht wie bei einer Gipfelerstürmung nun bergab, sondern stetig weiter.

Daher ist das hier nicht das Ende, im Gegenteil, es ist der Anfang eines ewig dauernden Prozesses, der einen nicht nur lebendig und aktiv hält, sondern auch konstant für Glücksmomente und Weiterentwicklung sorgt. Daher darf dieses Dranbleiben keine leere Floskel sein. Es ist wie mit dem Abnehmen. Wenn die zehn Kilo runter sind, darfst du nicht in alte (Essens-)Muster verfallen. Ich kenne das nur zu gut. Da passt dir drei Monate später wieder die alte Jeans, die Wochen vorher noch viel zu weit war. Das Zauberwort lautet auch hier: Selbstmotivation. Und so schwer es damals bei mir auch war, den Hintern endlich hochzukriegen, ich bin heute glücklich, dass eine neue Selbstverständlichkeit Einzug in mein alltägliches Leben gefunden hat. Meine Gedanken haben sich verändert, dadurch natürlich auch meine Gefühle und das wiederum führt zu einem anderen Verhalten. Runter von der Couch, rein ins Leben!

Der größte Traum

Das Allerallerbeste kommt immer zum Schluss. Und da hatte sich doch tatsächlich auch der vielleicht größte Traum auf meinem Wunschzettel des Lebens erfüllt: eine eigene Familie. Meine Frau hatte ich ja bereits geheiratet, wie ich finde die tollste von allen. Im Dezember 2019 kam dann unser Sohn zur Welt. Mein privates Glück ist damit perfekt. Heute bin ich ein *Working Dad*, dessen tägliche Herausforderung der Balanceakt zwischen Familie und Beruf ist. Und das klappt überraschend gut. Mein Ziel ist es, ein netter Vater sein. Kein Stinkstiefel, der mit seinem Leben unzufrieden ist und Frust und schlechte Laune verbreitet. Ich habe nicht nur für mich und mein Lebensglück die Verantwortung übernommen, sondern zusammen mit meiner Frau auch für eine Familie. Und ich versuche natürlich, meiner Familie ein harmonisches Zuhause zu geben, doch bei uns darf (und soll) es auch Raum für Konflikte geben. Denn: Bei aller Liebe, glauben Sie mal nicht, dass Kindererziehung in Partnerschaften konfliktfrei funktioniert! Ich freue mich jetzt schon auf den ersten Konflikt mit meinem Sohn, wenn er sprechen kann und bewusst klar und deutlich das erste Mal »Nein« sagt. Vor allem bin ich gespannt, wie ich dann darauf reagiere …

Das neue Nett

Während ich diese Zeilen schreibe, spüre ich nach wie vor, dass ich glücklich bin, ich habe meine Entscheidungen nicht bereut und schaue entspannt in die Zukunft. Ich kann und will mich auf Neues einlassen, meine Reise geht weiter.

Der neue Freiraum gibt mir die Muße, mich intensiver um mein Live-Programm zu kümmern, mein zweites Buch zu schreiben (das Sie gerade in den Händen halten) und den Podcast zu produzieren. All das braucht Energie – und macht verdammt viel Spaß! Und ich freu mich schon auf die schönen Events nach Corona, bei denen ich als Moderator wieder auf der Bühne stehen kann. Ich will mich überraschen lassen und auch mal spontan entscheiden, worauf ich Lust habe. Dinge tun um des Tuns willen und dann schauen, wo es mich hinführt. Da ist eine entspannte Grundhaltung, wie ich finde, eine gute Ausgangsbasis.

Ich merke, ich bin innerlich gereift. Ich konnte Dinge loslassen und mich für andere öffnen. Jetzt ist es Zeit für einen neuen Abschnitt mit neuen Abenteuern.

Ich werde weiterhin nett sein, vor allem auch zu mir selbst. Denn ich war immer nur nett zu anderen, mich selbst habe ich oft nicht gut behandelt oder behandeln lassen. Nett zu sich selbst sein heißt, sich wehren, seine Interessen, Wünsche und Bedürfnisse zu beachten und zu befriedigen.

Den Elstner-Satz »Du bist zu nett!« habe ich nie wirklich verstanden. Ist Nettsein nicht die angenehmere Grundideologie? Im Umgang mit Stars war das eindeutig die bessere Herangehensweise. Doch Nettsein hat, wie wir gesehen haben, eindeutig auch Nachteile. Aber gibt es nur *nett* und *nicht nett*? Kann man nicht freundlich sein und trotzdem Kritik üben, Konflikte austragen und angstfrei

Entscheidungen treffen, mit denen man glücklich ist? Natürlich kann man das. Und wenn man, so wie ich, es nicht von Kindesbeinen an gelernt hat, lässt sich das nachholen. Es ist ein wenig mühsamer, zugegeben. Als ich mit vier Jahren Skifahren lernte, war das sicher für mich auch einfacher als für Menschen, die erst im Erwachsenenalter starten. Aber es geht. Die Erfolge werden sich einstellen und können uns sehr, sehr glücklich machen. Wir müssen es nur wollen.

Für die nächste Auflage könnten wir den Buchtitel eigentlich ändern, es sollte heißen: »Hilfe, ich bin nicht nett *zu mir*!« Das ist für viele das große Problem – und gleichzeitig der Schlüssel zum Glück. Denn wir können nicht *zu nett* sein.

Wenn heute jemand zu mir sagt, ich sei nett, dann ist das ein großes Kompliment! Und vielleicht kann ich einige mit meiner Geschichte ja auch ermutigen, mal andere Perspektiven einzunehmen und auf Entdeckungsreise zu gehen. Ich würde mich freuen, wenn ich mit diesem Buch Mut machen konnte, die nächsten beruflichen Schritte oder privaten Träume in die Tat umzusetzen.

Dabei wünsche ich allen viel Erfolg. Und wenn Sie mir einen Gefallen tun möchten: Bleiben Sie freundlich!

Update: Der letzte große Schritt

Ach ja, da klebte ja noch dieser Zettel an meiner Wand …

Das Jahr 2020 führte mich zu einem Schritt, den ich in den Jahren vorher nie wirklich hätte gehen können. Mal ganz davon abgesehen, dass dieses Corona-Jahr uns alle schwer gebeutelt hat, für mich war es dann noch auf einer ganz anderen Ebene einschneidend. Inmitten meiner *Volle Kanne*-Mühle kamen immer wieder mal Gedanken auf, das ZDF zu verlassen. Jetzt wurden sie konkreter. Immerhin hatte ich meine kleine morgendliche Spielwiese nun 20 Jahre gründlich beackert. Und nebenbei auch viele andere Träume realisiert. Selbstzweifel und Neid waren entsorgt worden, ich konnte optimistisch nach vorne gucken und durchatmen. Ich war glücklich. Ehemann und Papa. Vielleicht war das genau der richtige Zeitpunkt, diesen großen Schritt zu gehen? Wenn es am schönsten ist …

Der Satz »Wenn ich einen Job annehme, dann ziehe ich ihn auch gegen alle inneren Widerstände bis zum bitteren Ende durch« passte für mich nicht mehr. Ja, ich war diszipliniert, aber ich hatte auch gelernt, auf mich und mein Wohlbefinden achtzugeben. Ich musste nicht mehr alles bis zum bitteren Ende durchziehen und dabei selbst auf der Strecke bleiben. Und so reifte in mir dieser Gedanke weiter, nahm immer mehr Besitz ein und landete schließlich als Zettel an meiner Wand.

Und dann trug ich den Gedanken und die Entscheidung verdammt lange mit mir rum. Ehrlich gesagt – ich konnte mir damals nur schwer vorstellen, wie es sein wird, ohne diesen Fixpunkt in meinem Leben durch den Alltag zu gehen. Das *Volle Kanne*-Team und ich haben in zwei Jahrzehnten alles erlebt, von größter Freude wie der Fußballweltmeisterschaft oder dem ESC-Sieg bis zu 9/11 und dem weltweiten Terror, der dann folgte. Uns hat die Klimakatastrophe begleitet, wechselnde US-Präsidenten und in diesem Jahr dann auch noch Corona – ich habe mit dieser Sendung erlebt, wie sich die Welt veränderte.

Und auch ich habe mich in diesen 20 Jahren immer wieder verändert – es kamen andere Sendungen, die einen unglaublichen Spaß gebracht haben. Und ich konnte mit »Erfolgsmenschen« mein erstes Buch schreiben, was ich klasse fand.

Und dieses *Volle Kanne*-Jahr 2020 war durch Corona schon noch mal ein besonderes. Das Team für die Sendungen hat noch akribischer an jedem Morgen gefeilt, es haben sich Tag für Tag so viele Dinge verändert – aber wir haben das alles zusammen echt gut gerockt.

Ich habe noch mal intensiv gemerkt, was so eine lange Zeit und Zusammenarbeit für positive Folgen hat – ich konnte mich blind auf die Kollegen hinter den Kulissen unserer Live-Sendung verlassen und sie sich genauso auf mich.

All diese Gedanken und Gefühle trugen mich durch die Entscheidungszeit. Und zwischendurch: Zweifel, Unsicherheit. Natürlich. Aber nicht mehr so schlimm. Eine erfolgreiche Sendung, meinen Traumjob als Moderator, einfach aufzugeben – mit einer top laufenden Sendung: Warum machst du das? Das habe nicht nur ich mich gefragt, sondern auch viele Freunde und Kollegen.

Die Antwort fiel mir gar nicht so schwer. Denn als ich mir die letzten Jahre noch mal anschaute, war das wahrscheinlich nur eine konsequente Entwicklung. Ich habe einfach gemerkt, was alles passieren kann, wenn ich Dingen neben *Volle Kanne* mehr Raum gebe. Um Ideen dann auch wirklich ins Ziel zu bringen, braucht es Energie und Zeit, die wollte ich mir nun nehmen.

Als ich die Entscheidung getroffen hatte, ging ich sofort zu den Verantwortlichen des Senders, die spürbar überrascht waren, meinen Schritt allerdings verstanden. Besonders emotional wurde es, als ich es in der Konferenz dann auch den Kolleginnen und Kollegen sagte. Viele versuchten, mich umzustimmen, einige haben sogar geweint – und im ersten Moment konnten viele auch hier meine Entscheidung kaum verstehen. Nachdem ich es ihnen erklärt hatte, bekam ich eine Welle des Zuspruchs und der guten Wünsche.

Mit dem Fernsehpublikum ging es mir ähnlich, erst waren viele wohl auch geschockt – doch die vielen lieben Worte in Form von Briefen, Mails oder Postings auf meinen Social-Media-Kanälen reißen bis heute nicht ab, was mich sehr berührt.

Natürlich war ich nach der Bekanntgabe meiner Entscheidung sehr gespannt, wie sich die letzte Woche *Volle Kanne* anfühlen würde. Mit welchen Empfindungen ich am 4. Dezember meine letzte *Volle Kanne*-Ausgabe moderieren würde. Traurig, gefasst oder gar erleichtert? Ich wusste, dass sich das Team in irgendeiner Form von mir verabschieden würde und kannte meinen Gast, Schauspielerin Elena Uhlig. Sie hat meine letzte *Volle Kanne*-Ausgabe zu etwas ganz Besonderem gemacht. Wir kannten uns und hatten im Vorfeld noch einmal telefoniert. Was in der Sendung passieren würde, hat sie mir natürlich nicht verraten. Ich allerdings hatte ihr gesagt, dass ich im Smoking moderieren würde. Denn für mich war dieses Frühstücksfinale das Ende eines für mich wichtigen Lebensabschnittes. Keine Sendung hatte über so lange Zeit mein Leben bestimmt und meine Fernsehlaufbahn geprägt. Ich wollte es feierlich mit dem entsprechenden Outfit beenden.

Und dann war es so weit. Der letzte Tag nach 20 Jahren. Ich war wie die ganze letzte Moderationswoche mitten in der Nacht schon aufgewacht. Diesmal gegen drei Uhr dreißig. Und diesmal konnte ich auch nicht mehr einschlafen. Ich döste vor mich hin und sah aus dem Schlafzimmerfenster hinaus in die Nacht. Die Gedanken schlugen Purzelbäume. Was würde mich heute nur erwarten? Würde ich die richtigen Worte zum Abschluss finden? Und vor allem: Hoffentlich weine ich nicht in der Live-Show. Ich weiß noch, dass mein Sohn in seinem Zimmer in dieser Nacht auch kurz wach wurde und ich mit ihm auf dem Arm auf den Park hinter unserem Haus blickte. Ich wiegte ihn zurück in den Schlaf und fühlte mich in dem Moment total angekommen. Meine Entscheidung war richtig. Und mein Leben trat in eine neue aufregende Phase.

Ich war an diesem Morgen etwas früher als sonst im Studio. Aufgeregt und angespannt. Was würde mich erwarten? War es wirklich richtig, einen Smoking zum Frühstück anzuziehen – und würde ich an so einem Tag überhaupt »normal« moderieren können? Am Ende erwies sich mein Frühstücksgast als großes Geschenk. Elena machte mein Frühstücksfinale zu etwas ganz Besonderem. Sie nahm mich – auch wenn es durch Corona mit Abstand war – gedanklich an die Hand und in den Arm. Wir erinnerten uns an besondere Momente – und wir weinten auch zusammen. Denn natürlich wurde ich bei meiner letzten Sendung sehr emotional. Als plötzlich prominente Kollegen aus kleinen Filmen grüßten, als ein langer Rückblick im Laufe der Show einige der Highlights aus meinen zwei Jahrzehnten *Volle Kanne* zeigte und als gegen Ende dann auch noch einige Songs eingespielt wurden, die ich mit Stars in unserer Show gespielt hatte. Da gab es bei mir kein Halten mehr, und es kamen mir die Tränen. Ich wollte eigentlich nicht vor der Kamera weinen, auf keinen Fall. Die Tränen liefen dann doch. Und das war auch völlig in Ordnung. Ich fragte mich nur kurz, ob das wirklich die richtige Entscheidung ist. An so einem Punkt meiner Karriere mit dieser Frühstücksshow Schluss zu machen?

Die Antwort ist Ja. Nach so einem Jubiläum zu gehen fühlt sich für mich heute sehr rund an. Seit Januar 2021 frühstücke ich wieder zu Hause – nicht mehr im ZDF. Dafür mit Frau und Kind. Manchmal sogar nur mit Kind, weil meine Frau gern länger schläft.

Volle Kanne aufzugeben war eine der schwersten Entscheidungen meines Berufslebens, aber eine gute. Warum ich mich für einen Neustart und neue Perspektiven entschieden habe? Weil ich endlich meinen Hintern hochbekommen habe und nach 20 Jahren noch einmal mit Spaß und Lust neue Dinge ausprobieren will. Sich bewusst auch auf Unplanbarkeit einlassen kann echt Energien freisetzen. Mal zu schauen, welche Türen sich öffnen, wenn du offen dafür bist.

Und heute? Ich mache nun eine Bühnenshow in Deutschland. Mit Musik! Meine große Leidenschaft.

Ein befreundeter Agent hatte meinen Stand-up-Auftritt aus den USA auf meiner Homepage gesehen und die Idee, einen Solo-Abend in Deutschland auf die Beine zu stellen. Ich war erst skeptisch, er sagte nur: »Du kannst das, ich kann mir das sehr gut vorstellen. Darf ich mal schauen, ob das die Theater und Spielstätten hier interessiert?« Ich sagte spontan »Ja« und war gespannt, was nun passieren würde. »*Nommsen Live!*« war schon länger einer meiner Träume. Vier Wochen später hatte ich plötzlich eine ganze Ladung Live-Termine in meinem Kalender, von Sylt bis zum Bodensee. Ich wurde gebucht! Was für eine Freude. Und bis zur Premiere sollten es noch gut drei Monate sein. Dann kam Corona in unser Leben – und alles wurde verschoben. Zum Glück konnte ich Teile des Programms noch auf kleinen Bühnen und in Mix-Shows probieren und testen. Einige Auftritte fanden dann unter Corona-Bedingungen statt. Aus der großen Premiere ist dabei leider nichts geworden: Ganze zwölf Menschen saßen im Publikum, als ich ins Theater kam. Sollte ich da wirklich auftreten? Ich zögerte ganz kurz, dann zog ich es durch. Auf der einen Seite wollte ich nicht kneifen, auf der anderen sagte ich mir: Wenn es hier klappt, dann funktioniert das überall. Und von unzähligen Comedians hatte ich gehört, dass genau diese Auftritte sie weitergebracht hatten. Dass es bei mir am Anfang passierte, war rückblickend ein echtes Geschenk. Auch wenn ich selten auf einer Bühne oder vor der Fernsehkamera aufgeregter war – dieser Auftritt hat mich verändert. Normalerweise ist mein Motto: Je mehr Menschen zuschauen, umso mehr Spaß habe ich! Hier habe ich gelernt, dass es auch anders geht. Diese Herausforderung zu meistern hat mein eigenes Spaßlevel in ungeahnte Höhen schießen lassen. Dass es am Ende auch Rufe nach einer Zugabe und minutenlangen Applaus gab (bekanntlich das Brot des Künstlers), hat mich an diesem Abend wirklich beflügelt, hier am Ball zu bleiben. Auch die wenigen Corona-Auftritte, die danach kamen, waren ein großes Glück. Auf der Bühne darf ich machen, was mir gefällt. Ein solches Programm hatte mir einst schon Roger Willemsen empfohlen. Der leider viel zu früh verstorbene Publizist, Autor und Moderator sagte nach einer gemeinsamen Fernsehsendung zu mir:

»Die Bühne ist wunderbar.
Da kannst du machen, was du willst – und den
Menschen deine Geschichten erzählen.«

Wie recht er hatte. Das mache ich jetzt – ich lese aus meinen Büchern, mache Stand-up und ich singe sogar. Das hat mich wohl am meisten Überwindung gekostet. Dank meiner wunderbaren Gesangslehrerin Pamela ist bei mir auch da ein vorher nicht bekanntes Selbstbewusstsein gewachsen. Für mich hat sich durch den Solo-Abend eine ganz neue Welt aufgetan.

Und ich wünsche mir noch mehr direkten Kontakt mit dem Publikum, daher steht Stand-up-Comedy nach wie vor ganz oben auf meiner Liste. In vielen Mix-Shows, in denen ich dabei sein konnte, und jetzt auch bei den Auftritten mit *Ingo Nommsen – Live!* wuchs die kindliche Freude in mir. Das ist großartig. Direkt in den Gesichtern zu sehen, wie etwas ankommt – das Lachen, das Staunen, direkt mit den Menschen zu interagieren –, ist eine ganz besondere Verbindung.

Eine Verbindung, die ich auch durch meine anderen Aktivitäten zu intensivieren versuche: Sowohl den Podcast habe ich realisiert als auch meinen Instagram-Kanal, was mich sehr glücklich macht.

Und nur darum geht's.

Macht, was euch glücklich macht!

Dankeschön

Danke, dass du mir deine Zeit geschenkt hast und ich dich mit auf diese Reise durch mein Leben nehmen konnte. Dass sie ihren Weg zwischen zwei Buchdeckel fand, verdanke ich vielen Menschen. Bei einigen will ich mich besonders bedanken.

Allen voran bei Sabine Jürgens, dank ihr ist aus meinen Geschichten dieses Buch geworden, das mich auch persönlich so viel weiter gebracht hat. Ich habe viel gelernt. Über mich und das Schreiben. Mit dir zu arbeiten, liebe Sabine, ist eine große Freude.

Dank geht an meine Literaturagentin Hanna Leitgeb sowie Bettina Traub, die dieses Projekt zu *Ariston* holte. David Heim brachte »Hilfe, ich bin zu nett!« für den Verlag durchs Ziel und sorgte mit dem *Ariston*-Team dafür, dass ich mich hier sehr gut aufgehoben fühlte.

Bei Frank Elstner bedanke ich mich für sein »Zu nett«-Fazit beim Casting. Und bei Andreas Albes dafür, dass er schnell erkannte, wie perfekt dieses »Zu nett« in einen Buchtitel passt.

Ich danke allen Sendern und Kolleginnen und Kollegen, die mit mir einen Teil meines Weges gegangen sind. Ganz besonders dem ZDF und dem *Volle Kanne*-Team, das in 20 Jahren zum wichtigen Teil meines Lebens wurde. Vor allem den CvDs (Chefs vom Dienst), mit denen ich so viele *Volle Kanne*-Ausgaben gestalten konnte: Rolf Müller, Matthias Fley, Alex Zimmermann, Cornelia Petereit, Patrick Lipke, Tobias Benner und Sven Brandhuber. Mit euch im Rücken gehe ich in jede Live-Show!

Danke an Suna Yalcin, deren Arbeit meinem Leben einen überraschend neuen und wichtigen Schub gegeben hat.

Mein Monat in New York hat mir gezeigt, dass neuen Wegen eine unglaubliche Kraft innewohnt: Thanks to Steven Rosenfield, Ethan Herschenkend, Micaela Fagan and everyone at the *American Comedy Institute*. Auch Rich Brooks vom *Broadway Comedy Club*, der glücklicherweise Deutsch konnte, war eine große Hilfe und hat vieles möglich gemacht – Dankeschön! Es war toll, diesen ganz besonderen Spirit der Amerikaner zu erleben und ein Stück davon mit zurück nach Deutschland zu nehmen.

Dass ich auch hier meine Lust auf Stand-up ausleben konnte und kann, verdanke ich unter anderem Renate Berger vom *Quatsch Comedy Club*, David Grashoff von *Vollkontakt Comedy*, Heino Trusheim von *I Love Stand Up*, Manuel Wolff von *Boing Comedy* und Marcus Budde vom *Punch Comedy Club*. Danke, dass ihr den Mann aus dem Fernsehen auf die Comedy-Bühne lasst!

Ich danke allen, die mich auf meinem neuen Weg unterstützen. Wie Hubertus Kröger, der mir als Coach geholfen hat, meinen Drang zur Harmonie, der mir oft im Weg stand, als etwas Positives anzunehmen.

Erasmus Stein hat mich mit einem Solo-Programm auf die deutschen Bühnen geschubst. Danke für deine Motivation, dein Dranbleiben und deine Tatkraft beim Umsetzen von Ideen. Es ist ein gutes Gefühl, dich an meiner Seite zu wissen.

Ich bedanke mich bei meiner Familie. Bei meiner Mutter, die zusammen mit meinem Vater für eine unbeschwerte wunderschöne Kindheit sorgte. Bei meinem Bruder, der – was die persönliche Entspanntheit angeht – seit Jahren mein Vorbild ist. Und natürlich bei den beiden Menschen, die mit mir meine eigene kleine Dreierbande formen. Meiner Frau, der tollsten von allen. Und bei meinem Sohn, der uns komplett macht. Dank euch ist mein Leben schöner, als ich es mir je hätte vorstellen können. Ich liebe euch!

Liebe Leserinnen und Leser,

ich freue mich, wenn wir in Verbindung bleiben. Alle meine Live-Termine, Online-Kanäle und Podcast-Aktivitäten findet ihr auf www.ingo-nommsen.de.

Danke euch und auf bald!

Quellenangaben und Erläuterungen

1 Vgl. Leitlinien der DGPPN. Abgerufen am 09. Juni 2021, von https://dgppn.de/leitlinien-publikationen/leitlinien.html.

2 Vgl. Fachverlag Gesundheit und Medizin: Was sind affektive Störungen? In psychisch-erkrankt.de. Abgerufen am 09. Juni 2021, von https://www.psychisch-erkrankt.de/affektive-stoerungen/.

3 Vgl. Schmidbauer, Wolfgang: Hilflose Helfer. Rowohlt, Reinbek bei Hamburg 1992.

4 Dudenredaktion: Krise. In Duden online. Abgerufen am 15. Juli 2021, von https://www.duden.de/rechtschreibung/Krise.

5 von Aquin, Thomas: Summa Theologiae. Übers. Ceslaus Maria Schneider. Verlagsanstalt von G. J. Manz, Regensburg 1886 – 1892.

6 Dudenredaktion: Harmonie. In Duden online. Abgerufen am 15. Juli 2021, von https://www.duden.de/rechtschreibung/Harmonie.

7 Ludwig Erhard zugeschrieben.

8 Theodor Fontane in einem Brief an seine Tochter 1883.

9 Dudenredaktion: Kompromiss. In Duden online. Abgerufen am 15. Juli 2021, von https://www.duden.de/rechtschreibung/Kompromiss.

10 Dudenredaktion: Konflikt. In Duden online. Abgerufen am 15. Juli 2021, von https://www.duden.de/rechtschreibung/Konflikt.

11 Dudenredaktion: Affekt. In Duden online. Abgerufen am 15. Juli 2021, von https://www.duden.de/rechtschreibung/Affekt.

12 Camus, Albert. Eintrag vom 22. September. In: Camus, Albert: Tagebücher 1935 - 1951. Übers. Guido G. Meister. Rowohlt. Reinbek bei Hamburg 1995.

13 Dudenredaktion: Workaholic. In Duden online. Abgerufen am 15. Juli 2021, von https://www.duden.de/rechtschreibung/Workaholic.

14 HBO steht für Home Box Office; das ist ein amerikanischer Pay-TV-Sender.

15 Dudenredaktion: Egoismus. In Duden online. Abgerufen am 15. Juli 2021, von https://www.duden.de/rechtschreibung/Egoismus.

16 Dudenredaktion: Egoismus. In Duden online. Abgerufen am 15. Juli 2021, von https://www.duden.de/rechtschreibung/Egoismus.

Wie du wirst,
wer du sein möchtest

ARISTON

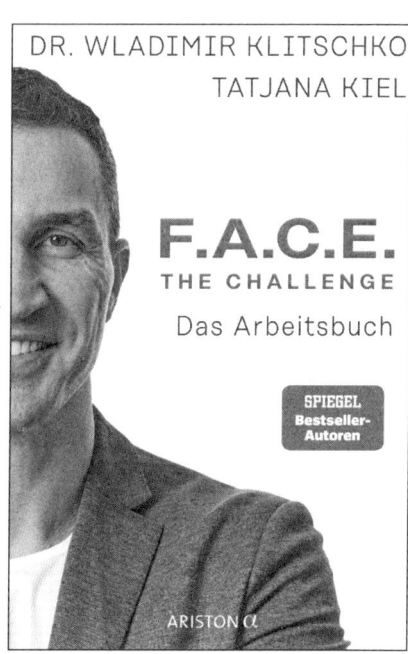